韶关市地方性法规导读与释义系列丛书

陈　曦◎主　编

《韶关市建筑垃圾管理条例》
导读与释义

梅献中◎著

中国政法大学出版社

2021·北京

图书在版编目（ＣＩＰ）数据

《韶关市建筑垃圾管理条例》导读与释义/梅献中著. —北京：中国政法大学出版社，2021.12
ISBN 978-7-5764-0228-5

Ⅰ.①韶…　Ⅱ.①梅…　Ⅲ.①建筑垃圾－垃圾处理－条例－法律解释－韶关
Ⅳ.①D927.653.268.35

中国版本图书馆 CIP 数据核字(2022)第 007118 号

出　版　者　中国政法大学出版社

地　　　址　北京市海淀区西土城路 25 号

邮寄地址　北京 100088 信箱 8034 分箱　邮编 100088

网　　　址　http://www.cuplpress.com（网络实名：中国政法大学出版社）

电　　　话　010-58908586（编辑部）58908334（邮购部）

编辑邮箱　zhengfadch@126.com

承　　　印　北京九州迅驰传媒文化有限公司

开　　　本　720mm×960mm　1/16

印　　　张　18.5

字　　　数　300 千字

版　　　次　2021 年 12 月第 1 版

印　　　次　2021 年 12 月第 1 次印刷

定　　　价　79.00 元

"韶关市地方性法规导读与释义系列丛书"编委会

主　任　凌振伟
副主任　林　岚　陈　曦　沈河民　胡德宁　邓彩虹　钟沛东
主　编　陈　曦
副主编　周正祥　韩登池　曾房兰
编　委　（姓氏笔画为序）
　　　　丁钢全　王少敬　刘　迅　刘佩韦　陈　军
　　　　陈小雄　吴静江　罗运标　林家坚　梅献中
　　　　曾洁雯　雷群安

2015 年 5 月 27 日，广东省十二届人大常委会第十七次会议通过了《关于佛山、韶关等九个市人民代表大会及其常委会开始制定地方性法规的时间的决定》，这是《立法法》修改后，我省首批授予设区的市地方立法权。也意味着自 2015 年 5 月 28 日起，韶关市人大及其常务委员会可以在"城乡建设与管理环境保护、历史文化保护"等三大领域制定地方性法规。拥有地方立法权，为从法制层面解决我市城乡建设与管理、环境保护、历史文化保护等热点难点问题提供了保障，将更有利于促进经济社会在法治的轨道上快速发展。

韶关市人大常委会为了顺利开展地方立法工作，加强地方立法理论研究与韶关学院研究协商，成立了"韶关市地方立法研究中心"，并于 2015 年 5 月 29 日在韶关学院正式揭牌。建立地方立法研究中心，为推动我市地方立法工作、加强地方立法理论研究和实践提供了强有力的智力支持，对科学立法、民主立法，提高立法水平和质量具有重要的现实意义。

同时，2015 年 8 月，市十二届人大常委会成立了立法咨询专家库，从本市 3965 名具有法律背景的人才中聘请了 27 名作为立法咨询专家。

2017 年 4 月, 新一届人大常委会在原来的基础上对立法咨询专家进行了调整, 保留了部分上一届立法咨询专家, 新增了城乡建设与管理、环境保护、历史文化保护等领域的专家和韶关市拔尖人才库中的部分专家以及语言类专家等, 使新一届的立法咨询专家增至 48 名; 同时聘请了我省高校中长期从事地方立法研究的 5 名专家学者为立法顾问。强有力的立法咨询专家队伍以及立法顾问团队成了我市民主立法、科学立法的重要智力支撑。

在市委、市人大常委会的领导下, 特别是在省人大法工委领导和专家的全力指导和帮助下, 通过市政府、市人大法委、市人大常委会法工委、立法顾问、立法咨询专家的共同努力, 我市首部地方性法规《韶关市制定地方性法规条例》于 2016 年 4 月 5 日正式实施, "小立法法"的实施必将成为韶关市制定地方性法规的基石。首部地方实体性法规《韶关市烟花爆竹燃放安全管理条例》, 经广东省十二届人大二十九次常委会议批准, 于 2017 年 1 月 1 日起正式实施, 这是韶关市制定地方实体性法规的良好开端。

在今后的立法工作中, 市人大常委会将按照"党委领导、人大主导、政府依托、各方参与"的总要求科学立法、民主立法, 进一步完善立法工作制度, 提高立法队伍的整体素质, 制定更多"有特色""可执行""管用""接地气"的地方性法规, 不断地推动我市地方立法工作向前发展, 为韶关的振兴发展作出贡献。

在社会实践中, "徒法不足以自行", 良好的地方性法规并不一定能够得到有效实施, 法律法规的实施, 需要执法部门公正执法, 需要司法部门正确用法, 更需要广大市民自觉守法。要想广大市民自觉守法, 首先必须让市民读懂法律法规条文。地方性法规毕竟是专业立法活动的产物, 所涉及的法律用语、专业词汇、文本结构、立法意图等具有较强的专业性, 可能会给一些市民准确理解法规的具体内容、立法主旨及法规精神等带来一定的难度, 不利于广大市民在理解、领会法规的基础上,做到知法、懂法、守法。另外，在立法过程中，立法者对社会各方意见的吸纳，以及历史背景、政策背景等不能在法规中充分表述出来，这也增加了执法者的理解难度。

鉴于此，市人大常委会认为，有必要吸纳市人大常委会立法工作者、法律实务工作者和韶关学院的专家学者，编纂《韶关市地方性法规导读与释义》丛书，对我市出台的地方性法规进行导读性释义，方便社会各界人士理解把握，达到自觉知法、守法、用法之目的，也为今后我市法规的修改、释义备存资料。

"普法""懂法""守法"是本系列丛书的宗旨，是为序。

"韶关市地方性法规导读与释义"编委会　陈曦

2017 年 9 月 30 日

　　近年来，随着韶关城市化进程的加快，建筑垃圾日益成为韶关城市管理的难点问题。当前，韶关市建筑垃圾管理存在着需要进一步规范和解决的问题。主要表现在：一是建筑垃圾排放、运输、消纳与利用方面的法规制度不健全，执法依据不足。在国家层面，涉及建筑垃圾管理的立法，主要有全国人大常委会制定通过的《固体废物污染环境防治法》、国务院制定的行政法规《城市市容和环境卫生管理条例》和原建设部制定的部委规章《城市建筑垃圾管理规定》；在广东本省，有广东省人大常委会制定的《广东省固体废物污染环境防治条例》《广东省城乡生活垃圾处理条例》和韶关市人民政府制定的《韶关市区城市市容和环境卫生管理规定》以及《韶关市市区建筑垃圾管理暂行办法》等。上述规定的效力、层级各异，区域性、针对性、全面性和可操作性不够强，无法为建筑垃圾管理提供明确、具体的法律依据。二是各类建设工程、拆除项目施工现场管理不规范，建筑垃圾分类不到位、清运不及时，亟待整治。三是建筑垃圾运输管理措施不完善，建筑垃圾运输过程中超载超速、沿途抛洒、偷倒乱倒等违法违规行为时有发生，难以遏制。建筑垃圾运输车辆沿途抛洒现象严重造成市区多条道路扬尘污染，既影响到了城市的市容市貌，也给广大市民的出行带来了不便，由道路污染引发的群众投诉明显增多，影响到了政府在群众中的形象。四是建筑垃圾监管部分环节缺失，执法信息共享程度不高、管控合力不强、管理效果不佳，需要依法统合信息平台，保障更有效的监管。五是已有的《韶关市市区建筑垃圾管理暂行办法》等行政规范性文件的调整范围有限、调整手段简单、法律效力较弱、权威性不足，不能满足韶关市建筑垃圾管理和行政执法的需要。六是在行政机构改革过程中，韶关市已将原城市综合管理局与原住建局合并，成立新的住房与城乡建设管理局（简称"住管局"），原来各自的职责、权能也需要随之重新调整。2014 年 9 月，韶关市成立了"市区渣土管理临时办公室"（简称"渣土办"），〔1〕从公安、城管、交通、住建及浈江区、武江区政府各抽调部分工作人员，采取联合执法的方式加强对建筑工程渣土运输的管理。渣土办开展工作以来，认真履职、严格监管，取得了建筑垃圾管理新成效。但是，与广大人民群众的期望相比，与中央对大气污染防治的要求和韶关市创建国家卫生城市、国家文明城市的目标相比，还有不小差距。从长远角度看，必须从立法上、源头上入手，方能解决问题。在韶关市大力创建国家卫生城市、国家文明城市和"粤北生态环境特别保护区"的背景下，〔2〕为提升城市管理水平和生态环境质量，提高韶关城市宜居水平，增强有关部门对建筑垃圾管理和执法的权威性，制定一部规范建筑垃圾管理的地方性法规显得很有必要。

　　在此背景下，主管建筑垃圾管理业务的韶关市住管局委托韶关学院具有立法起草资质的韶关市地方立法研究中心，完成韶关市建筑垃圾管

---

〔1〕 "渣土"有广义和狭义之分，广义上的"渣土"可与建筑垃圾通用；狭义上的"渣土"仅指建筑垃圾中的弃土，不包括木料、钢筋、玻璃等废弃物。

〔2〕 韶关市已获评中国优秀旅游城市、国家卫生城市、国家园林城市、全国生态文明建设试点地、中国金融生态城市、广东省历史文化名城、广东省文明城市、国家科技进步考核先进市等荣誉。"粤北生态环境特别保护区"，是从 2017 年开始广东省委省政府着力推动的一项主体功能区发展规划。

理条例的立法起草工作。双方于 2017 年 10 月签订了"起草协议"和"调研协议",自此开始了起草和调研工作。不久,起草小组就拿出来了草案初稿,并进行了数次讨论、修改。当年底,韶关市人大常委会 2018 年立法工作计划安排对《韶关市建筑垃圾管理条例(草案)》进行初审。后经多次举行座谈会、论证会、听证会、改稿会等方式,在吸取各方面意见建议的基础上,不断修改,逐渐完善该条例草案。2020 年 12 月 28 日,韶关市第十四届人民代表大会常务委员会第四十一次会议通过了《韶关市建筑垃圾管理条例》。2021 年 3 月 18 日,广东省第十三届人民代表大会常务委员会第三十次会议批准了该条例,自 2021 年 5 月 1 日起施行。《韶关市建筑垃圾管理条例》的制定和实施,旨在实现以下几个目标:一是实现对韶关市建筑垃圾排放、运输、消纳和利用的有序治理和科学管理;二是通过制度建设优化韶关的城市生活、美化韶关的城市环境;三是运用法治思维与法治方式将建筑垃圾纳入法治化、长效化治理的轨道。

近年来,随着经济的高速发展和大规模的城市基础设施建设,建筑垃圾增量大、速度快,但全国各地通过立法的方式对建筑垃圾排放、运输、消纳和利用行为加以规范的,还不多见,在广东本省更是少之又少。韶关虽然在经济上是个欠发达城市,但积极利用《立法法》赋予的设区的市享有的地方立法权,通过制定《韶关市建筑垃圾管理条例》的方式对本市的建筑垃圾事务进行法治化管理,走在了全省的前列,起到了很好的作用。

目录
CONTENTS

第一部分

导读与释义

第一章　总　　则

第一条　【立法目的】

为了规范建筑垃圾管理，促进建筑垃圾综合利用，保护生态环境，根据《中华人民共和国环境保护法》《中华人民共和国固体废物污染环境防治法》等有关法律法规，结合本市实际，制定本条例。

【导读与释义】

本条是关于《韶关市建筑垃圾管理条例》（以下简称《管理条例》）立法目的和依据的规定。

一、关于本条例的立法目的

《管理条例》的立法目的有三个：一是规范建筑垃圾管理，二是促进建筑垃圾综合利用，三是保护生态环境。这三个目的是相互联系、层层递进的关系。其中，规范建筑垃圾管理是基础，促进建筑垃圾综合利用是关键，保护生态环境是归宿。

（一）规范建筑垃圾管理

近年来，随着韶关城市化进程的加快，建筑垃圾日益成为韶关城市管理的工作难点问题。对此，当前亟须进一步规范、解决的问题主要有：一是现行建筑垃圾管理的方式和手段单一，不能满足建筑垃圾管理和行政执法的需要。长期通过政府政令、红头文件和召开工作协调会、联合执法等方式推进建筑垃圾管理，存在执法依据不足、规则不够透明、权威性弱、推进难度大等一系列问题，需要从管理方式和执法手段上加以改进和提高。二是各类建设工程、拆除项目施工现场管理不规范、分类不到位、清运不及时,建筑垃圾运输管理措施不完善,运输车辆经常出现超载超速、沿途抛洒、偷倒乱倒等现象,不但造成市区多条道路污染,而且存在道路交通安全隐患,由此引发的群众投诉明显增多,既影响到了政府在群众中的形象,也损害了社会和谐。三是建筑垃圾监管部分环节缺失,公安、交通运输等部门执法信息共享程度不高、管控合力不强、管理效果不佳。对建筑垃圾的管理绝非城市管理局或住建局一家的事,[1]还涉及公安、交通、发展改革、生态环境、自然资源、市场监管、农业农村等行政部门和区(县、县级市)、乡镇人民政府,缺少任何一个行政机关的合作,建筑垃圾管理工作都难以取得成效。为堵上这个漏洞,增强监管效能,通过地方立法的方式将有关部门的职责明确化、法定化就成了韶关市建筑垃圾管理中水到渠成的事。

(二)促进建筑垃圾综合利用

建筑垃圾像其他垃圾一样,不应当被视为无用的"垃圾",而应被视为放错地方的资源,这个观念近年来逐渐深入人心。但是,凡事说起来容易做起来难。长期以来,韶关市的建筑垃圾由于缺乏必要的政策引导和立法保障,一直没有得到很好的利用,基本上都是被一埋了之。这不但造成大量建筑垃圾被浪费,而且由于建筑垃圾填埋占用了很多沟壑、荒山、闲地、池塘、河滩,为对自然资源和生态环境的破坏埋下了隐患。为此,必须尽快考虑、处理建筑垃圾的综合利用政策问题,通过地方立法,鼓励辖区内的市、区(县、县级市)政府将符合条件的建筑垃圾综合利用项目列入当地循环经济发展规划,优先安排建设用地,并在产业、财政、金融等方面给予扶持;鼓励和引导社会资本参与建筑垃圾综合利用项目建设,支持建筑垃圾再生产品研发和生产企业发展;鼓励新建、改建、扩建房屋建筑及道路工程建设项目,在满足建设单位使用标准的前提下,优先选用建筑垃圾综合利用再生产品。通过多种鼓励措施和手

---

[1] 2017年机构改革后,韶关市城市管理局与韶关市住房和城乡建设局合并,原城管局的职能划入住建局,合称韶关市住房和城乡建设管理局,简称"住管局"。

段的综合运用，实现变废为宝，促进韶关市的建筑垃圾综合利用。

（三）保护生态环境

建筑垃圾管理与生态环境保护存在着十分密切的关系，建筑垃圾若管理不好，会造成严重的环境问题。这包括但不限于：①大气污染。建筑垃圾排放过程中，若不注意采取喷淋、覆盖、遮蔽等降尘措施，很容易产生大量粉尘。在风力作用下，这些粉尘会随风飘散，严重污染空气。②噪声污染。在建筑物拆除和楼房、道路、桥梁等工程施工过程中，机械作业会产生较强的噪声，形成噪声污染，损害人体健康。③固体废物污染以及由此衍生的土壤污染、大气污染和水污染。首先，建筑垃圾若长期露天堆放，其有害成分在地表径流和雨水的淋溶、渗透作用下会通过土壤孔隙逐渐向四周和纵深的土壤迁移。在这个迁移过程中，有害成分会被土壤吸附，随之，有害成分在土壤中会呈现不同程度的积累，导致土壤成分和结构改变。而植物生长在土壤中，这些有害成分会间接对植物造成污染，有些土地甚至因此无法耕种、使用。其次，建筑垃圾中的细粒、粉末常会随风扬散；在建筑垃圾运输及处理过程中，若缺少相应的防护和净化措施，会释放有害气体和粉尘；堆放和填埋的建筑垃圾以及渗入土壤的部分，经挥发和化学反应会放出有害气体，污染大气并使大气质量下降。最后，如果将含有有害物质的建筑垃圾直接倒入江、河、湖、海，或者露天堆放的建筑垃圾被地表径流携带进入水体，或是飘入空中的细小颗粒通过降雨的冲洗沉积落入地表水系，水体都可溶解出有害成分，会毒害生物，造成水体缺氧、富营养化，导致水生动植物死亡。有些未经处理的建筑垃圾填埋场，经雨水的淋滤作用，或废物的生化降解，会产生沥滤液。如果这种沥滤液进入地下水或浅蓄水层，问题往往会变得难以控制。稀释与清除地下水中的沥滤液要比地表水慢得多，它可以使地下水在不久的将来变得不能饮用，甚至使一个地区变得不能居住。

二、关于本条例的立法依据

按照第 1 条的规定，本条例是根据《环境保护法》《固体废物污染环境防治法》等有关法律法规，[1]结合本市实际制定的。

（一）《环境保护法》

《环境保护法》是我国环保领域的基本法，对其他环保单行法、有关环境保护的行政法规、地方性法规和行政规章都起着统领作用。现行《环境保护法》由 1989 年 12 月 26 日第七届全国人大常委会第十一次会议通过，2014 年 4 月 24 日第十二届全国人大常委会第八次会议修订，于 2015 年 1 月 1 日施行。该法规定了总则、监督管理、保护和改善环境、防治污染和其他公害、信息公开和公众参与、法律责任和附则等内容，共 7 章、70 条。该法虽然没有直接针对建筑垃圾管理的条款，但该法确立的立法目的、调整范围、基本原则、地方政府的环保职责，以及促进清洁生产和资源循环利用的经济政策、法律责任等条款，对作为地方性法规的《管理条例》而言，均应作为上位法加以遵循，不得违反。

（二）《固体废物污染环境防治法》

《固体废物污染环境防治法》于 1995 年 10 月 30 日由第八届全国人大常委会第十六次会议通过，2004 年 12 月 29 日第十届全国人大常委会第十三次会议第一次修订，2013 年 6 月 29 日第十二届全国人大常委会第一次修正，2015 年 4 月 24 日第十二届全国人大常委会第十四次会议第二次修正，2016 年 11 月 7 日第十二届全国人大常委会第二十四次会议第三次修正，2020 年 4 月 29 日第十三届全国人大常委会第十七次会议第二次修订。即该法自 1995 年 10 月制定以来，到 2020 年 4 月，经过了

---

〔1〕 基于行文简洁的需要，本书对所引用的由全国人大及其常委会制定的法律，均省去"中华人民共和国"这一称谓，如《中华人民共和国固体废物污染环境防治法》简称为《固体废物污染环境防治法》。

两次"修订"和三次"修正",[1]是变动比较频繁的法律之一。长期以来,《固体废物污染环境防治法》并没有专门规定建筑垃圾管理的问题,直到 2020 年 4 月修订时才设立了专章,即第五章"建筑垃圾、农业固体废物等"。自此,对建筑垃圾的管理,全国各地终于有了一个明确的上位法依据,各地已有的对建筑垃圾的立法,根据《立法法》的规定,在遵循法律保留和法律优先的原则基础上,应当及时修改完善。韶关市的《管理条例》于 2017 年开始起草,中间适逢《固体废物污染环境防治法》修订,该立法项目因此暂停了一段时间,直到 2020 年 4 月《固体废物污染环境防治法》修订通过后,该项工作才恢复进行,直至完成。

从内容上看,《固体废物污染环境防治法》对建筑垃圾的规范,除了第一章"总则"关于促进清洁生产和循环经济发展,坚持减量化、资源化和无害化的原则等规定,第二章"监督管理"的规定,第七章"保障措施"的规定,第八章"法律责任"等规定外,该法重心在第五章的专门规定。第五章对建筑垃圾管理的规范共有 4 条,即第 60~63 条。其中第 60 条规定了建筑垃圾分类处理制度,第 61 条规定了对建筑垃圾的回收利用,第 62 条规定了环境卫生主管部门在建筑垃圾管理上的职责,第 63 条规定了工程施工单位的具体职责。虽然《固体废物污染环境防治法》对建筑垃圾的规范不多,但却规定了几个比较核心的条款,对包括韶关市《管理条例》在内的地方立法而言,都具有重要的指导

---

[1] 一般认为,法律的"修订"和"修正"存在以下区别:一是审议内容和通过对象不同。修订是对法律的全面修改和审议,表决通过的是整个修订文本;而修正则仅仅是对法律的部分修改和审议,表决通过的是修改决定或者修正案。二是公布对象不同。修订是对法律进行的全面修改,最后公布的是作为一个整体的修订文本;而修正则仅需公布修正案即可。三是生效时间不同。采用修订方式修改的法律,因为修改的内容较多,实际上相当于制定了一个新的法律,因此需要另行规定新的生效日期,这就意味着无论是修改的内容还是没有修改的内容,均按照新的生效日期开始施行;在修正情况下,修改的条文适用新的生效时间,因此是"新法",而未修改的条文仍适用原来的生效时间,因此仍旧是"原法"。在修订情况下,修改的条文和未修改的条文均适用一个新生效时间,因此无论是修改的条文还是未修改的条文,都是"新法"。

意义。

（三）有关法律法规

除了《环境保护法》《固体废物污染环境防治法》外，《管理条例》的上位法还包括《大气污染防治法》《水污染防治法》《土壤污染防治法》《环境噪声污染环境防治法》[1]《海洋保护法》《循环经济促进法》等法律和国务院制定的行政法规《城市市容和环境卫生管理条例》，广东省人大常委会制定的地方性法规《广东省环境保护条例》《广东省城乡生活垃圾处理条例》《广东省固体废物污染环境防治条例》等。此外，原建设部于2005年3月1日经第53次部常务会议讨论通过，并于2005年6月1日起施行的《城市建筑垃圾管理规定》，虽然在法律性质上属于行政规章，不是设区的市制定地方性法规的上位法依据，但该规定是在全国适用的规范，《管理条例》作为地方性法规，应当对其予以尊重，不应与之抵触。

实际上，根据立法原理和《立法法》第72条第2款的规定，设区的市的人大及其常委会根据本市的具体情况和实际需要，在不同宪法、法律、行政法规和本省、自治区的地方性法规相抵触的前提下，可以对城乡建设与管理、环境保护、历史文化保护等方面的事项制定地方性法规。设区的市的地方性法规须报省、自治区的人大常委会批准后施行。省、自治区的人大常委会对报请批准的地方性法规，应当对其合法性进行审查，同宪法、法律、行政法规和本省、自治区的地方性法规不抵触的，应当在4个月内予以批准。省、自治区的人大常委会在对报请批准的设区的市的地方性法规进行审查时，发现其同本省、自治区的人民政府的规章相抵触的，应当作出处理决定。根据《立法法》的以上规定可知，设区的市制定地方性法规时，不一定要有明确的上位法依据，只要与宪

---

[1] 2021年12月24日，第十三届全国人民代表大会常务委员会第三十二次会议审议修订了《环境噪声污染防治法》的议案，拟删除原法名称中的"环境"二字，将《环境噪声污染防治法》修改为《噪声污染防治法》。

法、法律、行政法规和本省、自治区的地方性法规"不抵触"，满足"合法性"要求，就是合法有效的。[1]《管理条例》充分考虑了上述规定和自身权限，是一部合法有效、依据充分的地方性法规。

---

　　[1]　2021年1月22日，第十三届全国人民代表大会常务委员会第二十五次会议通过修订的《行政处罚法》第12条第3款规定："法律、行政法规对违法行为未作出行政处罚规定，地方性法规为实施法律、行政法规，可以补充设定行政处罚。拟补充设定行政处罚的，应当通过听证会、论证会等形式广泛听取意见，并向制定机关作出书面说明。地方性法规报送备案时，应当说明补充设定行政处罚的情况。"该法扩大了地方性法规在行政处罚上的自主权。

第二条 　【适用范围和概念】

本市行政区域内建筑垃圾的排放、运输、消纳、利用等活动，适用本条例。

本条例所称建筑垃圾，是指建设单位、施工单位新建、改建、扩建和拆除各类建筑物、构筑物、管网等，以及居民装饰装修房屋过程中产生的弃土、弃料和其他固体废物。

【导读与释义】

本条是关于《管理条例》适用范围和建筑垃圾概念的规定。

一、《管理条例》的适用范围

本条第 1 款规定："本市行政区域内建筑垃圾的排放、运输、消纳、利用等活动，适用本条例。"该款规定了两个方面的适用范围：一是在地理空间上，适用于"本市行政区域内"；二是在流程环节上，适用于"建筑垃圾的排放、运输、消纳、利用"的全过程。

（一）关于"本市行政区域内"

韶关位于广东省北部，北接湖南，东邻江西，东南面、南面和西面分别与广东省河源、惠州、广州及清远等市接壤，下辖浈江区、武江区、曲江区、仁化县、始兴县、翁源县、新丰县和乳源瑶族自治县，代管乐昌市和南雄市，有乡镇 94 个（其中 93 个镇、1 个瑶族乡），10 个街道办事处、4 个办事处。到 2020 年末，全市户籍人口 336.6 万人，其中城镇人口 151.9 万人，户籍人口城镇化率 45.1%。全市土地面积 1.84 万平方千米，市区面积 3468 平方千米。河流主要属珠江水系的北江流域，北江以浈江为干流，自北向南贯穿全境，大小支流密布，呈羽状与武江一起汇入北江。主要支流有武江、墨江、锦江、翁江、凌江、南水等。新丰县部分属东江流域。韶关是全国重点林区，广东用材林、水源林和重点毛竹基地，被誉为"华南生物基因库"和珠江三角洲的生态屏障；全市林业用地面积145万公顷，森林覆盖率为74.4%，林木绿化率为74.9%。韶关还是中国优秀旅游城市、全国双拥模范城、全国卫生城市、国家园林城市、中国金融生态城市和国家生态文明先行示范区，广东省历史文化名城、文明城市、卫生城市、园林城市、林业生态市和生态发展区，是广东省规划建设的区域性中心城市和韶关都市区的核心城市。[1]

上述行政和地理特点决定了韶关在生态环境保护立法上应力度更大、着力更多，制定本地的"建筑垃圾管理条例"也就成了自然而然的事了。那么，《管理条例》是适用于全市土地（面积1.84万平方千米）范围，还是仅适用于市区（面积3468平方千米）范围呢？对此问题，在起草《管理条例》的过程中，是存在很大争议的。第一种意见认为，如果不分城乡和建筑物，将全市1.84万平方千米之内的所有新建、改建、扩建和拆除各类建筑物、构筑物、管网以及居民装饰装修房屋过程中产生的弃土、弃料和其他固体废物都作为本条例规制对象的话，由于受区域广泛、山高路远、交通不便、信息不对称、执法力量有限等因素的影响，可能会出现无法及时查处各种违法违规行为、民众漠视《管理条例》的存在及其权威性，导致《管理条例》形同虚设的现象。因此，为慎重起见，建议将《管理条例》仅适用于市区（面积3468平方千米）范围，外加县城和实行城市化管理的乡镇，城市居民家庭装修、农民自建住房等情况不作为《管理条例》规制的对象，暂不予考虑。这种意见是多数人的意见。第二种意见认为，《管理条例》应不分城乡，适用于全市土地（面积1.84万平方千米）范围。实施中的困难主要集中在地域广泛、星罗棋布

---

〔1〕 参见韶关市人民政府网：https://www.sg.gov.cn/sq/sgjj/index.html，2021年6月4日访问。

的广大乡村。但随着人民群众法治水平的提高和执法体制改革、执法力量下沉，实施中的困难是可以被克服的。这种观点目前由于缺乏可操作性而不被多数人所接受。比较合理的、更切合实际的意见是目前《管理条例》所采纳的，即将以上两种意见结合起来，一方面规定在本市行政区域内通用《管理条例》；另一方面，对城市居民家庭装修、农民自建房屋等行为作出概括性、引导性规定，避免出现立法空白。按照这种思路，《管理条例》第15条规定："农村居民建设房屋应当做好建筑工地现场管理，科学合理处理建筑垃圾，不得随意倾倒，防止污染环境。"第16条规定："城市居民自建、装饰装修房屋产生的建筑垃圾，应当及时清运至社区建筑垃圾收集点或者交由建筑垃圾运输企业按规定处理。"

（二）建筑垃圾的"排放、运输、消纳、利用"活动

如前所述，本条例适用于建筑垃圾的排放、运输、消纳、利用的全过程，而不仅是某一个阶段。这意味着韶关市希望通过这个立法彻底解决本市建筑垃圾管理中长期存在的问题，以顶层规划、设计的方式达致理想的治理效果。当然，立法只是解决了"有法可依"的问题，而执法、司法、守法和法律监督等任何一个环节如果跟不上，即使立法设计得再好，也无法发挥其应有的作用，甚至会形同虚设。

首先，是排放环节。建筑垃圾排放，按照原建设部《城市建筑垃圾管理规定》的定义，是指建设单位、施工单位新建、改建、扩建和拆除各类建筑物、构筑物、管网等以及居民装饰装修房屋过程中产生弃土、弃料及其他废弃物的活动及过程。这是建筑垃圾管理的首要环节。如果排放环节管理不好，不但容易造成资源浪费，而且还会产生大气污染、噪声污染、固体废物污染等环境问题，几乎是所有问题的源头。所以，《管理条例》既在第一章"总则"部分对其作了概括性规定，也在第二章"排放与运输"部分通过六七个条文作了详细规定。[1]

其次，是运输环节。建筑垃圾运输是把在特定场所临时堆放的建筑

---

[1] 参见《管理条例》第10~16条。

垃圾，按照计划定向外运的行为。建筑垃圾较为笨重，往往夹杂较多的粉尘、泥浆、木料、玻璃等物，出入工地的车轮、车身避免不了携带污泥秽物，运输过程中车辆很容易跑、冒、滴、漏，装载垃圾的车辆不但容易造成交通事故，而且容易污染路面，影响城市市容和环境卫生。因此，通过立法对建筑垃圾的运输环节加以规范是很有必要的。

再次，是消纳环节。在汉语中，"消纳"是消受、容纳的意思。建筑垃圾消纳，就是指对建筑垃圾的消受、容纳，不包括资源化利用。这是狭义上的。广义上的消纳还包括对建筑垃圾资源化利用的内容。《管理条例》对"消纳"的适用是狭义上的，仅指对建筑垃圾的消受、容纳，与资源化利用相并列。消纳环节是建筑垃圾出现问题最集中、最复杂、最难管理的一个环节。要做好建筑垃圾消纳工作，至少应当注意以下几个方面的基础性工作：一是规划选址；二是环境影响评价；三是征地补偿；四是设计施工；五是运营管理。环境问题是其中各项问题的核心，因为在建筑垃圾消纳、填埋过程中，如果管理不当，很容易造成土壤污染、大气污染、水污染等污染事件，甚至会诱发山体滑坡等灾害事故，造成重大的人员伤亡和财产损失。2015年12月20日发生在深圳市光明新区的渣土受纳场"12·20"特别重大滑坡事故就是其中的一个典型案例。

【典型案例一】 深圳光明新区红坳渣土受纳场滑坡事故案[1]

2015年12月20日上午，位于深圳市光明新区的红坳渣土受纳场发生滑坡事故，造成73人死亡，4人下落不明，17人受伤，其中重伤3人，轻伤14人；33栋建筑物，其中包括厂房24栋、宿舍楼3栋，私宅6栋被损毁、掩埋，90家企业生产受影响，涉及员工4630人。事故造成直接经济损失为8.81亿元。

国务院调查组查明，这起事故的直接原因是：红坳受纳场没有建设

---

[1] 参见中央人民政府网：http://www.gov.cn/xinwen/2016-07/15/content_5091841.htm，2021年6月5日访问。

有效的导排水系统，受纳场内积水未能导出排泄，致使堆填的渣土含水过饱和，形成底部软弱滑动带；严重超量超高堆填加载，下滑推力逐渐增大、稳定性降低，导致渣土失稳滑出，体积庞大的高势能滑坡体形成了巨大的冲击力，加之事发前险情处置错误，造成了重大人员伤亡和财产损失。

针对这起事故，调查组总结了五个方面的问题和教训：一是涉事企业无视法律法规，建设、运营、管理比较混乱；二是深圳市、光明新区政府未依法行政，忽视建筑垃圾管理中的安全问题；三是城管、环保、规划等部门违法违规审批，日常监管缺失；四是行政主管部门对建筑垃圾的管理不规范，给中介服务机构的违法违规服务提供了可乘之机；五是漠视群众对建筑垃圾消纳场的安全隐患举报，对举报不及时查处，整改时弄虚作假。针对上述问题，调查组提出了八个方面的防范措施和建议：一是牢固树立安全发展理念，建立健全安全生产责任体系；二是严格落实安全生产主体责任，夯实安全生产基础；三是加强城市安全管理，强化风险管控意识；四是增强依法行政意识，不断提高城市管理水平；五是加强城市建筑垃圾消纳场管理，建立健全标准规范和管理制度；六是加强应急管理工作，全面提升应急管理能力；七是加强中介服务机构监管，规范中介技术服务行为；八是加强事故隐患排查治理和举报查处工作，切实做到全过程闭环管理。

【点评】

本案是一起典型的由建筑垃圾消纳场所规划、建设、利用、管理不规范引发的责任事故，教训极为深刻。造成该起事故的原因固然很多，但建筑垃圾消纳场规划、建设、管理不规范，缺乏相应的建设标准和管理制度，乃是其中关键的、根本性的原因。

最后，是利用环节。这个环节的处理能力目前还比较薄弱，技术上还不够成熟，市场化程度也不高，各地综合利用的水平差别很大，但却是建筑垃圾处置管理上的方向和趋势，且对于建设资源节约型、环境友好型社会是重要的，也是必需的。《管理条例》通过第 22~24 条集中规定了对建筑垃圾资源化利用的鼓励措施。

二、建筑垃圾的概念

本条第 2 款规定："本条例所称建筑垃圾，是指建设单位、施工单位新建、改建、扩建和拆除各类建筑物、构筑物、管网等，以及居民装饰装修房屋过程中产生的弃土、弃料和其他固体废物。"这个概念与原建设部于 2005 年制定的《城市建筑垃圾管理规定》第 2 条第 2 款规定的定义基本一致。该条第 2 款第 2 款规定："本规定所称建筑垃圾，是指建设单位、施工单位新建、改建、扩建和拆除各类建筑物、构筑物、管网等以及居民装饰装修房屋过程中所产生的弃土、弃料及其它废弃物。"2020 年9 月 1 日起施行的修正后的《固体废物污染环境防治法》第 124 条第 4 项规定："建筑垃圾，是指建设单位、施工单位新建、改建、扩建和拆除各类建筑物、构筑物、管网等，以及居民装饰装修房屋过程中产生的弃土、弃料和其他固体废物。"这个定义与《城市建筑垃圾管理规定》所下的定义不完全一致。《管理条例》与《城市建筑垃圾管理规定》不同的也是最后几个字：《管理条例》称"其他固体废物"，《城市建筑垃圾管理规定》称"其它废弃物"，但与《固体废物污染环境防治法》保持了一致。

为进一步明确建筑垃圾的概念、范围及相应的处理技术标准，住房和城乡建设部于 2019 年 3 月 29 日发布了《建筑垃圾处理技术标准》（编号 CJJ/T134-2019）这一行业标准，自 2019 年 11 月 1 日起实行。该标准第 2.0.1 条规定，建筑垃圾是工程渣土、工程泥浆、工程垃圾、拆除垃圾和装修垃圾等的总称。包括新建、改建、扩建和拆除各类建筑物、构筑物、管网等以及居民装饰装修房屋过程中所产生的弃土、弃料及其他废弃物，不包括经检验、鉴定为危险废物的建筑垃圾。其中，"工程渣土"是指各类建筑物、构筑物、管网等基础开挖过程中产生的弃土;"工程泥浆"是指钻孔桩基施工、地下连续墙施工、泥水盾构施工、水平定向钻及泥水顶管等施工产生的泥浆;"工程垃圾"是指各类建筑物、构筑物等建设过程中产生的弃料;"拆除垃圾"是指各类建筑物、构筑物等拆除过程中产生的弃料;"装修垃圾"是指装饰装修房屋过程中产生的废弃物。实践中,有的地方将"建筑垃圾"和"渣土"的概念通用,将之视为一个东西,这实际上是错误的。比较而言,建筑垃圾的外延更广,指各种弃土、弃料和其他废弃物,而渣土仅指建筑垃圾中的弃土,不包括弃料和其他废弃物。

第三条　【基本原则】

建筑垃圾实行属地管理。坚持减量化、资源化、无害化和污染担责的原则。

【导读与释义】

本条是关于建筑垃圾管理原则的规定。坚持减量化、资源化、无害化和污染担责的原则，离不开属地管理这个手段，故本条将二者写在一起。《管理条例草案》表述为"建筑垃圾实行属地管理和减量化、资源化、无害化，以及污染担责的原则"。起草期间，有专家提出属地管理与减量化、资源化、无害化和污染担责原则不是同一性质的问题，用语也太过冗长，且《固体废物污染环境防治法》规定的也是坚持减量化、资源化、无害化和污染担责的原则，所以审议稿就表述为"建筑垃圾实行属地管理。坚持减量化、资源化、无害化和污染担责的原则"。

一、关于建筑垃圾的属地管理

所谓"属地管理"，是指根据所在地域确定具体的管理机关，从守土有责的角度确保治理有效。[1]作为一种行政管理的重要手段和制度，"属地管理"在明确责任、推动工作具体落实方面发挥着积极作用，因而常在行政管理与执法、国家和社会治理中出现。相对于以往不同层级、部门、岗位之间职责不清、边界不明的状况，属地管理便于厘清职责边界、确定责任主体，对实现行政管理目标有着十分重要的意义。针

---

〔1〕"'属地管理'不是责任转嫁——让干部有更多时间和精力抓落实⑦"，载《人民日报》2020年5月19日。

对建筑垃圾而言，排放有固定的不动产地点，运输有其固定的线路，消纳和利用有其专门的场所，因而施行属地管理，比起各级行政部门都插手管理更直接、便捷、有效，这也是《管理条例》作出该项规定的重要原因。

为体现属地管理，《管理条例》一方面规定市、县（市）人民政府环境卫生主管部门负责本行政区域内的建筑垃圾污染防治工作，发展改革、住房和城乡建设、公安、交通运输、水务、自然资源、生态环境、市场监管、农业农村、林业等行政主管部门按照各自职责，协同做好建筑垃圾的监督管理工作。这是纵向上的"属地管理"。另一方面，《管理条例》还规定，镇（民族乡）人民政府、街道办事处在环境卫生行政主管部门的指导下，做好本辖区内建筑垃圾的监督管理工作。这是横向上的"属地管理"。严格上说，纵向上不存在属地管理的问题，但有市、县（市）、乡（镇）之分，作为下级，自然有其"属地"上的接近性和管理上的便捷性，将其纳入广义上的属地管理也是有其必要性的。

但是，强调属地管理并非不讲原则、没有分寸，并非要把属地管理当个"框"，什么都往里面装。如果把"属地管理"泛化，以属地之名"压担子""甩包袱"，把分内工作、应担责任向下传导，将与落实工作、提升管理与治理的目标背道而驰，会成为改头换面的形式主义和官僚主义，是要不得的。为解决"属地管理"泛化问题，协调、理顺基层政府与上级政府或行政主管部门的关系，山东省高密市朝阳街道社区曾做过积极探索，取得了较好成效。当地街道的网格员在巡查时发现一个小区有违章建筑，网格员向"乡呼县应"平台发起呼叫。平台指挥中心接到呼叫后向"响应"部门派单，响应部门接单后根据其职责及时作出处理。至此，一个违建执法事项完成闭环办理，前后总共不超过10个工作日。当地干部就此感慨，建立起"乡呼县应"机制，有效解决了乡镇"看得见管不着"、职能部门"管得着看不见"的问题。实际上，只有建立健全责任清单、划定"属地管理"事项的责任边界才能防止"属地管理"变味走形，实现属地管理制度的真正价值。[1]为落实属地管理职责，《管理条例》第28条规定，"市、县（市）人民政府环境卫生主管部门应当会同有关部门建立建筑垃圾监督管理信息共享平台，实现建筑垃圾处理全过程监控和信息化溯源"。这个"监督管理信息共享平台"的建立十分有助于属地管理目标的实现。但是，在实践中，还要进一步建立健全相关的监督、协调与激励机制才好。

二、关于减量化、资源化、无害化和污染担责的原则

这里包含有建筑垃圾管理的四个原则：一是减量化原则；二是资源化原则；三是无害化原则；四是污染担责原则。

（一）减量化原则

在现行法律中，《循环经济促进法》（2018年修正）第2条对"减量化"进行了定义，即所谓"减量化"，是指在生产、流通和消费等过程中减少资源消耗和废物产生。这是从发展循环经济的角度进行定义的。如果从建筑垃圾管理的角度言之，学界对"减量化"的定义是：减量化是指从源头上减少建筑垃圾的数量和体积，包括尽可能减少种类、降低有害成分的浓度、减少或消除其危害特性等。[2]

近年来，随着中国经济的快速发展和城市建设规模的不断扩大，整个社会的建筑总量增长迅速，同时旧城改造也产生了大量的建筑垃圾。据统计，我国每年建筑垃圾产量超过30亿吨，除去渣土和泥浆，每万平方米的建筑垃圾重量在500吨至600吨之间。面对巨量的建筑垃圾，如果不尽快采取措施对之进行减量化、资源化利用，必将造成严重的环境和生态问题。近年来，全国各地出现了许多"短命建筑"、违章建筑和形象

---

〔1〕"'属地管理'不是责任转嫁——让干部有更多时间和精力抓落实⑦"，载《人民日报》2020年5月19日。
〔2〕宋涛："北京市建筑垃圾回收处理的现状及国内外经验借鉴"，载城市绿色发展科技战略研究北京重点实验室：《2014-2015城市绿色发展科技战略研究报告论文集》，北京师范大学出版社2016年版，第132页。

工程，如陕西秦岭的违建别墅和天津的赵晋系楼盘等。由于拆除规模巨大，这些工程产生的建筑垃圾和浪费的资源简直无法估量。[1]为了推动建筑垃圾的减量化工作，2020年5月8日，住建部发布了《关于推进建筑垃圾减量化的指导意见》。[2]该意见通过总体要求、主要措施、组织保障三方面提出了指导思想、基本原则、工作目标等要求和开展绿色策划、实施绿色设计、推广绿色施工等措施，具有很强的针对性和可操作性。为落实减量化原则，《管理条例》第10条规定："建筑垃圾产生后应当采取措施，利用现代技术对混凝土、金属、木材、沥青、砖块等废弃材料实行资源化利用，提高建筑垃圾综合利用效率，减少建筑垃圾排放量，促进清洁生产和循环经济发展。"此外，该条例第12条等条款也规定了推动建筑垃圾减量化的具体措施。不过，总体而言，减量化原则还需要更加明确的制度措施，尤其是需要通过立法加以推进和落实，仅靠制定一些技术标准、颁布规范性文件是很不够的。

（二）资源化原则

在现行法律中，《循环经济促进法》（2018年修正）第2条对"资源化"也进行了定义，即所谓"资源化"，是指将废物直接作为原料进行利用或者对废物进行再生利用。这也是从发展循环经济的角度进行定义的。如果从建筑垃圾管理的角度言之，学界对"资源化"的定义是：资源化是指采取管理和技术从建筑垃圾中回收有用的物质和能源。[3]《管理条例》通过第10条、第22~24条等多个条款对建筑垃圾资源化利用作出规定，其是该条例最为重视的内容之一。

建筑垃圾因人类的生产活动而产生，而人类社会为了可持续发展，

---

〔1〕 王天吉："学习住建部《关于推进建筑垃圾减量化的指导意见》的几点思考"，载《建设监理》2020年第8期。

〔2〕 建质〔2020〕46号。

〔3〕 宋涛："北京市建筑垃圾回收处理的现状及国内外经验借鉴"，载城市绿色发展科技战略研究北京重点实验室：《2014~2015城市绿色发展科技战略研究报告论文集》，北京师范大学出版社2016年版，第133页。

也必须采取有效措施消化建筑垃圾。目前，欧美发达国家对建筑垃圾实行"四化"处理，即减量化、资源化、无害化和产业化，为我国解决建筑垃圾问题提供了富有价值的参考。德国是首个大规模利用建筑垃圾的国家，目前资源化率超过75%；欧盟各国的建筑垃圾资源化率平均在70%以上，最高达到90%；美国的建筑垃圾再生利用率约为70%；日本将建筑垃圾作为"建筑副产物"，资源化率达到97%以上；新加坡通过推行"绿色宏图2012废物减量行动计划"，资源化率达到98%。[1]比较而言，我国目前建筑垃圾资源利用率为50%左右，[2]其余的建筑垃圾基本上未得到处理就被运往城市郊区的填埋场进行简易填埋或者堆放。笔者认为，造成目前我国建筑垃圾资源化利用低的原因主要有以下四个方面：一是缺乏建筑垃圾回收利用意识，思想上不够重视。二是缺乏建筑垃圾科学分类标准和回收利用奖励措施，相关部门和行业的积极性不高。三是建筑垃圾回收和资源化利用市场远未成熟，没有形成稳定的供应链、产业链、价值链。一方面是每天产生的大量建筑垃圾被随意填埋、处置，另一方面是有处置能力的建筑垃圾再生企业因缺乏原料而处于无料供应的生存窘境，即使能够生产出建筑垃圾再生产品，销路也是问题。四是对建筑垃圾的资源化利用技术水平还不够高，需要进一步提升。

　　建筑垃圾的资源化利用之所以难以推进，除了受思想观念、激励政策和经济技术条件的制约外，我国相关法律、法规和制度的缺失也是重要原因。建筑废弃物的资源化利用是一个系统工程，涉及排放、分类、运输、消纳和再利用等各个层面，既要企业积极参与市场化运作，又要政府部门统一协调与指导。鉴于我国建筑垃圾资源化利用管理与运行机制尚不健全，目前我国对建筑垃圾实行分级管理与分部门管理相结合的模式存在主管部门不明确、协调联动机制不完善、缺乏统筹协调、易造

---

　　〔1〕　孙金颖等编著：《建筑垃圾资源化利用城市管理政策研究》，中国建筑工业出版社2016年版，第4页序言。

　　〔2〕　2021年7月1日，国家发展和改革委员会发布的《"十四五"循环经济发展规划》表示，我国的再生资源利用能力已显著增强，2020年建筑垃圾综合利用率达50%。

成职能错位、工作比较被动等问题，不利于对建筑垃圾的资源化管理和利用。对此，我国应当从思想观念、激励政策、经济技术和法律制度等多个层面加以推进和完善。

（三）无害化原则

所谓无害化，是指通过各种技术方法对建筑垃圾进行处理、处置，使建筑垃圾不损害人体健康，同时对周围环境不造成污染。[1]经无害化处理的垃圾，不再污染环境，而且可以利用起来，变废为宝。无害化不仅指建筑垃圾处理结果和终端的"无害"状况，还包括排放、运输、消纳整个过程的无害，即对人体健康没有危害、不破坏生态环境。针对无害化原则，《管理条例》只在第 20 条作了简要规定，需要在工作实践中加以完善。

根据抽样检查结果，目前我国建筑垃圾无害化处理率并不高，现有建筑垃圾填埋场中有相当一部分没有任何防渗措施；不少没有渗滤液收集、处理设施，对周围地下水体、地表水体、土壤等造成了污染。一般认为，我国建筑垃圾无害化处理率低的原因主要是：一是历史原因，20世纪 90 年代以前建设的建筑垃圾填埋处理场所标准较低，达不到无害化的要求。二是处理场所、设施建设标准和污染控制标准滞后，致使大部分建筑垃圾处理场所设施要么没有污染防治措施，要么难以达到无害化的要求。三是缺乏拥有自主知识产权的垃圾无害化处理关键技术和设备。四是资金投入不足，无害化处理场所、设施建设和更新不及时。当然，随着我国环保法规政策的完善和环保标准的提高，以及技术水平的提升和执法管理的加强，对建筑垃圾的无害化处理能力和效果肯定越来越好。

以上探讨了减量化、资源化、无害化三个原则的基本内涵。但是，三者之间不是平行并列关系，也不是逻辑递减关系，更不是对立冲突关

---

〔1〕 宋涛："北京市建筑垃圾回收处理的现状及国内外经验借鉴"，载城市绿色发展科技战略研究北京重点实验室：《2014-2015 城市绿色发展科技战略研究报告论文集》，北京师范大学出版社 2016 年版，第 138 页。

系。"三化"之间的关系应当是："无害化"是建筑垃圾管理的底线要求，是建筑垃圾管理的基础，建筑垃圾从排放、运输到消纳、利用都必须遵循这一要求；"减量化"是实现建筑垃圾"无害化""资源化"的重要途径和前提；"资源化"是"减量化""无害化"管理的方向，"减量化""无害化"应有利于"资源化"。只有满足"无害化"要求的"减量化"和"资源化"才是真正意义上的"减量化"和"资源化"，否则不过是一种"障眼法"，实质上是污染转移、污染延伸或污染扩散，不但对改善区域环境质量、保障生态环境安全没有作用，反而可能会对人体健康和生态环境造成更大的危害。[1]

（四）污染担责原则

污染担责原则，即污染者负担原则（Polluter Pays Principle），是根据西方经济学家有关"外部性理论"而在环境法上确立的具有直接适用价值的原则。在自由市场经济条件下，环境的无形价值经常被人们忽视。由于难以区分和界定环境的所有权，因此不可能存在体现环境价值的市场，从而使市场这只"看不见的手"在环境问题上失灵。因环境的开放性导致工业企业将大量污染物排入环境中，使环境质量不断下降，从而影响到每一个社会成员的生活。为了处理环境污染问题，传统的做法是由国家出资治理污染、由公民承担环境污染的危害，形成了"企业赚钱污染环境，政府出资治理环境"的极不公平的现象。为此，经济学家认为，要转变这种不公平的现象，就必须采取措施使这种治理环境的费用（外部费用）由生产者或者消费者来承担，也即将外部费用内部化。企业为排污损害环境而付出治理环境的费用是倡导污染者负担原则的本意。[2]

在经济学外部性理论的指引下，联合国经济合作与发展组织环境委

---

〔1〕刘建国："'减量化''资源化''无害化'科学内涵与相互关系解析"，载《环境与可持续发展》2020年第5期。
〔2〕汪劲：《环境法学》（第4版），北京大学出版社2018年版，第57页。

员会首次提出了环境责任分担的基础性原则——污染者负担原则。该原则明确禁止各成员国对该国就企业污染防治工作所采取的措施予以资金上的补助，要求污染者负担由政府部门决定的减少污染措施的费用，以保证环境处于一种可能被接受的状态。该原则很快得到了国际社会的广泛承认，被许多国家确立为环境法的一项基本原则。1992 年《里约环境与发展宣言》原则 13 要求："各国应制定关于污染者原则上应承担污染费用的观点，政府当局应当努力促使内部负担环境费用，并且适当地照顾到公众的利益，而不歪曲国际贸易和投资。"这是对污染者负担原则的国际认可。[1]

但是，污染者负担原则只是明确了环境污染者所应承担的环境责任，而忽视了生态破坏者的环境责任，因而是不全面的。不过，由于在建筑垃圾排放、运输、消纳和利用过程中最容易出现的问题常常是环境污染问题，而不是生态破坏问题，故《管理条例》只规定了污染担责原则，而没有像《环境保护法》第 5 条那样规定损害担责原则。[2]

---

〔1〕 吕忠梅主编：《环境法导论》（第 3 版），北京大学出版社 2015 年版，第 58 页。

〔2〕 2014 年新修订的《环境保护法》第 5 条规定："环境保护坚持保护优先、预防为主、综合治理、公众参与、损害担责的原则。"

第四条　【政府职责】

市、县（市、区）人民政府应当将建筑垃圾管理纳入国民经济和社会发展规划，建立联席会议制度，协调处理建筑垃圾管理中的重大事项，制定建筑垃圾分类处理制度，建立建筑垃圾监督管理信息共享平台，加强建筑垃圾处置设施、消纳场所建设，保障处置安全，防止污染环境。

【导读与释义】

本条是关于建筑垃圾管理协调机制的规定。本条包含了多项制度安排，具有丰富的内涵：一是将建筑垃圾管理纳入韶关市国民经济和社会发展规划；二是建立联席会议制度；三是制定建筑垃圾分类制度；四是建立建筑垃圾监督管理信息共享平台；五是加强建筑垃圾处置设施、消纳场所建设。

一、将建筑垃圾管理纳入韶关市国民经济和社会发展规划

国民经济和社会发展规划是国家或者某一地区经济、社会发展的总体纲要，是具有战略意义的指导性文件。国民经济和社会发展规划统筹安排和指导全国或某一地区的经济、政治、文化、社会建设工作。近年来，着眼于全面建成小康社会、加快实现社会主义现代化和中华民族伟大复兴的目标，党的十八大报告就推进中国特色社会主义事业作出了"五位一体"的总体布局，首次将经济、政治、文化、社会和生态五大建设并列，中国特色社会主义事业总体布局由过去的经济建设、政治建设、文化建设、社会建设"四位一体"，拓展为包括生态文明建设在内的"五位一体"。这是总揽国内外大局、贯彻落实科学发展观的一个新

的战略部署。自然地，国民经济和社会发展规划早已不是名称上的"经济""社会"两项内容，而是具有系统性、全面性、全局性，包含了"五位一体"要素的丰富内涵。建筑垃圾管理的好坏关涉生态文明建设这个大问题，将建筑垃圾管理纳入韶关市国民经济和社会发展规划，绝非本地没有根基和依据的独创，而是响应国家生态文明建设要求的应有举措。

国民经济和社会发展规划是国家加强和改善宏观调控的重要手段，也是政府履行经济调节、市场监管、社会管理和公共服务职能的重要依据。科学编制并组织实施国民经济和社会发展规划，有利于合理、有效地配置公共资源，引导市场发挥资源配置的基础性作用，促进国民经济持续、快速、健康发展和社会的全面进步。《韶关市国民经济和社会发展第十四个五年规划和 2035 年远景目标纲要》提出了"强化固体废物管理"的要求，其中自然包括加强建筑垃圾管理的内容。《管理条例》的通过，必将有利于韶关市"十四五"规划目标的实现。

二、建立联席会议制度

对于什么叫"联席会议"，目前众说纷纭，一直没有形成一个统一规范的概念。从管理和执法实践来看，联席会议可被定义为：没有隶属关系但有工作联系的行政机关之间，为了解决法律没有规定或规定不够明确的问题，由一方或多方牵头，以召开会议的形式，在充分发扬民主的基础上达成共识，形成具有约束力的规范性意见，用以指导工作、解决问题。从建筑垃圾管理实践来看，相关的联席会议主要由环境卫生行政主管部门召集，参加会议的是与建筑垃圾管理有关的单位，如城乡规划、自然资源、交通运输、生态环境、公安交管等，意在研究解决建筑垃圾管理工作中遇到的各种新情况、新问题，使参加联席会议的各方达成共识并组织实施。

自建筑垃圾管理实行联席会议制度以来，这项制度一直在工作中发

挥重要作用。首先，联席会议制度起到了规范管理执法行为的作用。由
于我国针对建筑垃圾管理的立法不完善、线条比较粗，给具体的管理执
法工作带来了诸多不便。为了规范建筑垃圾管理执法行为，促进该项工
作协调、有序开展，由环境卫生行政主管部门召集有关单位就相关问题
进行沟通、协调，研究制定一些规章制度来规范各项管理执法工作，并
通过联席会议纪要的形式确定下来，成为参加会议的各方一体遵行的规
范性文件。如渣土车超载、超速运输建筑垃圾，涉及环境卫生、交通运
输、公安交管、生态环境等多个部门的职责，具有交叉性和复合性，通
过联席会议的方式，明确运营条件、驾驶资格、行驶路线、运输时间、
装载要求、环保标准，以及造成道路遗撒的责任，采取部门联动、联合
执法和事前监督、事中监督、事后监督相结合的方式，有力促进了管理
执法工作的有效开展，这一做法就是环境卫生行政主管部门和上述有关
部门通过联席会议的形式确定下来的。其次，联席会议有利于解决具体
问题，具有指导性强、解决问题迅速快捷的特点。联席会议决定的事项
都是工作中遇到的具体现实问题，这些问题如果等待立法来完善，时间
上不允许，召开联席会议就是一个很好的弥补办法。最后，联席会议有
利于解决建筑垃圾监管者与被监管者之间的矛盾。联席会议作出的决定
是在参加会议的各方充分讨论酝酿基础上产生的，是各方达成的共识，
考虑问题比较成熟，有利于各方自觉遵守。

实践中，联席会议的形式主要以会议形式为主。但这种会议的具体
操作方法各不相同，在工作实践中主要有以下几种方法：一是以参加联
席会议的主体划分，可分为多方联席会议、双方联席会议；二是以召开
会议的形式划分，可分为总结式联席会议、讨论式联席会议、大会发言
式联席会议、现场办公式联席会议、电视电话式联席会议；三是以参加
人员的成分划分，可分为首脑级联席会议、职能部门联席会议；四是以
要解决的问题性质划分，可分为解决工作方法联席会议、建立长效机制
联席会议；五是以会议内容上划分，可分为全面工作联席会议、阶段性

工作联席会议、专项工作联席会议；等等。当然，根据工作的不同，随着工作的开展，联席会议还会有很多划分方法，在此不一一赘述。

三、制定建筑垃圾分类制度

垃圾分类（GarbageClassification），是指按一定方法或标准将垃圾分类储存、投放和运输，从而转变成公共资源的一系列活动的总称。垃圾分类是垃圾终端处理设施设备运转的基础。实施垃圾分类，可以有效改善城乡环境，促进资源回收利用。垃圾分类与处理具有经济、社会、生态等多方面的价值，关系到资源节约型、环境友好型社会建设，有利于我国新型城镇化发展和生态文明建设水平的进一步提高。

垃圾分类是近年来我国环境保护和生态文明社会建设中的一个热点问题，也是长期存在的难点问题。像其他领域的垃圾分类一样，建筑垃圾分类也长期存在着分类意识不强、分类制度欠缺、分类方法不科学、分类利用不规范，以及分类监督与奖惩机制缺失等问题，影响了对建筑垃圾的分类实施与有效利用。这有待在国家层面通过立法来推动分类工作。当国家立法缓不济急之时，地方立法可以在其立法权限范围内对此先行作出立法规定。《管理条例》就是在《固体废物污染环境防治法》修正前后制定的，其第4条、第11条、第32条以不同形式规定了建筑垃圾分类及其法律责任问题。

2020年9月1日起施行的修订后的《固体废物污染环境防治法》将各种垃圾分为工业固体废物、生活垃圾、建筑垃圾、农业固体废物和危险废物五大类型，并第一次设专章规定了建筑垃圾的内容。[1]同时，该法专门规定了生活垃圾分类制度，以及应当坚持的"政府推动、全民参与、城乡统筹、因地制宜、简便易行"五大原则。[2]遗憾的是，该法主

---

〔1〕 即第五章"建筑垃圾、农业固体废物等"。实际上也不是"专章"，而是把建筑垃圾和农业固体废物一起规定的。

〔2〕《固体废物污染环境防治法》第6条规定："国家推行生活垃圾分类制度。生活垃圾分类坚持政府推动、全民参与、城乡统筹、因地制宜、简便易行的原则。"

要对生活垃圾分类作了规定，制定了不少规范，但并没有明确规定对建筑垃圾的分类，只在第 60 条规定"县级以上地方人民政府应当加强建筑垃圾污染环境的防治，建立建筑垃圾分类处理制度。县级以上地方人民政府应当制定包括源头减量、分类处理、消纳设施和场所布局及建设等在内的建筑垃圾污染环境防治工作规划"。即，根据上述规定，建筑垃圾分类制度由县级以上人民政府建立，各地有较大的自主权力。参照《固体废物污染环境防治法》对生活垃圾分类的规定，建筑垃圾也可被具体划分为投放、收集、运输、处理四个环节或四个方面，[1]这样便于实施。反观《管理条例》对建筑垃圾分类的规定，在全面性上不如《固体废物污染环境防治法》，作为建筑垃圾管理专门性地方立法，没有对此作出突破和创新，略显遗憾。这有待在具体工作中对之进行进一步细化和落实。

四、建立建筑垃圾监督管理信息共享平台

建筑垃圾监督管理信息共享平台，是指为便于对建筑垃圾的监督管理，由上级环境卫生行政主管部门（简称"环卫主管部门"）牵头搭建、下级环卫主管部门和建筑垃圾排放单位、运输单位、消纳与利用单位共同参与的信息化管理监督平台，该平台通过信息数据共享，实现对建筑垃圾监督管理的透明、高效、协同和公正。广义而言，参与信息共享平台建设的单位，还包括公安交管、交通运输、生态环境等行政部门。但在实践中，主要是作为监管主体的环卫主管部门和被监管对象的施工、运输、处置等单位。

2019 年 6 月在网上公开发布的《韶关市城市建筑垃圾管理条例（草案）（征求意见稿）》曾分两条详细规定了信息共享平台的建设和共享

---

〔1〕《固体废物污染环境防治法》第 43 条第 1 款规定："县级以上地方人民政府应当加快建立分类投放、分类收集、分类运输、分类处理的生活垃圾管理系统，实现生活垃圾分类制度有效覆盖。"

信息提供问题。[1] 但《管理条例》简化了该两条的规定，只在第28条规定："市、县（市）人民政府环境卫生主管部门应当会同有关部门建立建筑垃圾监督管理信息共享平台，实现建筑垃圾处理全过程监控和信息化溯源。"具体如何建设，要看环卫主管部门和有关部门的协商沟通和建设信息化平台的必要性程度了。

【典型案例二】南昌市建筑垃圾管理信息共享平台案[2]

2018年7月15日，南昌市建筑垃圾管理信息共享平台正式启动上线，意味着南昌市建筑垃圾及其运输行业的管理工作正式进入信息化、数字化新格局。目前，建筑垃圾管理信息共享平台共接入全市60余家建筑垃圾运输企业名录的新型环保密闭渣土车，已安装渣土车专用北斗终端设备的车辆有797辆。市数字城管监督指挥中心相关负责人说："可通过平台对渣土车进行实时监控管理，及时有效下发锁车、限速、抓拍等一系列指令，且详细记录其运行轨迹，可有效遏止、减少乃至杜绝渣土

〔1〕《韶关市城市建筑垃圾管理条例（草案）（征求意见稿）》第36条【信息共享平台】规定："市容环境卫生主管部门应当在市、县（市、区）人民政府的指导下，会同有关部门建立建筑垃圾监督管理信息共享平台，实现信息互通共享。县（市、区）市容环境卫生主管部门应当及时将辖区内建筑垃圾监督管理信息报送至市市容环境卫生主管部门，实现全市建筑垃圾监督管理信息实时共享。"第37条【共享信息提供】规定："有关部门应当按照下列规定将相关信息提供到建筑垃圾信息共享平台，并及时更新信息：（一）市容环境卫生主管部门提供建筑垃圾排放核准、消纳回填和综合利用信息，提供建筑垃圾运输企业、运输车辆及运行线路信息，提供未按规定运行设备、带泥上路、沿途抛撒、随意倾倒、管理失范等违法行为及查处情况信息；（二）公安机关交通管理部门提供建筑垃圾运输车辆及驾驶人员交通违法行为查处情况、交通事故信息及违法行为查处情况信息；（三）交通运输主管部门提供运输单位的道路运输经营资质、运输车辆资质、驾驶人员从业资格情况信息及违反道路运输管理相关法规行为查处情况信息；（四）生态环境主管部门提供建筑垃圾处置过程中产生的噪声、扬尘和水污染防治等查处情况的信息；（五）自然资源主管部门提供建筑垃圾消纳场所选址信息、建设用地审批、土地利用和非法用地查处等信息；（六）建设主管部门提供建设工程施工许可、工程开挖、工程拆除等信息；（七）需要共享的其他信息。"

〔2〕吴朋、张代艳："南昌市建筑垃圾管理信息共享平台正式启动上线"，载南昌新闻网：http://www.ncnews.com.cn/xwzx/ncxw/jrnc/201807/t20180716_1306759.html，2021年6月20日访问。

车超载、超速、偷倒、遗撒等违法违规行为。"同时，平台已录入施工工地、停车场、消纳场、运输路线等电子围栏信息113条，发放相关部门、各区县渣土管理部门平台账号153个。

记者了解到，为保障和配合建筑垃圾管理信息共享平台的启动运行，南昌市城管委多次组织召开专项推进调度会，市数字城管监督指挥中心组织各县区渣土管理部门、数字城管二级平台、各运输企业的业务人员就平台的业务流程和功能运行做专门培训，确保平台尽快投入使用，进一步规范建筑垃圾收运处置工作，严控扬尘污染，为打赢蓝天保卫战助力。

【点评】

本案涉及建筑垃圾管理信息共享平台的建设、利用与管理问题，南昌市城管委的做法值得学习借鉴。平台的建设使南昌市建筑垃圾及其运输管理正式进入了信息化、数字化的新时期。

五、加强建筑垃圾处置设施、消纳场所建设

建筑垃圾处置设施，是指处理建筑垃圾的生产工艺和技术设备。目前国内市场上广泛利用的有三种：一种是以DPF（DIESEL PARTICULATE FILTER）建筑垃圾专用破碎机为主机的固定式建筑垃圾破碎成套设备，另一种是DPF建筑垃圾专用移动破碎站，第三种是履带式移动破碎站。这三种设备各有优势，目前在国内普遍都有使用。固定式建筑垃圾破碎成套设备由ZSW振动筛分给料机、DPF建筑垃圾专用破碎机、电磁除铁器、轻物质处理器、YK圆振动筛、皮带输送机及除尘设备组成。DPF建筑垃圾移动破碎站专为破碎建筑垃圾研制，带有钢筋剪切装置。该设备侧重于对城市建筑废弃物的破碎，除了可用于建筑物拆除现场，能够较好地完成建筑拆除物破碎工作外，也可就地用于现场的施工便道、基础回填，还可在现场剔除混凝土中的钢筋。履带式移动破碎站集受料、破

碎、传送等工艺设备于一体，具有产量高、体积小、能耗低、移动灵活，以及可自动调节卡料等优势，一般都配有抑尘系统，可随时随地到拆迁现场对建筑垃圾进行就地粉碎；破碎现场粉尘少，可以有效避免建筑垃圾资源化处置现场粉尘满天飞的窘况。

建筑垃圾消纳场所是集中接收、处置建筑垃圾的场所，主要以填埋方式对分拣后的建筑垃圾加以埋压处理，地点一般在城市近郊。建筑垃圾消纳场所的设置应当符合城市规划和生态环保的要求，有健全的环境卫生和安全管理制度，具有相应的摊铺、碾压、除尘、照明等机械设备，有排水、消防等设施。消纳场所出入口及场内道路要进行硬化处理，出入口处应配建符合标准的管理用房和管理系统监控室。消纳场所要安装信息监管系统并应连接到市（县、区）建筑垃圾管理信息共享平台。

【典型案例三】韶关市浈江区花拉寨建筑垃圾消纳场案[1]

经过前期紧张建设，韶关市浈江区花拉寨建筑垃圾消纳场已经基本满足试运营条件，昨日该消纳场开始试运营。据了解，花拉寨建筑垃圾消纳场是韶关市浈江区首个正式建设的建筑垃圾消纳场，也是韶关市市区范围内的第二个消纳场。

该场位于浈江区新韶镇黄金村村委东北部一处马蹄形山坳。据测算，山坳面积约 101 703 平方米，可消纳容量初步估测超过 600 万立方米，至少可满足 3 年至 4 年建筑垃圾处置消纳需求。消纳场距国道 323 线约 3 公里，区域内运输基本可控制在 10 公里以内，运输条件便利，且能降低运输成本。记者在现场看到，车辆进入场区有一条宽敞的水泥硬底化道路，倒土区域采取环形路线，便于车辆通行。车辆出场前，必经过场内设置的二级洗车槽和自动洗车系统，辅以人工清洗，确保车辆出场不带泥，车身干净。消纳场设置了自动抓拍系统，自动识别出入场区的车辆，便

---

[1] "韶关市浈江区首个正式建筑垃圾消纳场开始试运营"，载北极星固废网：https://huanbao.bjx.com.cn/news/20190115/956773.shtml，2021 年 6 月 21 日访问。

于监控。

市渣土办相关负责人表示，花拉寨建筑垃圾消纳场的投入使用，不仅解决了浈江片区建筑渣土无处可倒的问题，也为我市建筑垃圾准运制的顺利实施提供了有力保障。

【点评】

建筑垃圾消纳场的规划与建设，在任何城市都是一件十分重要的事。虽然填埋建筑垃圾不是最终的取向，但填埋仍然是基础性的、最常见的处理方式。在建筑垃圾资源化利用生产线投产之前，或者投产后利用能力不足的情况下，规划、建设好建筑垃圾消纳场仍是应当着力解决好的一项民生问题。

第五条 【部门职责】

市人民政府环境卫生主管部门负责市辖区行政区域内的建筑垃圾污染防治工作、县（市）人民政府环境卫生主管部门负责本行政区域内的建筑垃圾污染防治工作，建立建筑垃圾全过程管理制度，规范建筑垃圾排放、运输、消纳、利用、处置等行为。

发展改革、住房和城乡建设、公安、交通运输、水务、自然资源、生态环境、市场监管、农业农村、林业等行政主管部门按照各自职责，协同做好建筑垃圾的监督管理工作。

镇、民族乡人民政府、街道办事处在环境卫生行政主管部门的指导下，做好本辖区内建筑垃圾的监督管理工作。

【导读与释义】

本条是关于建筑垃圾管理体制的规定。该条有三款，涉及三类不同行政主体的职责分工：第 1 款规定了作为建筑垃圾业务主管部门的市、县人民政府环境卫生主管部门的职责；第 2 款规定了作为建筑垃圾管理辅助单位的发展改革、住房和城乡建设等部门的职责；第 3 款规定了作为基层政府的镇、民族乡人民政府或街道办事处在建筑垃圾管理上的职责。

一、市、县人民政府环境卫生主管部门的职责

环境卫生主管部门是建筑垃圾管理工作基础、主要部门，按照行政

法原理,是职权行政主体。[1]即其对建筑垃圾的管理权并非来自于法律、法规的授权,也非来自于其他行政部门的委托,而是其本身的职能就是应当承担起对建筑垃圾的管理事项,这有《国务院组织法》和《地方各级人民代表大会和地方各级人民政府组织法》上的依据。同时,全国人大常委会制定的法律《固体废物污染环境防治法》、国务院制定的行政法规《城市市容和环境卫生管理条例》和原建设部制定的行政规章《城市建筑垃圾管理规定》皆规定环境卫生行政主管部门为建筑垃圾管理的主管部门。[2]但是,市级环境卫生主管部门和县级环境卫生主管部门的职责分工是不一样的,市一级主要在宏观层面开展指导、协调、督查工作,县一级要在微观层面开展具体的监督管理、执法检查工作,即建立建筑垃圾全过程管理制度,规范建筑垃圾排放、运输、消纳、利用、处置等行为。

根据本条规定,市级人民政府环境卫生主管部门负责市辖区行政区域内的建筑垃圾污染防治工作。在此值得讨论的问题是,根据《环境保护法》第10条第1款的规定:"国务院环境保护主管部门,对全国环境保护工作实施统一监督管理;县级以上地方人民政府环境保护主管部门,对本行政区域环境保护工作实施统一监督管理。"该条明确了环境保护主管部门(即生态环境部、厅、局)是一般性、基础性、全局性的污染防治工作主管部门。但该条第2款同时又规定:"县级以上人民政府有关部门和军队环境保护部门,依照有关法律的规定对资源保护和污染防治等环境保护工作实施监督管理。"该款同时明确了"有关部门""依照有关法律的规定"也负有专门的、单项的资源保护和污染防治监督管理职责。根据《固体废物污染环境防治法》第62条的规定:"县级以上地方人民

---

〔1〕 职权行政主体和授权行政主体是行政主体的基本分类,这是根据行政职权的获取方式进行的分类。凡行政职权随组织的成立而自然取得,无需经其他组织授予的行政主体,称职权行政主体,包括各级各类行政机关;凡行政职权并不因组织的成立而获得,而来自于有权机关授予的行政主体,称为授权行政主体,包括法律、法规、规章授权的各种其他组织。参见周佑勇:《行政法原论》(第2版),中国方正出版社2005年版,第112页。

〔2〕 参见《固体废物污染环境防治法》第62条、《城市市容和环境卫生管理条例》第4条、《城市建筑垃圾管理规定》第3条。

政府环境卫生主管部门负责建筑垃圾污染环境防治工作，建立建筑垃圾全过程管理制度，规范建筑垃圾产生、收集、贮存、运输、利用、处置行为，推进综合利用，加强建筑垃圾处置设施、场所建设，保障处置安全，防止污染环境。"据此可知，在建筑垃圾管理这个专门的领域，环境卫生主管部门就是防治环境污染工作的监督管理部门。但同时，由于生态环境部门在全国或者一定区域内负有"实施统一监督管理"的职责权限，环境卫生行政主管部门作为专门、单项的建筑垃圾污染防治管理部门，应当接受生态环境部门的业务指导或者必要的、基本的帮助。在法定条件下，还应当接受生态环境部门的监督。

二、发展改革、住房和城乡建设等部门的职责

本条第 2 款规定，发展改革、住房和城乡建设、公安、交通运输、水务、自然资源、生态环境、市场监管、农业农村、林业等行政主管部门应按照各自职责，协同做好建筑垃圾的监督管理工作。该款规定了十个不同的行政部门在建筑垃圾监督管理上的职责，后面还有一个"等"字。等字的含义，有"等内"和"等外"之分，对此处的等字，应作"等外"理解，即不但包括以上列明的十个部门，还应当包括虽然没有列明，但却在建筑垃圾管理工作上有一定职责的其他部门。随着经济社会的发展和机构改革的不断进行，旧的行政部门会撤并，新的行政部门会产生，工作分工也随机构的调整而变动。但特定社会事务是一直存在的，特定管理职能也必然一直存在，很难会因机构名称的改变而改变。于是，因法律条文上的列举不可能面面俱到，用"等"字来煞尾就显得很有必要了。

但是，"等"字到底是"等内"还是"等外"，不是一成不变的，要具体问题具体分析。学界认为，现代汉语中的"等"字，作助词使用时有三层含义：第一，用在人称代词或者指人的名词后面表示复数；第二，表示列举未尽；第三，表示列举后煞尾。一般而言，学理解释所称"等

外等"，即助词"等"的"表示列举未尽"；学理解释所称"等内等"，即助词"等"字"表示列举后煞尾"。法律条文中的助词"等"，究竟是"等外等"还是"等内等"，可按照以下之一依据认定：第一，法律的明确规定；第二，根据相关法律条文推导出的正确结论；第三，有解释权的国家机关对该法律作出的解释。[1]

该款所列十个部门在建筑垃圾管理上的职责可被解释为：

第一，发展改革部门。发展改革部门是综合性很强的部门，其职能非常全面，尤其是它具有的规划、环保等职能，会涉及建筑垃圾管理问题。即拟订并组织实施国民经济和社会发展战略、中长期规划和年度计划，统筹协调经济社会发展；推进可持续发展战略，负责节能减排综合协调工作，组织拟订发展循环经济、全社会能源资源节约和综合利用规划及政策措施并协调实施；参与编制生态建设、环境保护规划，协调生态建设、能源资源节约和综合利用的重大问题，综合协调环保产业和清洁生产促进有关工作等。

第二，住房和城乡建设部门。住房和城乡建设部门简称"住建部"，是城乡建设与管理的职能部门。根据职能分工，住建部门负责城市和村镇建设；管理城市供水节水、燃气、热力、市政设施、公共客运、园林、市容和环卫工作；指导城市规划区的绿化工作；负责城市市容环境治理和城建监察工作。韶关市城市综合管理局原是与韶关市住房和城乡建设局相互独立的处级行政机关，近年来随着"大部制"改革的推进，韶关市城市综合管理局与韶关市住房和城乡建设合并，组建成了新的韶关市住房和城乡建设管理局，原由城市综合管理局承担的市容环境卫生、渣土管理工作，也转由住管局继续承担。

第三，公安部门。公安机关负责公共安全和公共秩序，在建筑垃圾管理领域，主要涉及对驾驶人驾驶资格的考核、监督和对运输车辆是否

---

〔1〕 黄为森："我所理解的法律条文中关于助词'等'的'等外等'和'等内等'"，载 http://huangweisen.blog.sohu.com/entry/20204319，2021年6月22日访问。

遵守道路交通安全法行为的执法。此外，还拥有对各种扰乱公共秩序、危害公共安全的环境违法行为的罚款、拘留等行政处罚权。取得驾驶资格、依法行驶车辆、遵守公共秩序是公共安全的一道底线，故公安机关在建筑垃圾管理上负有重要职责。

第四，交通运输部门。交通运输部门主要承担道路、水路运输市场的监管责任；负责路政、运政和港口管理；负责道路客货运输、道路客货运输站（场）、机动车维修、运输服务业、机动车驾驶员培训、水路运输、水路运输服务业、港口、码头及港航设施建设使用岸线的行业管理；组织协调公路、水路有关重点工程建设和工程质量、安全生产的监督管理工作；指导交通运输基础设施管理和维护；承担有关重要设施的管理和维护工作；指导监督交通运输行政执法工作。以上职能中，多项涉及建筑垃圾管理，故交通运输部门在建筑垃圾管理上也负有重要职责。

第五，水务部门。水务部门负责水资源保护工作；负责水环境综合整治工作的组织领导、统筹协调、督查督办；负责水污染治理；组织拟订水环境治理专项规划及流域综合治理规划并监督实施；拟订全市水环境保护政策和规划等。武江、浈江和北江流经韶关市，有"三江六岸"之称，有一定的水路运输能力，给建筑垃圾运输提供了条件，也给不法分子用船舶私拉乱倒提供了机会。为此，水务部门应当加强监督管理，保护好水环境，不给建筑垃圾运输、倾倒提供任何机会。

第六，自然资源部门。自然资源部门统一行使全民所有自然资源资产所有者职责，统一履行所有国土空间用途管制和生态保护修复职责，通过制度设计与积极作为，发挥国土空间规划的管控作用，为保护和合理开发利用自然资源提供保障；加强对自然资源的调查监测和评价、确权和登记、保护和合理开发利用，建立健全源头保护和全过程修复治理相结合的工作机制，实现整体保护、系统修复、综合治理；创新激励约束并举的制度措施，推进自然资源节约集约利用；发挥市场对资源配置的决定性作用，更好发挥政府作用，强化自然资源管理规则、标准、制度的约束性作用，推进自然资源服务便民高效，提升管理水平。建筑垃圾管理中，终端去向往往是消纳场。消纳场的选址、出让、规划、建设、利用离不开自然资源部门的支持、参与和监督。

第七，生态环境部门。生态环境部门统一履行生态和城乡各类污染排放监管与行政执法职责，监管责任，全面落实大气、水、土壤污染防治行动计划；构建以政府为主导、以企业为主体、社会组织与公众共同参与的生态环境治理体系；实行最严格的生态环境保护制度，严守生态保护红线和环境质量底线，持续改善生态环境质量；统一负责生态环境监督执法，组织开展生态环境保护执法检查活动，查处重大生态环境违法问题；组织编制生态保护规划，监督对生态环境有影响的自然资源开发利用活动、重要生态环境建设和生态破坏恢复工作；组织制定各类自然保护地生态环境监管制度并监督执法，负责环境污染防治的监督管理；制定大气、水、土壤、噪声、恶臭、固体废物、化学品等领域的污染防治管理制度并监督实施；会同有关部门监督管理饮用水水源地生态环境保护工作；组织指导城乡生态环境综合整治工作，监督指导农业面源污染治理工作。生态环境部门的上述职能几乎都涉及对建筑垃圾的管理问题，无论是排放环节、运输环节，还是消纳和利用环节，稍不注意，大气污染、噪声污染、固体废物污染以及由此衍生的水污染、土壤污染，便会产生，生态环境部门的监督、管理与执法必然须臾不可缺失。

第八，市场监管部门。市场监管部门负责市场综合监督管理，统一登记市场主体并建立信息公示和共享机制；组织市场监管综合执法工作，开展反垄断统一执法，规范和维护市场秩序；负责工业产品质量安全、特种设备安全监管，统一管理计量标准、检验检测、认证认可工作；负责规范和维护市场经营秩序，依法对市场交易行为及有关服务行为进行监督管理；组织查处违反市场管理有关法律法规规章的行为；依法管理和指导质量工作，负责质量管理，会同有关部门组织实施重大工程设备质量监理制度，参与较大产品质量事故的调查处理，实施缺陷产品和不安全产品召回制度等。市场监管部门的这些职能，在建筑垃圾管理中有着重要作用。因为建筑垃圾排放、运输、消纳与利用行为，一方面大多属于市场化行为，遵循市场经济规律办事，接受市场监管部门的监督管理与行政执法；另一方面，建筑垃圾处置的各环节，往往需要特种设备、特种车辆和相关的技术及技术标准，这些领域都是市场监管部门的职责范围。故此，市场监管部门在建筑垃圾管理中也发挥着重要作用。

第九，农业农村部门。农业农村部门负责农业投资管理，负责农业投资规模和方向、扶持农业农村发展财政项目，审批农业投资项目，负责农业投资项目资金安排和监督管理；组织实施农业资源区划工作；指导农用地、渔业水域以及农业生物物种资源的保护与管理，负责水生野生动植物保护、耕地及永久基本农田质量保护工作；指导农产品产地环境管理和农业清洁生产等。建筑垃圾消纳填埋场多建在城市近郊，使用的是农村的山林、荒地、丘陵等，场所项目的引进是否会给当地农业农村的发展带来不利影响，是否会占用、损坏基本农田，是否影响当地水域以及农业生物物种资源的保护，都涉及农业农村部门的职责，所以对建筑垃圾的管理也离不开农业农村部门。

第十，林业部门。林业部门的职责主要是贯彻执行国家森林生态环境建设、森林资源保护和国土绿化的方针政策、法律法规；负责森林生态环境建设、森林资源培育和保护利用的具体措施并组织实施；组织林业行政执法和执法监督；组织开展植树造林、封山育林、退耕还林工作；组织开展以植树造林为主的生物措施，防治水土流失和沙漠化工作；组织全民义务植树、开展国土绿化建设；负责指导生态公益林建设和管理；组织林地、森林、林木、野生动植物等森林资源的保护和管理；组织森林资源调查、动态监测和统计；审核并监督森林资源的使用；组织林地、林权管理，按照国家有关规定负责征用、占用林地的审批；指导、监督森林、林木、林地使用权的流转；组织、指导、监督、管理对本地野生动植物资源的保护和合理开发利用，以及相关的行政管理和执法工作。

建筑垃圾处置终端即消纳利用环节，一般是指消纳场的选址、征用、规划、建设，与之相伴的往往是林木的砍伐、植被的损坏、森林和野生动植物资源的消失或迁移，这些工作都涉及林业部门的职责。故此，在建筑垃圾管理中，林业部门也发挥着重要作用。

上述十个部门在本条的排序上并没有职责或地位上的先后之分，它们是建筑垃圾管理领域最常见、最主要的部门，但绝非全部。如不少地方一直将建筑垃圾管理事务划归城管部门管理，城管部门负责当地的城市市容和环境卫生及渣土管理工作。在此情况下，城管部门就是当地的建筑垃圾管理行政主管部门，而非住建部门。另外，应急管理部门、司法机关等也是重要的处置、保护和相关的纠纷解决部门，在特殊情况下也发挥着无可替代的重要作用，此不赘述。

三、基层乡镇政府、街道办事处在建筑垃圾管理上的职责

本条第 3 款的原文表述为："镇、民族乡人民政府、街道办事处在环境卫生行政主管部门的指导下，做好本辖区内建筑垃圾的监督管理工作。"该款这样表述，是由韶关市行政区划的现状和乡镇政府、街道办事处的职权特点决定的。

首先，目前韶关行政区域内，除了位于始兴县南部的深渡水瑶族民族乡外，已没有乡政府，全部都是镇政府，故该款首先表述为"镇、民族乡人民政府"。这说明，镇政府是韶关市内最主要、数量最多的基层人民政府。同时，韶关市仅存的一个民族乡政府，既不能被镇政府所取代，更不能被忽略。这反映出了立法者严谨的态度。

其次，镇、民族乡人民政府、街道办事处在建筑垃圾管理事务方面如何开展工作呢？该款的规定是"在环境卫生行政主管部门的指导下，做好本辖区内建筑垃圾的监督管理工作"。即，一方面，镇、民族乡人民政府、街道办事处在环境卫生行政主管部门的指导下开展工作。这是因为，建筑垃圾管理具有一定的专业性和技术性，需要掌握大量的行业知

识和法规政策才能做好，在缺乏指导培训和管理经验的情况下，镇、民族乡人民政府、街道办事处盲目开展对建筑垃圾的管理工作是很难收获成效的，因而离不开环境卫生行政主管部门的指导。另一方面，镇、民族乡人民政府、街道办事处要做好本辖区内建筑垃圾的监督管理工作。那么，如何做好本辖区内的建筑垃圾监督管理工作呢？对此，《管理条例》分三个条款明确了镇、民族乡人民政府、街道办事处的职责权限，分别是第6条、第26条和第27条。其中，第6条规定："市人民政府可以依照省人民政府的决定，在执行综合执法的领域，将本条例规定的有县级行政执法部门行使的行政处罚权以及与之相关的行政检查权、行政强制措施权确定由符合条件的镇、民族乡人民政府和街道办事处行使。"即符合条件的镇、民族乡人民政府和街道办事处，可以行使行政处罚权、行政检查权和行政强制措施权。第26条规定："镇、民族乡人民政府负责本辖区内管线铺设、道路开挖、管道清污、建筑物、构筑物拆除等建筑垃圾处理的监督管理工作。"第27条规定："镇、民族乡人民政府和街道办事处应当督促辖区内建设农村住房的居民及时清理建筑垃圾。"当然，具体事项可能更为复杂，上述几个条款只是罗列了主要的方面。这三个条款的具体含义和要求，容后详谈。

第六条 【执法主体】

市人民政府可以依照省人民政府的决定，在执行综合执法的领域，将本条例规定的由县级行政执法部门行使的行政处罚权以及与之相关的行政检查权、行政强制措施权确定由符合条件的镇、民族乡人民政府和街道办事处行使。

【导读与释义】

本条是关于镇、民族乡人民政府和街道办事处经授权行使行政执法权的规定。该条规定是将广东省人民政府于 2020 年 8 月制定通过并于当日开始实施的《广东省人民政府关于乡镇街道综合行政执法的公告》[1]（以下简称《行政执法公告》）的规定加以立法转化的结果，从而成了韶关市地方性法规的一项内容，具有创新性、前瞻性和地方特色，是《管理条例》的一大亮点。该条规定非常值得详细研究。

一、镇、民族乡人民政府和街道办事处是否具有行政执法权

从该条规定和行政执法的实践来看，镇、民族乡人民政府和街道办事处一直是没有行政执法权的；虽然 1996 年的《行政处罚法》第 16 条有授权规定，[2]但全国各地镇、民族乡人民政府和街道办事处很少有真

---

[1] 粤府函〔2020〕136 号。
[2] 即"国务院或者经国务院授权的省、自治区、直辖市人民政府可以决定一个行政机关行使有关行政机关的行政处罚权"。根据该条规定，国务院可以直接决定任何一个行政机关，包括镇、民族乡人民政府和街道办事处这样最低层的行政机关行使有关行政机关的行政处罚权，也可以由国务院授权的省、自治区、直辖市人民政府决定准许镇、民族乡人民政府和街道办事处等行政机关行使有关行政机关的行政处罚权。

正行使该项权力的，无论是行政处罚权、行政检查权还是行政强制措施权，一直是由县级以上人民政府及其有关主管部门行使的。这种纵向的、"条块分割"式的执法体制，一方面导致多头执法、执法扰民、执法效率低下，甚至形成了"七八个大檐帽管不住一个小草帽"的现象；另一方面，虽然镇、民族乡人民政府和街道办事处身处各种社会问题、法律纠纷的第一线，但却因为没有被授权行使行政执法权，导致"看得见的管不了、管得了的看不见"。在此情况下，相对集中行政处罚权、实施综合行政执法和"执法力量下沉"等改革主张不断出现。

1996 年《行政处罚法》第 16 条规定："国务院或者经国务院授权的省、自治区、直辖市人民政府可以决定一个行政机关行使有关行政机关的行政处罚权，但限制人身自由的行政处罚权只能由公安机关行使。"这是在立法上第一次确立了相对集中行政处罚权制度，既为省、自治区、直辖市人民政府决定镇、民族乡人民政府和街道办事处行使行政执法权提供了法律依据，也为综合行政执法的深入推进提供了法律上的支持。相对集中行政处罚权制度先是被运用在城市管理领域，到 2002 年前后，逐渐扩大到文化市场管理、资源环境管理、农业管理、交通运输管理等领域，要求合并组建综合行政执法机构。按有关规定，经批准成立的综合行政执法机构具有行政执法主体资格。[1]《行政处罚法》虽可以说是解决了行政处罚权的问题，但行政执法权还离不开行政检查权和行政强制措施权。由于行政检查权只是一种过程性权力，[2]而不是一种独立的权力，不具有一般行政行为那样的决定性和明确性，[3]那么就需要通过立法解决具有相对集中行政处罚权的行政机关行使行政强制措施权的资格

---

〔1〕《关于清理整顿行政执法队伍实行综合行政执法试点工作的意见》。

〔2〕应松年教授认为，行政检查与其他行政行为的不同之处在于，行政检查为相对人设定的义务属于程序性协助义务。参见应松年主编：《行政法与行政诉讼法学》，法律出版社 2009 年版，第 264 页。

〔3〕德国学者认为，行政检查属于准备行为和阶段行为，虽然是行政行为的必经程序，但它本身不是行政行为，而是事实行为。参见〔德〕哈特穆特·毛雷尔：《德国行政法学总论》，高家伟译，法律出版社 2000 年版，第 184 页。

问题，而不需要再单独规定行政检查权的问题。这个问题随后被《行政强制法》解决了。2011 年 6 月全国人大常委会通过的《行政强制法》第 17 条规定："行政强制措施由法律、法规规定的行政机关在法定职权范围内实施。行政强制措施权不得委托。依据《中华人民共和国行政处罚法》的规定行使相对集中行政处罚权的行政机关，可以实施法律、法规规定的与行政处罚权有关的行政强制措施。行政强制措施应当由行政机关具备资格的行政执法人员实施，其他人员不得实施。"到了 2014 年 10 月，《中共中央关于全面推进依法治国若干重大问题的决定》进一步提出，要推进综合执法，大幅减少市县两级政府执法队伍种类，重点在食品药品安全、工商质检、公共卫生、安全生产、文化旅游、资源环境、农林水利、交通运输、城乡建设、海洋渔业等领域推行综合执法，有条件的领域可以推行跨部门综合执法。相对集中行政处罚权、综合行政执法的范围进一步扩大。为使党和国家的改革方略和实践经验上升为法律，2021 年 1 月新修订的《行政处罚法》第 18 条规定："国家在城市管理、市场监管、生态环境、文化市场、交通运输、应急管理、农业等领域推行建立综合行政执法制度，相对集中行政处罚权。国务院或者省、自治区、直辖市人民政府可以决定一个行政机关行使有关行政机关的行政处罚权。限制人身自由的行政处罚权只能由公安机关和法律规定的其他机关行使。"2021 年新修订的《行政处罚法》与 1996 年《行政处罚法》相比，一方面扩大了省、自治区、直辖市人民政府在决定相对集中行政处罚权问题上的自主权；[1]另一方面，通过立法明确了推行综合行政执法和相对集中行政处罚权的领域，即"城市管理、市场监管、生态环境、文化市场、交通运输、应急管理、农业"等，这为各地开展此项工作提供了明确遵循，避免了实践中的无限扩大和无序推进。

但是，即使如此，如果没有国务院或者省、自治区、直辖市人民政

---

[1] 既无需再经国务院授权，省、自治区、直辖市人民政府便可以独立决定一个行政机关行使有关行政机关的行政处罚权。

府的决定，镇、民族乡人民政府和街道办事处的行政处罚权以及相关的行政检查权、行政强制措施权，仍然是没有依据的。基于角色地位的宏观性和全局性，国务院不可能直接决定由哪个镇、民族乡人民政府和街道办事处行使行政处罚权，那么这个"决定权"便自然而然地落到了省、自治区、直辖市人民政府身上。2020年8月1日，广东省人民政府即时发布了《行政执法公告》，决定将部分县级人民政府及其所属行政执法部门行使的行政处罚权调整由乡镇人民政府和街道办事处（以下简称"镇街"）以其自身名义行使，实施综合行政执法。《行政执法公告》规定："重点调整实施自然资源和规划建设、生态保护、市场监管、卫生健康、镇区和乡村治理、农业技术推广使用等方面的行政处罚权。"同时规定："行政处罚权调整实施后，与之相关的行政检查权、行政强制措施权由镇街一并实施。"由于建筑垃圾管理既涉及自然资源和规划建设，也涉及生态保护问题，完全在该《行政执法公告》调整的范围之内，故在建筑垃圾管理上，镇、民族乡人民政府和街道办事处因此开始拥有了真正的行政执法权。

二、镇、民族乡人民政府和街道办事处如何行使行政执法权

那么，"本公告自发布之日起生效"后，广东全省每个镇街是否都能行使行政执法权了呢？答案是：未必。这要看《行政执法公告》所限定的条件，只有符合条件的镇街才能行使行政执法权。理由或条件如下：

第一，必须是法律、法规、规章规定由县级人民政府及其行政执法部门行使的行政处罚权，如果法律、法规、规章没有规定行政处罚权由县级人民政府及其行政执法部门行使，那么镇街就无权根据《行政执法公告》行使行政执法权。

第二，专业性和技术性强、镇街无法承接的，或者工作量较小、由县级集中行使成本更低的事项，镇街也不能行使相关的行政执法权。

第三，实施领域限于自然资源和规划建设、生态保护、市场监管、

卫生健康、镇区和乡村治理、农业技术推广使用等方面，超出以上范围的，不能行使。

第四，对县域副中心、经济发达镇，以及经济特别发达、城镇化程度特别高的镇街，可以全面赋予县级行政处罚权。言外之意，如果不是以上的镇街，只能享有部分行政处罚权、行政执法权，而不会是全部。

第五，公安等法律法规或者党中央有明确规定实行非属地管理的领域除外。

第六，镇街行使的行政执法权，是指行政处罚权、行政检查权和行政强制措施权，而不包括其他行政权力，如行政强制执行权、行政裁决权等。[1]

第七，开展综合行政执法的镇街名单以及相应的职权调整事项目录，由各地级以上市人民政府统一确定，并以政府公告的形式公布。即哪个镇街享有行政执法权及职权事项有哪些，应当有具体名单和目录，且名单、目录应由地级以上城市确定后，以政府公告形式公布，而不能以其他方式公布，否则无效。

第八，镇街开展综合行政执法的起始时间，由各县级人民政府决定，并以政府公告形式公布。注意此处的起始时间由各县级人民政府决定，而不再由各地级以上市人民政府决定，且仍应以政府公告形式公布，而不能以其他形式。

第九，跨行政区域的案件和县级人民政府及其行政执法部门认为有较大影响的案件，仍由县级人民政府行政执法部门负责查处。即对上述性质的案件，镇街无权查处。

第十，在行政执法过程中应当坚持严格规范公正文明执法，严格执行行政执法公示制度、行政执法全过程记录制度和重大行政执法决定法制

---

〔1〕 根据依法行政原理，公权力"法无授权不可为"。《行政执法公告》只是明确列举了行政处罚权、行政检查权和行政强制措施权，而没有规定行政强制执行权和行政裁决权，因此镇街无权行使这些权力。

审核制度（即"行政执法三项制度"）。[1]

第十一，镇街行政执法人员在执法时应当持省人民政府统一制发的《广东省人民政府行政执法证》，并严格依照法定程序履行职责。该项条件是个硬性规定，实践中考取执法证并非易事。这说明即使赋权镇街行使行政执法权，但如果执法人员没有考取行政执法资格证，也是无法行使行政执法权的。可以认为，镇街要行使行政执法权，还需要一个过程。

第十二，公民、法人或者其他组织不服镇街作出的行政执法决定，可以依法向上一级人民政府申请行政复议或者向有管辖权的人民法院提起行政诉讼。该项条件和《行政复议法》《行政诉讼法》的规定是一致的。另外，2021 年 5 月 14 日，广东省人民政府发布了《广东省人民政府关于县级以上人民政府统一行使行政复议职责有关事项的通告》。[2]该通告规定，自 2021 年 6 月 1 日起，除实行垂直领导的行政机关、税务机关和国家安全机关外，广东省县级以上一级人民政府只保留一个行政复议机关，由本级人民政府统一行使行政复议职责。县级以上人民政府统一管辖以本级人民政府派出机关，本级人民政府部门及其派出机构，下一级人民政府以及有关法律、法规授权的组织为被申请人的行政复议案件，并以本级人民政府名义作出行政复议决定。该通告的规定因应了《行政复议法》修改的大趋势，非常自然地使镇街行使行政执法权可能产生的行政复议与当前正在进行的行政复议体制改革方向保持一致。

---

[1] 具体内容和要求参见《国务院办公厅关于全面推行行政执法公示制度执法全过程记录制度重大执法决定法制审核制度的指导意见》（国办发〔2018〕118 号）。

[2] 粤府函〔2021〕99 号。

第七条 【宣传教育】

国家机关、社会团体、企业事业单位、基层群众性自治组织和新闻媒体应当加强建筑垃圾污染防治宣传教育和科学普及，增强公众建筑垃圾污染防治意识。

【导读与释义】

本条是关于建筑垃圾污染防治宣传教育和科学普及问题的规定。本条罗列的国家机关、社会团体、企业事业单位、基层群众性自治组织、新闻媒体和公众，几乎涵盖了社会主体的方方面面，意在申明全社会都负有建筑垃圾污染防治的责任和义务。《固体废物污染环境防治法》（2020 年修订）第 11 条第 1 款规定："国家机关、社会团体、企业事业单位、基层群众性自治组织和新闻媒体应当加强固体废物污染环境防治宣传教育和科学普及，增强公众固体废物污染环境防治意识。"这为本条的设置提供了直接的法律依据。

一、国家机关

国家机关是指从事国家管理和行使国家权力的机关，主要包括国家元首、立法机关、行政机关、监察机关、审判机关、检察机关和军事机关等。

第一，国家元首。国家元首是一国的最高首脑，是一个国家在实质上或形式上对内对外的最高代表和象征。我国在改革开放转型后对国家元首体制进行了改革，实行中共中央总书记、国家主席、中央军委主席三权合一的新型现代国家元首制，以适应改革开放和社会发展形势的新需要。习近平总书记大力倡导生态文明建设，提出"绿水青山就是金山银山"和山水林田湖草沙是生命共同体的理念。近年来，他还呼吁垃圾分类，大力建设资源节约型社会。他的这些思想和主张十分有利于建筑垃圾污染防治工作的开展。

第二，国家权力机关。国家权力机关是指全国人民代表大会、地方各级人民代表大会及其常务委员会和各专门委员会及其办事机构。权力机关往往也是立法机关。根据《宪法》和《立法法》的规定，全国人民代表大会及其常务委员会行使国家立法权，有权制定法律；设区的市以上的地方人民代表大会及其常务委员会行使地方立法权，[1]有权制定地方性法规。全国人大及其常委会通过制定《固体废物污染环境防治法》等全国性法律，地方人民代表大会及其常务委员会通过制定"建筑垃圾管理条例"等地方性法规，通过立法的顶层设计、听取审议政府工作报告、普法宣传和执法检查等方式，做好建筑垃圾污染防治工作。

第三，国家行政机关。国家行政机关包括国务院及其所属各部、委，各直属机构和办事机构，地方各级人民政府及其所属的工作部门，地方各级人民政府的派出机构等。国家行政机关是执法机关，是落实法治国家建设的中枢和关键。古语云："天下之事，不难于立法，而难于法之必行。"[2]立法难，执法更难。科学立法之后，就是严格执法。行政机关担负着将立法机关的立法具体实施于社会现实的职责，首当其冲的就是应当做好法治宣传工作，通过网络、电视、报纸和丰富多彩的各种文艺活动，将立法的内容和精神普及到人民群众之中，将建筑垃圾污染环境的问题广而告之，然后在此基础上做到严格执法、不徇私情。

第四，国家监察机关。监察机关是行使国家监察职能的专责机关，

---

〔1〕 全国有5个不设区的地级市，即东莞市（广东）、中山市（广东）、嘉峪关市（甘肃）、三沙市（海南）和儋州市（海南）。它们也具有地方立法权。

〔2〕 （明）张居正：《张居正奏疏集》。

对所有行使公权力的公职人员进行监察，调查职务违法与职务犯罪，开展廉政建设和反腐败工作，以维护宪法和法律的尊严。在中华人民共和国成立初期，当时的政务院曾设有人民监察委员会，后来政务院改为国务院，人民监察委员会遂改为国家监察部。后监察部在 1959 年 4 月又被撤销。1987 年，第六届全国人大常委会第十八次会议决定，恢复并确立国家行政监察体制，设立中华人民共和国监察部。2018 年 3 月，第十三届全国人大一次会议审议通过了《宪法（修正案）》，设立中华人民共和国国家监察委员会，不再保留监察部，原监察部的职能并入国家监察委员会。监察委员会设国家监察委员会和地方各级监察委员会。国家监察委员会对全国人民代表大会及其常务委员会负责，并接受其监督；地方各级监察委员会对本级人民代表大会及其常务委员会和上一级监察委员会负责，并接受其监督。国家监察委员会领导地方各级监察委员会的工作，上级监察委员会领导下级监察委员会的工作。我国的监察机关不是行政机关，而是政治机关。监察机关履行对各级各类国家机关和行使公权力的其他组织及其工作人员的监察与反腐败职能，包括监察生态环境保护中的国家机关及其工作人员失职渎职，这给防治建筑垃圾环境污染的管理执法与监督提供了一个重要的保障机制。

第五，国家审判机关。国家审判机关是指最高人民法院、地方各级人民法院、各专门人民法院和派出的人民法庭。各级人民法院由本级人民代表大会产生，对本级人民代表大会及其常委会负责并报告工作。人民法院依照法律规定独立行使审判权，不受行政机关、社会团体和个人的干涉。人民法院的任务是审理民事案件、刑事案件和行政案件通过审判活动解决民事、行政纠纷，惩办罪犯，维护社会主义法治，维护国家利益和社会公共利益，保护公民、法人和其他组织的合法权益，保障社会主义现代化建设事业的顺利进行。多年来的经济高速发展伴随着严重的环境污染和生态破坏问题，基于此，我国必须发挥环境资源审判对环境保护的作用。为了回应人民群众环境资源司法新期待，为生态文明建设提供有力的司法保障，2013 年开始施行的新修改的《民事诉讼法》首次将公益诉讼写入法律，最高人民法院与最高人民检察院联合出台《关于办理环境污染刑事案件适用法律若干问题的解释》。2014 年，全国人大常委会表决通过了修订后的《环境保护法》，扩大了环境公益诉讼的主体，加大了环境违法责任。2014 年 7 月 3 日，最高人民法院举行新闻发布会，决定设立专门的环境资源审判庭。成立专门的环境资源审判机构，实行环境司法专门化，是环境资源审判领域一项崭新的举措。相关法律、司法解释的制定出台为环境资源案件审判进一步提供了法律依据。法律的修改、公益诉讼制度的建立健全和环境资源专门审判机构的设立，对促进和保障环境资源法律的全面正确施行，切实维护人民群众的环境权益，在全社会培育和树立尊重自然、顺应自然、保护自然的生态文明理念，遏制环境问题的进一步恶化，提升我国在环境保护方面的国际形象等，必将产生积极而深远的影响。

第六，国家检察机关。检察机关是国家的法律监督机关，代表国家依法行使检察权。设最高人民检察院、地方各级人民检察院和军事检察院等专门人民检察院。这种自上而下的排列反映了检察机关上下级之间是领导和被领导的关系及其集中统一的特点，这与人民法院上下级之间监督与被监督的关系显著不同。人民检察院由同级人民代表大会产生，向人民代表大会及其常委会负责并报告工作。检察机关的职权主要有：审查批准逮捕、审查并决定起诉、出席法庭支持公诉等职能。根据中共中央十八届三中、四中全会有关司法改革的决议，检察机关实行省以下人、财、物垂直领导，这将有助于降低地方干预司法的可能性，确保检察机关的独立地位和作用。党的十八大以来，随着中央关于建设生态文明制度体系方针的提出，我国的环境法治建设不断加强，环保法律体系日趋完善。但因环境是影响人类生存发展的各种自然和人工改造的自然因素的总体，体系庞大且问题复杂，会影响环境保护活动的开展，也给环境保护检察监督提出了一系列挑战。我国当前正处于推进工业化向高质量发展的阶段，伴随着经济快速发展，环境污染问题仍在不时产生。不少工业企业以追逐利益最大化为目标，将违法排污作为降低成本、寻求高利润的捷径。企业环境违法成本低、守法成本高的局面还没有得到根本改变。少数地方政府和官员出于对地方经济发展指标、GDP 增长速度和个人政绩的追求，对环境不达标甚至污染的企业睁一只眼、闭一只眼。[1]作为法律监督机关的人民检察院，对环境保护活动进行监督，是在履行宪法和法律赋予的职责。刑事检察部门履行捕、诉职能，通过打击生态环境领域违法犯罪，加强对环境保护的刑事监督。行政检察部门通过对人民法院行政审判和执行活动的审查，将环境保护行政执法活动纳入检察监督，确保国家制定各项环保法律、法规的统一、正确实施。《刑法修正案（八）》将"重大环境污染事故罪"修改为"污染环境罪"，降低了环境犯罪的入罪门槛。2013 年 6 月的《关于办理环境污染刑事案件适用法律若干问题的解释》降低了对危害结果的要求，规定只要实施了环境污染违法的行为即可进入刑事程序，进一步明确了相关法律适用，增强了打击犯罪的及时性和有效性。2017 年 1 月，原环境保护部、公安部、最高人民检察院联合发布《环境保护行政执法与刑事司法衔接工作办法》，更加强化了检察机关对环保部门移送涉嫌环境犯罪案件活动和公安机关对移送案件的立案活动的法律监督。2017 年 6 月 27 日，第十二届全国人大常委会第二十八次会议决定修改《行政诉讼法》和《民事诉讼法》，赋予了检察机关对负有环境监管职责的行政机关违法行使职权或不作为的行政公益诉讼权以及民事公益诉讼权。上述法律、司法解释的颁布，为检察机关全面加强环境保护监督、做好建筑垃圾污染防治工作提供了充分的法律依据。

---

〔1〕 陈中亮："完善检察机关环境保护监督机制探究"，载搜狐网：https://www.sohu.com/a/208022 169_ 690055，2021 年 6 月 26 日访问。

【典型案例四】 广州市花都区卫洁垃圾厂污染环境案[1]

2007年1月开始，李某强担任广州市花都区卫洁垃圾综合处理厂（以下简称"卫洁垃圾厂"）的实际投资人及经营者。2007年5月，李某强代表卫洁垃圾厂与广州市花都区炭步镇三联竹湖经济合作社先后签订土地租用协议，合作种植树木合同及补充协议，租用竹湖大岭北约400亩土地合作种植树木，卫洁垃圾厂可运送经筛选的垃圾上山开坑填埋、覆盖后种树。后李某强组织工人将未经处理的垃圾、垃圾焚烧后产生的炉渣堆放在后山，时间长达十年。经检测，卫洁垃圾厂倾倒垃圾的方量为407 390.10立方米，质量为24.78万吨。经鉴定，服务功能损失费用为1714.35万元。广州市花都区人民政府成立工作小组对垃圾场进行前期整治，工程费用约348.60万元。在整治处理阶段，当地政府以政府采购的方式委托中标企业联合体于2020年9月底前完成清理整治主要工作，于2020年12月20日前完成全部清理整治工作并通过验收，工程费用为10 995.57万元。生态环境修复费用合计11 344.19万元，监测、鉴定、勘测费用合计44.89万元。广州市人民检察院提起民事公益诉讼，请求卫洁垃圾厂赔偿上述费用，其实际投资人李某强在企业对上述费用不能清偿时承担赔偿责任。

广州市中级人民法院一审认为，作为经营生态保护和环境治理的卫洁垃圾厂受利益驱使，无视社会公共利益，恣意丢弃原生垃圾，造成生态环境在近十年时间里持续受损，受损的生态环境已无法在短期内恢复。一审判决卫洁垃圾厂支付案涉场地生态环境修复费用、服务功能损失费用、鉴定费及其他合理费用共计约1.31亿元，李某强对上述债务承担补充清偿责任，卫洁垃圾厂、李某强在省级媒体上公开赔礼道歉。该案一

---

[1] 最高人民法院"2020年度人民法院环境资源典型案例"之五："广东省广州市人民检察院诉广州市花都区卫洁垃圾综合处理厂、李永强固体废物污染环境民事公益诉讼案"，载最高人民法院网：http://www.court.gov.cn/zixun-xiangqing-307371.html，2021年6月25日访问。

审判决已经发生法律效力。

本案系涉农村固体废物污染的环境民事公益诉讼案件。近年来，生活垃圾、固体废物处理问题日益凸显，受到了社会广泛关注。尤其是生活垃圾作为固体废弃物由于可运输、可填埋，其污染行为更具隐蔽性，难以被发现、查处。本案中，行为人向农村土地大量倾倒未经处理的垃圾、垃圾焚烧后产生的炉渣，时间长达十年，对农村生态环境以及农产品安全造成严重危害，影响极其恶劣。人民法院判令垃圾厂除承担修复费用外，还承担服务功能损失、鉴定费和其他合理费用，其经营者亦要承担补充责任，为落实最严格制度和最严密法治理念保护生态环境提供了司法范例。本案的处理还极大地震慑了向农村偷运、偷埋生活垃圾、固体废物的行为，委托第三方机构进行清理整治工作的方式亦为解决农村面临的生态环境治理问题、贯彻绿色发展理念、服务乡村振兴提供了司法经验，也对进一步规范城市生活垃圾、固体废物的处置，增强人民群众环保意识，解决"垃圾围城"之困发出了司法警示。

【点评】

本案虽不完全是建筑垃圾污染环境的问题，但其中涉及的法律规则适用、公益诉讼运行、责任主体的确定与法律责任承担方式等具有多方面的启发与警示意义。本案当事人除承担修复费用外，还承担了服务功能损失、鉴定费和其他合理费用，其经营者要承担补充责任。可以说，随意填埋、处置固体废物所要承担的责任是巨大的，严重者还要在此基础上承担刑事责任。

第七，国家军事机关。国家军事机关是指管理国家军事事务、指挥军队的机关。国家军事机关不同于一般的国家机关，而是负有特殊的职责、使命和管理运行机制。自改革开放以来，尤其是近十年来，我国的生态环境保护事业取得了较大进步，全民的环保意识也得到迅速增强，为我国实现经济社会可持续发展的战略目标奠定了良好基础。但还应该看到，在一些专门领域（包括军事领域在内）环保理念还不够强，环保法规措施还不够有力。究其原因，一方面是人民群众对军事活动造成环境污染的情况知之甚少；另一方面是对军事领域是否需要进行环保缺乏足够的共识。实际上，军事领域和其他领域一样都存在环境污染和生态破坏的事实，只是形式不同而已。因此，把环保理念注入军事领域是保障我军顺利实施可持续发展战略的有力工具和必然选择。我国虽然已经制定了《环境保护法》《固体废物污染环境防治法》《水污染防治法》等法律，但军事领域的环境保护问题显然有其特殊性，这需要相应的法规制度加以规范。为此，在积极开展环保问题科学研究的基础上，应当明确军事环保工作的主管机关、职责范围、权利义务、追责程序及相应的法律责任，并通过建立健全军事法规的形式，保障军事领域的生态环境保护工作，实现军事生态环保工作与国家环保工作的同步发展。[1]军事机关根据国防建设的需要要兴建必需的军事基础设施，必然会产生大量的建筑垃圾，因而做好建筑垃圾污染环境防治工作是十分必要的。

二、社会团体

社会团体是以非营利为目的、由公民或企事业单位自愿组成、按团体章程开展活动的社会组织，包括行业性社团、学术性社团、专业性社团和联合性社团等，如宗教、科学、文化、艺术、体育、环保、慈善等群众性团体。成立社会团体除需要一定数量的成员以外，还要制定章程，到主管机关登记备案，有的还须依法申请许可。在新的形势下，党的十六届六中全会和党的十七大把民间组织纳入了社会建设与管理、构建和谐社会的工作大局之中，对传统的提法进行改造，提出了"社会组织"这一称谓，并将社会组织分为三类，即社会团体、基金会和民办非企业单位。社会组织称谓的提出和使用，有利于纠正社会上对这类组织存在的片面认识，形成各方面重视和支持这类组织的共识。

---

〔1〕 李晶："军事活动与环境保护"，载《检察日报》2004 年 1 月 19 日。

近年来，社会组织、社会团体得到长足发展。据 2021 年 5 月 17 日央视"焦点访谈"栏目披露，截至 2020 年底，全国登记在册的社会组织数量达到 89.4 万个。社会组织、社会团体是社会治理的重要参与者，这些社会组织、社会团体的存在，在各个领域为国家的经济建设和社会发展贡献力量，也为不断增加的各种社会需求发挥了作用。据统计，我国有全国性社会团体近 2000 个，其中使用行政编制或事业编制，由国家财政拨款的社会团体约 200 个。在这近 200 个团体中，全国总工会、共青团、全国妇联的政治地位比较特殊，社会影响十分广泛。此外，还有 18 个社会团体的政治地位，虽然不及上述三个社会团体，但也比较特殊，它们分别是：中国文联、中国科协、全国侨、中国作协、中国法学会、中国残联、宋庆龄基金会、中国记协、中国红十字总会、全国工商联合会等。以上 21 个社会团体的主要任务、机构编制和领导职数由中央机构编制管理部门直接确定。它们虽然是非政府性的组织，但在很大程度上行使着部分政府职能，被列入了参照《公务员法》管理的人民团体、社会团体。[1]在建筑垃圾防治环境污染问题上，这些社会组织、社会团体可以发挥自己的团体优势和向心力、凝聚力，提供专业技术服务和宣传教育工作，推动资源节约型、环境友好型社会建设。

三、企业事业单位

企业事业单位包括两种：一种是企业单位，另一种是事业单位。企业单位是以盈利为目的独立核算的法人或非法人单位。企业单位的特点是自收自支，通过成本效益核算，进行盈亏配比，通过自身的盈利解决自身的人员供养问题及提供社会服务、创造社会价值。企业单位的登记原在工商行政管理部门进行，2018 年政府机构改革后，在市场监管部门进行。企业单位与职工签订劳动合同，发生劳动争议后，需要通过劳动

---

〔1〕 "社会团体"，载百度百科：https://baike.so.com/doc/1505254-1591558.html，2021 年 6 月 26 日访问。

仲裁途径解决纠纷。事业单位是国家设置的带有一定公益性质的机构，但不属于政府机构，与行政机关不同。在一般情况下，国家会对这些事业单位予以财政资助，根据资助方式不同，事业单位分为全额拨款事业单位，如公立学校；差额拨款事业单位，如医院；还有一种是自收自支事业单位，是国家不拨款资助的事业单位。事业单位是以履行政府职能、提供公益服务为基本宗旨的公益性单位和非公益性职能部门。它参与社会事务管理，履行一定的管理和服务职能，主要从事教育、科技、文化、卫生、体育等活动。事业单位的上级部门多为政府行政主管部门，登记在机构编制部门进行，人员工资来源多为财政拨款。事业单位与职工签订聘用合同，发生劳动人事争议后，一般要通过人事仲裁途径解决纠纷。

企业事业单位是基本的、数量最大的社会主体，它们在创造社会财富、提供社会服务的过程中，往往也伴随着各种垃圾的排放和处理；尤其是在各种基础设施建设过程中，会产生大量的建筑垃圾，稍有不慎，就可能污染环境或者造成严重事故。为避免企事业单位，尤其是生产性企业单位出现环境污染和生态破坏行为，《环境保护法》《固体废物污染环境防治法》等法律法规作了严格的生态环保义务和环境法律责任规定。针对环境违法的企业，《环境保护法》不断加大处罚力度，向长期以来"违法成本低、守法成本高"的问题"亮剑"，如实施污染"按日计罚""责任人与企业双罚"和"处罚不设上限"等措施。企业在经营生产过程中不依法保护生态环境，不仅要付出巨大的经济代价，还将受到法律的严惩。2014年新《环境保护法》除了规定企业事业单位和其他生产经营者应当防止、减少环境污染和生态破坏，对所造成的损害依法承担责任外，还规定了企业事业单位和其他生产经营者应当承担以下具体责任：一是实施清洁生产。《环境保护法》第40条规定，企业应当优先使用清洁能源，采用资源利用率高、污染物排放量少的工艺、设备以及废弃物综合利用技术和污染物无害化处理技术，减少污染物的产生。二是减少环境污染和危害。《环境保护法》第42条第1款规定："排放污染物的企业事业单位和其他生产经营者，应当采取措施，防治在生产建设或者其他活动中产生的废气、废水、废渣、医疗废物、粉尘、恶臭气体、放射性物质以及噪声、振动、光辐射、电磁辐射等对环境的污染和危害。"三是按照排污标准和总量排放。包括按照排污标准和重点污染物排放总量控制指标排放。《环境保护法》第45条第2款规定："实行排污许可管理的企业事业单位和其他生产经营者应当按照排污许可证的要求排放污染物；……"四是安装使用污染监测设备。《环境保护法》第42条规定重点排污单位应当按照国家有关规定和监测规范安装使用监测设备，保证监测设备正常运行，保存原始监测记录。五是依法缴纳排污费。《环境保护法》第43条规定，企业事业单位和其他生产经营者应当按照国家的有关规定缴纳排污费。六是制定突发环境事件应急预案。《环境保护法》第47条规定，企业事业单位应当按照国家的有关规定制定突发环境事件应急预案，报环境保护主管部门和有关部门备案。在发生或者可能发生突发环境事件时，企业事业单位应当立即采取措施处理，及时通报可能受到危害的单位和居民，并向环境保护主管部门和有关部门报告。七是按规定公布排污信息。《环境保护法》第55条规定，重点排污单位应当如实向社会公开其主要污染物的名称、排放方式、排放浓度和总量、超标排放情况，以及防治污染设施的建设和运行情况，接受社会监督。八是建立环境保护责任制度。《环境保护法》第42条规定，排放污染物的企业事业单位应当建立环境保护责任制度，明确单位负责人和相关人员的责任。

【典型案例五】海口某公司向海洋倾倒建筑垃圾案[1]

海口市秀英区人民检察院发现有船舶多次向近海倾倒建筑垃圾，同时接到群众多次举报，遂将线索移送海口市人民检察院，经调查发现，

---

〔1〕 海南省高级人民法院发布2020年度环资审判十大典型案例之二："陈某等海洋倾废民事公益诉讼案"，载海南政法网：http://www.hnzhengfa.gov.cn/hainanyaowen/show-34640.html，2021年6月27日访问。

某地产公司与海口某公司签订《海南海口恒大美丽沙项目 0904、0905 地块土石方工程施工合同》，海口某公司承担该地块范围内土石方开挖、装运、回填、土方外运、建筑垃圾清运等工作。之后海口某公司与海南某公司签订分包合同，海南某公司承包土石方运输，土石方自恒大美丽沙工地运往广东省湛江市南三镇坡头区沙头经济合作社用于退塘还林。然而据无人机多次拍摄，船舶自美丽沙临时码头出发，后将废弃物倾倒于海洋。共 4 艘船舶参与运输，其中 2 艘系被告陈某所有。据调查，约倾倒了 69 360 方建筑垃圾，截至 2018 年 12 月 13 日，海口某公司向海南某公司和陈某支付工程款共计 184.6 万元。其中陈某个人收取、使用了 169.2 万元。针对本案，法院判决如下：被告海南某公司、陈某、海口某公司连带赔偿环境污染损害 860.064 万元，在全国发行的媒体上公开赔礼道歉，并向海口市人民检察院支付鉴定费 47.5 万元，公告费 800 元。

该案的典型意义是：该案件为海口海事法院一审审理的环境民事公益诉讼，海口海事法院依法支持了公益诉讼起诉人的全部诉讼请求。该案依法采信了具备海洋生态环境损害评估鉴定资质的生态环境部华南科学研究所作出的鉴定意见，考虑生态环境损害已经无法通过恢复工程完全恢复的实际，运用环境价值评估方法中的虚拟治理成本方式计算环境损害赔偿数额，对同类案件环境损害赔偿数额的计算具有借鉴意义。

【点评】

该案是一起向海洋倾倒建筑垃圾、被追究法律责任的案例。本案与典型案例三的相同点是：都是企业经营中发生的环境违法行为；都是倾倒建筑垃圾等固体废物的案件；都造成了环境污染和生态破坏；都进行了专业鉴定和评估；检察机关作为公益诉讼起诉人都提起了公益诉讼；人民法院都支持了公益诉讼原告人的起诉请求；等等。不同点是：该案发生在海洋里，污染的对象是海洋；对该案造成的损失，无法进行生态修复。这说明，在生态环境保护问题上，企业如果不履行环境保护义务，不依法诚信经营、不遵守环境法律法规的规定、不依法处置建筑垃圾，将造成严重的后果。

四、基层群众性自治组织

基层群众性自治组织，是指我国在城市和农村按居民（村民）的居住地区建立起来的居民委员会或者村民委员会，是城市居民或农村村民自我管理、自我教育、自我服务的组织。基层群众性自治组织是建立在我国社会最基层、与群众联系最直接的组织，是在自愿的基础上由群众按照居住地自己组织起来管理自己、服务自己的组织。基层群众性自治组织下设人民调解、治安保卫、计划生育、公共卫生等委员会，办理本居住地的公共事务和公益事业，发展本地经济，调解民间纠纷，协助维护社会治安，并向人民政府反映群众的意见、要求，提出建议。基层群众性自治组织的主任、副主任和委员由居民（村民）选举产生。

基层群众性自治组织这一概念，在我国宪法史上首次见于1982年《宪法》。《宪法》第111条规定："城市和农村按居民居住地区设立的居民委员会或者村民委员会是基层群众性自治组织。……"根据《宪法》和《村民委员会组织法》和《城市居民委员会组织法》的规定，以及现行《宪法》实施以来我国城乡基层社会组织建设的实际情况，基层群众性自治组织指的是依照有关法律规定，以城乡居民（村民）一定的居住地为纽带和范围建立，并由居民（村民）选举产生的成员组成的，实行自我管理、自我教育、自我服务的社会组织。总体来看，基层群众性自治组织有三个特点：一是群众性，即基层群众性自治组织不同于国家机关和其他政治、经济等社会组织，而是基于一定范围内居民（村民）社会生活的共同需要而建立，目的是解决居住地范围内的公共事务和公益事业问题，如社会治安、公共卫生等。二是自治性，即基层群众性自治组织既不是国家机关，也不是国家机关的下级组织，还不从属于居住地范围内的其他任何社会组织，而是具有自身组织上的独立性，"村规民约"

是其最为基本的自治章程。三是基层性，即基层群众性自治组织只存在于居住地范围的基层社区或小组之上，所从事的工作都是居民（村民）居住范围内社区或小组的公共事务和公益事业。

在环境保护与建筑垃圾管理问题上，基层群众性自治组织处在各种环境问题的最前沿、第一线，但由于环保意识不强、文化水平低、专业技术人员缺乏，以及制度缺失、设施落后，导致基层群众性自治组织要么"无心无力"，要么"有心无力"，没能很好地发挥其在环境保护与建筑垃圾管理方面的应有作用。现行环境法律法规，直接规定基层群众性自治组织生态环境保护责任的并不多，《村民委员会组织法》（2018年修正）第8条第2款对此有所规定，但也是比较原则的，即"村民委员会依照法律规定，管理本村属于村农民集体所有的土地和其他财产，引导村民合理利用自然资源，保护和改善生态环境"。对此，笔者认为应当从三个方面着手加以改善：一是顺应当前行政执法力量下沉的改革要求和趋势，环保执法部门和基层乡镇政府、街道办事处应加大对基层群众性自治组织在生态环境保护方面的指导、培训和帮助，使他们有更多的能力担负起对环境保护和建筑垃圾管理的职责。二是作为地处一线的基层群众性自治组织，应当加强自身能力建设，完善村规民约条款，强化自我约束和管理教育。三是政府应加大在基层乡镇、街道的建筑垃圾回收利用基础设施建设，提升技术能力和综合利用水平，完善奖惩制度，使广大村、居民日常生活所产生的建筑垃圾能就地消化、就地回收，提升建筑垃圾管理的成效。

五、新闻媒体

新闻媒体在生态环境保护、建筑垃圾管理上具有无可替代的重要作用，因而必须高度重视并有效利用。新闻媒体开阔了人的眼界，延伸了人的思维，提高了人的认识，突破了时空地域限制，在生态环保问题上具有牵一发而动全身的效能。学界认为，媒体具有价值引领作用、监督作用和教育作用。[1]

　　首先，媒体具有价值引领作用。新闻媒体是社会舆论的风向标和导向器，承载着重要的社会价值认同，对民众有着潜移默化的影响。媒体在针对环境问题的报道中表明正确的立场和观点，对民众产生思想引导和情感共鸣，有助于把民众引向一个正确的方向。弘扬人与自然和谐相处的可持续发展观、人与自然是生命共同体的自然观、绿水青山就是金山银山的经济增长观，以及社会主义核心价值观等，是广大新闻媒体义不容辞的责任和使命。其次，媒体具有监督作用。生态环境保护是一个系统工程，需要全社会的共同参与。一方面，新闻媒体应该积极报道对环保作出突出贡献的好人好事、先进事迹，弘扬"正能量"；另一方面，还应该公开报道那些造成环境污染和生态破坏的违法犯罪现象，对之形成强大的社会舆论压力，促使政府、企业和相关负责人正视存在的问题并尽快解决，还可以助推司法机关严格公正司法，惩治环境违法犯罪行为。最后，媒体具有教育作用。百年大计，教育为本，生态环保教育也是如此。我国应在全社会范围内广泛开展生态环保教育，提升人们的环保意识、环保素养、环保能力，形成爱护环境光荣、损坏环境可耻，节约循环利用光荣、浪费随意丢弃可耻的风尚，不断塑造人们的思想观念和生活习惯，培养健康文明和谐的社会风尚，促进生态环境保护事业进步和建筑垃圾管理科学、高效、有序。

---

　　[1]　杨硕："充分发挥媒体在生态环境保护中的重要作用"，载《新闻传播》2016年第10期。

第八条 【表彰奖励】

市、县（市、区）人民政府对在建筑垃圾污染防治工作以及相关的综合利用活动中做出显著成绩的单位和个人，按照国家有关规定给予表彰、奖励。

【导读与释义】

本条是关于行政奖励的规定。行政奖励的主体是市、县（市、区）人民政府；行政奖励的对象既包括作出显著成绩的单位，也包括作出显著成绩的个人；行政奖励的行为是建筑垃圾污染防治行为和综合利用行为；行政奖励的实现需要以有国家规定为前提条件。《固体废物污染环境防治法》第12条规定："各级人民政府对在固体废物污染环境防治工作以及相关的综合利用活动中做出显著成绩的单位和个人，按照国家有关规定给予表彰、奖励。"这为本条的设置提供了直接的法律依据。

一、行政奖励的性质和特征

关于行政奖励的性质与特征，学界一直有不同的观点。罗豪才先生认为，行政奖励是指行政主体依照法定条件和程序，对为国家和社会作出重大贡献的单位和个人，给予物质或精神鼓励的具体行政行为。[1]即在性质上，该观点认为行政奖励是具体行政行为。应松年教授认为，行政奖励是行政主体为了实现行政目标，通过赋予物质、精神及其他权益，肯定、引导、激励和支持行政相对人实施一定的符合政府施政意图行为

---

〔1〕 罗豪才、湛中乐主编：《行政法学》（第2版），北京大学出版社2006年版，第256页。

的非强制性行政行为。[1]即在性质上，该观点认为行政奖励是行政行为。姜明安教授认为，行政奖励是指行政主体为了表彰先进、鞭策落后，充分调动和激发人们的积极性与创造性，依照法定的条件和程序，对为国家和社会作出重大贡献的单位与个人，给予物质或精神鼓励的行政处理。[2]该观点认为，行政奖励是行政处理行为。归纳以上观点，综合而言，行政奖励具有以下特征：第一，实施行政奖励的主体是行政机关和法律、法规授权的组织；第二，行政奖励的对象是行政相对人；第三，行政奖励的客体是行政相对人的应受奖行为；第四，行政奖励是赋予行政相对人额外权益的行政行为；第五，行政奖励的内容可以划分为物质性奖励和精神性奖励两个方面。[3]

不过，需要讨论的是，行政奖励是否都要"依照法定的条件和程序"？换言之，如果法律法规没有规定行政奖励制度，更没有规定行政奖励的条件和程序，行政主体是否就不能奖励了呢？应松年教授认为，行政奖励应当奉行标准法定、实事求是的原则。标准法定是指行政奖励的条件、形式和程序由法律规定。标准法定是为了以制度性手段排除实施行政奖励中的随意性。标准法定、实事求是原则，是由行政奖励所追求的目的决定的。如果背离了这一原则，随意实施行政奖励，不仅无法实现行政奖励的目的，而且还会适得其反，产生负效应。我国有关法律规定，对违反规定实施行政奖励的，要按情节轻重分别给予批评、撤销奖励直至行政处分。[4]

笔者认为，上述观点或许是由受到传统的"依法行政原则"或者"法治原则"影响所致。这种原则最常见的、最通俗的表达，浓缩为一句

---

〔1〕 应松年主编：《行政法与行政诉讼法学》（第2版），法律出版社2009年版，第211页。
〔2〕 姜明安：《行政法》，北京大学出版社2017年版，第391页。
〔3〕 应松年主编：《行政法与行政诉讼法学》（第2版），法律出版社2009年版，第212~213页。
〔4〕 应松年主编：《行政法与行政诉讼法学》（第2版），法律出版社2009年版，第215~216页。

话就是"法无授权不可为"。毋庸置疑,这个规则在不利行政行为中应当得到奉行,因为不利行政行为是对行政相对人的人身或者财产权利造成损害的行为。在法治国家,为了限制公权力的恣意行使,防止不利行政行为可能对公民、法人或者其他组织造成损害,进而危及执政基础和国家稳定,对公权力加以严格的约束既是必需的,也是必然的。但是,对授益行政行为尤其是行政奖励而言,如果仍然恪守"法无授权不可为"的教条,则不但不利于对行政相对人利益的及时保障,而且还可能因行政主体的行政行为脱离实际而致使其存在的政治条件和法理价值失去正当性基础。对此,笔者认为,不应对行政奖励行为、授益行政行为苛责太多,不能固守"法无授权不可为"的教条和一成不变的"依法行政原则"或者"法治原则",而应当实事求是,以社会存在决定社会意识的马克思主义观点,对传统行政法学的基本原则加以改造,对行政奖励行为、授益行政行为实行相对宽松的、行政相对人利益最大化的原则。当法律法规对行政奖励行为、授益行政行为有明文规定时,就应严格遵守法律法规的规定;当法律法规没有规定或者规定滞后时,行政主体不应就此消极等待法律法规的修改,或者拒绝主动采取有利于行政相对人的行为,而是应当根据实际情况,采取灵活多样的方式方法,对行政相对人主动进行行政奖励。这既是责任政府、有为政府的应有表现,也是法治精神的内在要求,与"依法行政原则"或者"法治原则"绝不矛盾。行文至此,笔者认为,本条"对在建筑垃圾污染防治工作以及相关的综合利用活动中做出显著成绩的单位和个人,按照国家有关规定给予表彰、奖励"的规定,不应画地为牢、故步自封,而应当根据实际情况,因地制宜、因时制宜地对在建筑垃圾管理中作出显著贡献的单位和个人进行表彰、奖励。当然,行政奖励的资金毕竟来自于国库,对其使用有严格的财经纪律约束,行政机关负责人不能随意开支挪用。虽然在特殊情况下不必遵守"莫须有"的法律条文,但不是说不遵守任何规章制度,或不受财经纪律的约束和限制,恰恰相反,必须严格遵守。

二、行政奖励的具体实施

根据本条规定，要实现对在建筑垃圾管理中作出显著贡献的单位和个人进行表彰、奖励，必须具备以下条件：

第一，行政奖励的主体是市、县（市、区）人民政府。根据《管理条例》的适用范围，该条规定的"市人民政府"是指韶关市人民政府；"县（市、区）人民政府"是指乳源瑶族自治县、始兴县、仁化县、翁源县、新丰县五个县和乐昌市、南雄市两个县级市，以及武江区、浈江区、曲江区三个区。市、县（市、区）人民政府是《管理条例》明文规定的奖励机关，那么市、县（市、区）人民政府所属的行政部门即各局、委、办，是否可以作出行政奖励呢？如韶关市住房和城乡建设管理局、韶关市生态环境局等。从该条的规定来看，尚不能直接得出政府所属的行政部门能够依据《管理条例》进行行政奖励的结论。但是，《管理条例》的规定与国家、广东省的规定并不是矛盾的，市、县（市、区）人民政府所属的行政部门仍然可以依据国家、广东省的有关规定或者韶关市、县（市、区）人民政府的决定进行行政奖励。本条之所以授予市、县（市、区）人民政府行政奖励权，不在于排除市、县（市、区）人民政府所属行政部门的行政奖励权，而是在于褒扬对建筑垃圾管理和综合利用有显著贡献的单位和个人这件事本身，至于是由市、县（市、区）人民政府直接奖励，还是由政府委托所属的行政部门奖励，《管理条例》不予干涉。

第二，行政奖励的对象是作出显著成绩的单位和个人。此处应当注意三点：一是以单位作为奖励对象。单位，既包括国家机关，也包括社会团体，还包括企业事业单位、基层群众性自治组织，以及新闻媒体。从实践来看，主要应是企业。因为企业从事建筑垃圾的排放、运输、消纳、利用这些具体工作，直接与建筑垃圾打交道，有条件产生建筑垃圾污染环境的行为。而其他单位并不从事直接接触、处理建筑垃圾的工作，很难有建筑垃圾污染环境的行为和动机；即使有建设新的楼堂馆所或拆除单位旧的楼堂馆所的现象，也不是经常性的，所产生的建筑垃圾数量也比较有限，很难有获得行政奖励的机会。这样说来，获得行政奖励的单位，基本上是指企业了。二是以个人作为行政奖励的对象。个人，不仅指中国公民，还应包括外国人、无国籍人。外国人、无国籍人在中国从事建筑垃圾污染防治或者综合利用等工作，有显著成绩的，市、县（市、区）人民政府同样应当予以奖励。三是要作出显著成绩。"显著成绩"是指什么样的成绩？对此，《管理条例》没有作出明确规定。但就表面文义看，肯定是不同于一般人的成绩，这可以基于数量、质量、技术、时间等因素综合判断。在数量上，是指单位或个人防治污染环境或者加以综合利用的建筑垃圾数量巨大，减少了污染事件发生，或避免了建筑垃圾的浪费闲置。在质量上，是指防治建筑垃圾污染环境的成效显著，或者对建筑垃圾进行综合利用的效果更好，具有示范效应。在技术上，是指开发、设计出了防治建筑垃圾污染环境或对建筑垃圾进行综合利用的新技术、新工艺、新设计、新方案，大大节约了人力、物力、时间、金钱成本。在时间上，是指长期从事防治建筑垃圾污染环境或建筑垃圾综合利用的工作，爱岗敬业，任劳任怨，无私奉献，起到了先锋模范作用。以上对显著成绩的表述未必全面，实践中或许更加丰富。

第三，行政奖励的行为是建筑垃圾污染防治和综合利用行为。污染防治包括固体废物污染、水污染、大气污染、土壤污染、噪声污染等。其中，固体废物污染往往是综合性的污染，既可能污染水，也可能污染土壤，还可能污染大气，一般不是独立存在的污染类型。建筑垃圾对生态环境影响最大的就是环境污染，但不完全是环境污染，还包括生态破坏。因为建筑垃圾数量多、体积大，无论是填埋还是利用，都会占用庞大的土地、山林、水域、植被面积，这意味着原有的、自然状态的土地、林地、水面、植被等被破坏和占用。虽然在大多数情况下生态环境不是建筑垃圾直接破坏的，但都是由对建筑垃圾的填埋或综合利用所致，因此可以说，建筑垃圾管理中往往也伴随着生态破坏问题。建筑垃圾主要由渣土、碎石、废砂浆、混凝土块、沥青块、废金属、废塑料、废竹木等组成。建筑垃圾经剔除、分拣、粉碎后，大多可以作为再生资源重新利用。传统的建筑垃圾处理方法是直接将建筑垃圾送入垃圾填埋场，这不仅浪费了宝贵的资源，缩短了垃圾填埋场的寿命周期，占用了大量土地，而且还会引起严重的土壤、水质等环境污染问题。根据我国建筑垃圾的特点，利用专业的破碎工具和生产线，经过分拣、剔除或粉碎后，建筑垃圾大多可以作为再生资源重新利用，加工出多种再生产品，如废钢筋、废铁丝、废电线等金属，经分拣、集中、重新回炉后，可以再加工制造成各种规格的钢材；废竹、木材则可以用于制造人造木材等。再生的建筑垃圾具有利用率高、生产成本低、使用范围广、环境效益与经济效益好的双重优势，因而必须加以开发利用。

　　第四，行政奖励的实现需要以有国家规定为前提条件。这是《管理条例》对行政奖励的明确规定和要求。"根据国家规定"进行奖励，这样的表述自有它的道理，因为可以防止奖励的随意性，避免权力滥用。但是，如前所述，授益性行政行为的作出是否都要以"国家规定"或者"有法可依"为前提？如果国家没有规定、没有相关立法，或者国家规定和相关立法一直拖延下去，是不是就不能奖励了呢？显然，这对成绩显著的单位和个人而言是不公平的，也将损害政府的形象和权威。鼓励先进、鞭策落后，奖优罚劣、扬善抑恶也是社会主义核心价值观的要求。法治政府也是有为政府、责任政府，政府的积极作为也是行政法治的本质要求。在法理上，授益性行政行为的作出不是侵害、剥夺行政相对人的权益，而是维护、增加行政相对人的权益，本身不会导致公权力危害私权利的后果，因而不应像不利行政行为那样作出苛刻的、很高的要求，而应以较低的标准要求行政奖励这样的授益行政行为。同时，如果一定要固守"有法可依"或者"依法行政"原则，是否一定要求是"国家"规定呢？"地方"规定不可以吗？该条中的"国家规定"给人以只有国家的规定才是合法有效的奖励依据，而地方的规定则不能作为奖励依据的印象。问题是，首先，什么样的规定才是"国家规定"？是全国人大及其常委会的法律规定，还是国务院的行政法规规定，或者是中共中央、国务院的规范性文件规定？其次，谁能代表国家进行规定？是全国人大及其常委会，还是中共中央、国务院，抑或是国务院部委及其直属机构？这都是不明确的问题。再则，从现行法律法规的规定来看，对为环境保护作出显著成绩或者突出贡献的人予以奖励的条款，体现在多部法律法规之中，但基本上都是语焉不详或彼此模仿、照搬，缺乏可操作性。《管理条例》似乎沿袭了这个做法，因此操作起来也存在争议。如《固体废物污染环境防治法》（2020 年修订）第 12 条规定："各级人民政府对在固体废物污染环境防治工作以及相关的综合利用活动中做出显著成绩的单位和个人，按照国家有关规定给予表彰、奖励。"可以看出，《管理条例》几乎照搬了该条的规定。虽然《固体废物污染环境防治法》是《管理条例》的上位法，应当作为地方立法的依据，但上位法若被地方立法无条件地照搬，则是值得商榷的。不过，有些法律法规则规定得比较明确，如《环境保护法》（2014 年修订）第 11 条规定："对保护和改善环境有显著成绩的单位和个人，由人民政府给予奖励。"该法没有"国家规定"这个奖励前置条件，较为合理。《广东省环境保护条例》（2019 年修正）第 17 条第 2 款规定："县级以上生态环境主管部门对公民、法人或者其他组织的举报，应当及时依法核查处理。对经查证属实的举报，生态环境主管部门可以对举报人予以表彰或者奖励。"该条例明确规定了县级以上生态环境主管部门是行政奖励部门，且只要"查证属实"，即可进行奖励，而不需要"国家规定"这个条件。很显然，该条例具有很强的可操作性。《广东省固体废物污染环境防治条例》（2018 年修订）第 8 条第 1 款规定："县级以上人民政府生态环境主管部门和其他有关部门应当建立固体废物污染环境群众监督举报制度，对举报的问题及时调查处理，并将处理结果告知举报人；对举报属实，为查处固体废物污染环境重大违法行为提供主要线索或者证据的举报人，按照有关规定予以奖励。"该条例和《广东省环境保护条例》的规定基本相同，虽然是对环境违法行为举报进行奖励的规定，但却具有明确、具体、可操作的特点，很值得《管理条例》借鉴。为此，建议《管理条例》在今后修改时予以合理化、明确化处理。

第九条 【投诉举报】

任何单位和个人都有权对造成建筑垃圾污染环境的单位和个人进行举报。

环境卫生行政主管部门应当将建筑垃圾污染环境防治举报方式向社会公布，方便公众举报。

接到举报的部门应当及时处理并对举报人的相关信息予以保密；对实名举报并查证属实的，给予奖励。

【导读与释义】

本条是关于举报奖励的规定。对环境违法行为进行举报奖励，是近年来环境立法的普遍做法，而且取得了积极的成效。举报奖励在性质上也是行政奖励的一种，是由行政机关依据一定的条件、按照一定的程序对行政相对人作出的奖励。但该条与第8条又有不同。第8条规定的是对防治建筑垃圾污染环境和对建筑垃圾综合利用作出显著成绩的人实施的奖励，本条是对举报奖励的规定，即对发现环境违法行为并提供重要线索、作出重要贡献的人的奖励。本条包含以下六个方面的内容：一是举报人的范围，是指任何单位和个人，即不受性别、年龄、民族、职业、户籍等条件的限制；二是奖励举报的主体，是环境卫生行政主管部门，而不是政府或者其他行政部门；三是环境卫生行政主管部门应当向社会公布奖励举报方式；四是环境卫生行政主管部门对举报负有及时处理的法定义务；五是环境卫生行政主管部门有对举报人相关信息的保密义务；六是奖励的对象必须是实名举报者并经查证属实。《固体废物污染环境防治法》第31规定："任何单位和个人都有权对造成固体废物污染环境的单位和个人进行举报。生态环境主管部门和其他负有固体废物污染环境防治监督管理职责的部门应当将固体废物污染环境防治举报方式向社会公布，方便公众举报。接到举报的部门应当及时处理并对举报人的相关信息予以保密；对实名举报并查证属实的，给予奖励。……"这为本条的设置提供了直接的法律依据。同时，考虑到上下位法之间的位阶关系、立法条款内容上的差别，本条未尽事宜，就遵守上位法的规定。以下分述之。

一、举报人的范围

如前所述，对建筑垃圾污染环境违法行为的举报，任何人都有权利，不受任何条件限制。之所以如此规定，在于充分发动群众，调动人民群众参与环境保护的积极性，通过广泛的公众参与，实现共建、共享、共治的生态文明社会建设新格局。实践证明，仅靠行政机关的单打独斗、"猫捉老鼠"式的管理方式、执法模式是不够的，必须改变观念、调整方式，由"管理"到"治理"，由"旁观"到"参与"，由"一元"到"多元"。只有这样，才能使生态文明建设和建筑垃圾管理取得理想的成效。

二、奖励举报的主体

该条规定，环境卫生行政主管部门是对举报进行奖励的行政主体，而不是其他行政主体。该规定明显不同于第 8 条有关人民政府奖励的规定，而是政府部门作为奖励人，举报人作为被奖励人。该条规定一方面重申了建筑垃圾管理的主体是环境卫生行政主管部门，另一方面赋予该部门单独的奖励权。这就意味着该部门要设立专项资金作为"奖金池"，以保证随时能从奖金池里拿出钱来对举报人进行奖励。很显然，韶关市、县（市、区）人大及其常委会作为地方财政预决算的管理与表决机关，应当留出专门资金划归环境卫生行政主管部门作为举报奖励的资金，否则，环境卫生行政主管部门是很难落实该项举报奖励的规定的。

三、举报方式

本条第 2 款规定："环境卫生行政主管部门应当将建筑垃圾污染环境

防治举报方式向社会公布，方便公众举报。"当今时代，是电子网络时代，各种信息在网络上几乎都有呈现，人们工作生活中的相互联系、上级主管部门的信息发布和行政机关与行政相对人之间的互动，都可以通过网络进行，且方式更加灵活、内容更加丰富、操作更加方便、效率更加快捷。基于这种现实，不少行政机关都在开发自己的专用热线电话、电子邮件或微信公众号等投诉举报平台，便于与行政相对人的沟通联系，也便于对下级部门和管理执法人员的监督，如公安"110"、消防"119"、交通"122"等，近年来城市管理、市场监管等部门也逐渐开发了自己的投诉举报方式。但是，如此众多的行政机关及其开发的各不相同又极为相似的投诉举报方式，让人眼花缭乱、难以辨别，带给社会公众新的困扰。为此，整合这些平台，将之纳入统一的平台当中，实现"统一接听、按责转办"，既能极大地方便群众投诉举报，也能更好地对有关行政机关进行监督考核。

基于此考虑，也基于打造效能政府、服务型政府、全天候政府的目标，韶关市于 2014 年底整合了多条"123"开头的特服号码，建设了集政务咨询、民生诉求和行政效能投诉等为一体的政府非紧急性综合服务平台，实行"统一接听、按责转办、限时办结、统一督办、统一考核"的工作机制。2018 年 11 月，12345 热线承接了网络问政后台工作，统称为"韶关市 12345 政府服务热线"，以做到"民有所呼，我有所应"，为群众提供"听得见的服务"，成为政府倾听民声、收集民情、采纳民意、纾解民困的重要平台。近年来，12345 热线不断发展，热线主动承接中央和广东省媒体平台网络问题互动工作，积极处置省政务服务网热线平台、"粤省事"微信小程序等服务诉求工作，积极配合全市车改保留车辆监督管理工作，并以 12345 热线电话、"韶关政务服务"微信公众号、12345 热线（网络问政）网站等多种受理渠道，凸显了 12345 热线服务的便捷性和多元化，市民可根据需要选择一种方式进行政务咨询，反映诉求。目前，韶关市 12345 政府服务热线提供全天 24 小时人工及网络在线服务，为市民提供反映诉求的畅通渠道，搭建市民与政府沟通的桥梁，取得了积极的成效。[1]据笔者 2021 年 6 月 30 日尝试，上网搜索"韶关 12345 门户网站"（网址 https://wlwz.sg.gov.cn），很快就出现了一个高端大气、清新靓丽的页面。首先进入视线的是五个不同颜色的圆形图标，上面的文字分别为"咨询""投诉""举报""建议""表扬"，点击任意一个圆形图标，就能进入一个新的窗口，然后按照里面的提示注册登录、投诉举报、反映诉求，十分方便。对建筑垃圾污染环境问题的举报，也是通过该平台转办的。另外，搜索进入"韶关市住房和城乡建设管理局"官网，也能很快在页面底端找到该局的联系方式，如办公地址：韶关市芙蓉东路 5 号，联系电话：0751-8885424，邮政编码：512002，传真：0751-8883706 等，从而方便、快捷地进行举报。

四、对举报的及时处理

该条第 3 款规定："接到举报的部门应当及时处理。""及时处理"反映了行政机关应当体现的效率精神，是行政法基本原则中行政合理性原则的内在要求。学界认为，合理性原则作为行政法上的一个基本原则，在我国具有丰富的内涵，容纳了公平原则、公正原则、平等原则、合乎目的原则、必要性原则、效率（效益）原则、比例原则和最小侵害原则。合理性原则应当是行政追求的最高原则，是行政合法性的前提。[2]国务院《全面推进依法行政实施纲要》提出，依法行政的基本原则和基本要求是合法行政、合理行政、程序正当、高效便民、诚实守信、权责统一，并解释所谓高效便民，是指"行政机关实施行政管理，应当遵守法定时限，积极履行法定职责，提高办事效率，提供优质服务，方便公民、法人和其他组织"。[3]虽然纲要将高效便民视为一项同合理行政相并列的基

〔1〕 "热线简介"，载韶关 12345 政府服务热线网络问政平台：https://wlwz.sg.gov.cn/201904/page/rxjj/hotlineJJ.html#RXJJ，2021 年 6 月 30 日访问。

〔2〕 杨建顺主编：《行政法总论》（第 2 版），北京大学出版社 2016 年版，第 26~27 页。

〔3〕 国发〔2004〕10 号。

本原则，但也进一步说明了行政效率的重要性。效率是行政活动的生命。对行政而言，效率是必不可少的，没有效率也就没有公正。通过法律规定行政程序必须满足行政效率的要求，从而有效地维护社会发展所需要的正常的社会秩序。[1]《管理条例》该条规定"接到举报的部门应当及时处理"，强调了效率原则，不过，却没有规定"及时"的时间要求，即在多长时间内处理才是"及时"的？为何不规定一个具体时间呢，这样便于对群众举报结果的快速回应，也便于对行政机关的监督。本书认为，之所以没有规定具体的时间，是因为举报的问题错综复杂，涉及的事务难易不同，需要行政机关调查了解的时间长短不一。如果设定一个非常具体的时间，看似效率很高，实则会违背客观事实和规律，导致没有真正地解决问题，更没有排除问题产生的根源。这样敷衍了事地应对群众举报，非但不能解决问题，反倒会滋生更大的问题。基于以上考虑，该条规定"接到举报的部门应当及时处理"。但是，这绝不是说行政机关接到举报后就可以视而不见，或者无限期地拖延下去，因为韶关市 12345 政府服务热线对群众举报设置了一套规则，以对行政机关的回应行为加以约束。这套规则就是公示、监督与考核。浏览韶关市 12345 政府服务热线页面可知，从投诉举报到部门受理再到处理回复，都有相应的栏目、部门和时间显示，且对各个部门 30 日内的诉求总量、回复率和满意度都通过排行榜进行动态排名。这种方式促使各个行政部门不断地关注举报投诉情况，并及时跟进、及时处理、及时回复，从而实现该款规定的"及时处理"的立法目的。

五、举报人的信息保密

对举报人的信息保密，一方面是基于对举报人安全的考虑，避免个人信息被披露后遭到被举报人的打击报复；另一方面是基于对其他潜在举报人的鼓励，以使他们免除后顾之忧，积极大胆地进行举报。如果环

---

〔1〕 应松年主编：《行政程序法》，法律出版社 2009 年版，第 90~91 页。

境卫生行政主管部门泄露了举报人的信息，以致举报人受到打击报复，甚至产生致人伤亡的严重后果，那么主管部门及其责任人员要为此承担什么样的责任呢？对此，我国多部法律作了严格规定。如《监察法》（2018 年制定）第 65 条规定："监察机关及其工作人员有下列行为之一的，对负有责任的领导人员和直接责任人员依法给予处理：……（三）违法窃取、泄露调查工作信息，或者泄露举报事项、举报受理情况以及举报人信息的。"同时，该法第 66 条规定："违反本法规定，构成犯罪的，依法追究刑事责任。"《公职人员政务处分法》（2020 年制定）第 39 条规定："有下列行为之一，造成不良后果或者影响的，予以警告、记过或者记大过；情节较重的，予以降级或者撤职；情节严重的，予以开除：（一）滥用职权，危害国家利益、社会公共利益或者侵害公民、法人、其他组织合法权益的；……（五）泄露国家秘密、工作秘密，或者泄露因履行职责掌握的商业秘密、个人隐私的。"《刑法》（2020 年修正）第 397 条第 1 款规定："国家机关工作人员滥用职权或者玩忽职守，致使公共财产、国家和人民利益遭受重大损失的，处三年以下有期徒刑或者拘役；情节特别严重的，处三年以上七年以下有期徒刑。本法另有规定的，依照规定。"以上法律责任的规定，既有行政责任，也有刑事责任；作为党员，可能还要承担纪律责任。

【典型案例六】举报人信息被泄露遭打击报复案[1]

河南省周口市扶沟县固城乡土河村的村民邵某兵，向当地的环保举报热线投诉，匿名举报他家附近的豫祥肠衣综合加工厂夜间排放难闻的气味，令人无法忍受。没想到，他打给环保局的举报电话号码很快被该工厂知道，他的个人信息已被泄露。工厂唆使数人对他进行报复，竟将其打成颅脑损伤。邵某兵出示的扶沟县人民医院诊断证明书显示，他的

---

〔1〕 "村民匿名举报污染遭殴打：是谁泄露了举报人的信息？"，载农视网：https://mp.weixin.qq.com/s/Qh2467ZpEJ91rpdWcqJRTg?，2021 年 7 月 1 日访问。

伤情包括闭合性颅脑损伤、多处软组织损伤、双眼睑瘀血和双眼结膜下出血等，伤势较重。该企业还威胁说，"谁再举报，举报一次打一次"。

举报人的信息本应该是保密的，记者也向邵某兵拨打过的河南省12369举报电话咨询过，电话接线员表示，他们不会泄露举报者的信息。那么，是谁把邵某兵的身份泄露给加肠衣工厂的呢？2021年2月5日深夜，扶沟县委宣传部公布调查和处理结果，原来泄密者为周口市生态环境局扶沟县综合执法大队某中队中队长李某涛，并表示对相关责任人将依法处理，涉事加工厂也被查封，案件已移送公安机关。保护举报人是社会一直关注的话题，但要想免除举报人的后顾之忧，就必须建立起一套完善的举报人保护制度。

【点评】

该案是一起行政执法部门泄露举报人信息，使举报人受到打击报复的恶劣案例。在任何一个地方和领域，行政机关的管理能力和辐射范围都是有限的。俗话说，"群众的眼睛是雪亮的"，如果发动群众参与，使广大人民群众积极举报违法行为，那么就能起到群防群治的效果。虽然我国多个法律明文规定了对举报人的保护制度，但从现实来看，还存在不小漏洞，令人防不胜防。只有健全立法、填补漏洞、严格保密、严厉追责才能彻底消除举报人的后顾之忧。

六、奖励实名举报者

该条第3款最后规定："对实名举报并查证属实的，给予奖励。"从此规定可以看出，给予奖励需要两个条件：一是应当实名举报，二是经过查证属实，二者缺一不可。

所谓实名举报，是指举报人使用自己的真实姓名，通过来信、来访、电话、传真、电邮、微信等形式，向环境卫生行政主管部门反映有关单位和个人的建筑垃圾污染环境违纪违法问题的行为。其不同于匿名举报，其具有多重优势：一是举报人一般都是知情人，甚至是关键知情人，提供的线索比较具体，对有关部门来说可操作性强、查实率高；二是因为是实名举报，所以有关部门可直接与举报人取得联系，减少了中间环节、节省了时间精力、降低了办案成本，还有利于进一步扩大和发现线索；三是有关部门可以及时向举报人反馈调查处理结果，有利于促进所举报问题的处理；四是实名举报由于主体明确，便于有关机关采取措施，防止打击报复举报人行为的发生，保护举报人；五是有利于对诬告陷害他人的行为进行严肃处理，防止少数人利用举报捏造事实、陷害他人的现象发生。[1]反观匿名举报，却存在不少弊端，主要表现为：一是有关部门无法联系举报人并完善举报信息，从而无法使举报问题得以查清，导致举报信息失效；二是有关部门核查完举报信息后无法向举报人反馈核查结果，使举报人无法行使应有的知情权；三是由于是匿名举报，举报人不用担心发生风险，可能在举报材料中存在夸大其词、随意编造的现象，给诬告陷害提供了便利，助长一种不良的行为倾向；四是匿名举报还易导致举报者多头举报、重复举报，增加有关部门的工作负担，消耗大量的人力、物力、财力。但是，实名举报也有缺陷，其中最主要的缺陷是举报者由于做了真实署名，个人信息很容易被别有用心的人泄露出去，给其个人、家庭造成潜在的人身、财产安全上的威胁，招致各种打击报复。而匿名举报则正好相反，举报人不用担心个人、家庭会受到人身、财产安全上的威胁，从而能放心大胆地进行举报。总之，各种举报方式皆有利弊，我们可以扬长避短、取长补短、长短结合，发挥举报制度的最大效用。

查证属实，是指对举报信息通过调查了解，对其反映问题的真实性、合法性、关联性等作出准确认定，一旦发现符合实际情况，则加以认可的行为。查证属实是"没有调查就没有发言权"实事求是的、唯物主义的立场，也是对被举报对象负责任的表现。不经调查或草率调查就相信

---

〔1〕　林喆："实名举报人后顾之忧如何破解"，载《法制日报》2013 年 1 月 18 日。

举报信息，并直接根据举报信息对被举报对象作出党纪政纪处分，甚至追究法律责任，绝非一种负责任的表现，也不是一种正确的态度。当然，对查证属实的举报信息，一定要兑现承诺，给予奖励，而不能久拖不决或者说话不算数，否则必将有损诚信政府的形象，有百害而无一利。

【典型案例七】 举报环境违法行为被奖励案[1]

2018 年 5 月 17 日，群众通过电话向浙江省环境执法稽查总队举报，反映绍兴市一批印染污泥通过绍兴某运输有限公司运输、倾倒至金华市，并提供了部分车牌号和车辆停放地址。接到举报信息后，稽查总队立即派出执法人员赶赴绍兴市组织开展调查。经查，2017 年至 2018 年期间，在绍兴市某商会的统一协调下，绍兴市三十多家印染企业将生产过程中产生的印染污泥委托给义乌某环保科技有限公司、兰溪市某砖瓦厂进行焚烧处理，并委托绍兴某运输公司进行运输。2017 年 11 月至 2018 年 6 月，该环保科技公司和砖瓦厂分别安排人员到金华市辖区内寻找非法填埋场地，并告知某运输公司。该运输公司利用夜间时间，先后将 2.6 万吨印染污泥等含有毒、有害物质的固体废物分别运到金华市 27 个垃圾填埋点非法填埋，造成当地环境被严重污染，直接和间接损失达 5000 多万元。2018 年 10 月，绍兴市越城区、柯桥区环保局对 7 家涉事企业实施了行政处罚。2019 年 5 月 9 日，浙江省永康市人民检察院提起公诉。2020 年 11 月 27 日，浙江省永康市人民法院一审以污染环境罪对 52 名个人和 2 个单位追究刑事责任，相关责任人分别判处 5 年到 1 年 6 个月不等的有期徒刑，同时判决承担 5541.9 万元的社会公共利益损失赔偿款，并登报致歉。浙江省生态环境厅根据原环境保护厅、省财政厅联合印发的《浙江省固体废物环境违法行为举报奖励暂行办法》和《浙江省固体废物环

---

[1] "生态环境部通报生态环境违法行为举报奖励工作进展情况和典型案例"，载中华人民共和国生态环境部官网：http://www.mee.gov.cn/ywgz/sthjzf/zfzdyxzcf/202105/t20210525_ 834374. shtml，2021 年 7 月 1 日访问。

境违法行为举报奖励实施细则》的有关规定，给予了举报人 70 000 元奖励。

【点评】

该案是一件举报者受奖励的鲜活事例，起到了很好的示范效应。尤其值得肯定的是，浙江省出台的具有直接可操作性的《浙江省固体废物环境违法行为举报奖励暂行办法》和《浙江省固体废物环境违法行为举报奖励实施细则》详细规定了举报奖励的条件、标准、程序、数额和信息保密等内容，发挥了很好的作用。相比之下，《管理条例》显得有些粗疏，仅规定了应予奖励，其他条件一概没有涉及，这可能会对今后的实施带来一定困扰。为此，很有必要制定韶关市的《建筑垃圾、固体废物环境违法行为举报奖励暂行办法》和《建筑垃圾、固体废物环境违法行为举报奖励实施细则》，以备今后之用。

第二章　排放与运输

第十条　【减量化、资源化】

建筑垃圾产生后应当采取措施，利用现代技术对混凝土、金属、木材、沥青、砖块等废弃材料实行资源化利用，提高建筑垃圾综合利用效率，减少建筑垃圾排放量，促进清洁生产和循环经济发展。

【导读与释义】

本条是关于建筑垃圾资源化利用的规定。除本条外，《管理条例》第22条、第23条、第24条也规定了建筑垃圾资源化利用的扶持政策和措施，与本条遥相呼应。建筑垃圾资源化利用是《管理条例》的一项核心制度，至少是其中一个。建筑垃圾资源化利用也是该条例在起草过程中争议最大、讨论最多的问题之一。但如何实现建筑垃圾的资源化利用，不但是近年来实务界一直在开拓的市场领域，而且是理论界一直在探索的重要话题。本条的内容可以分为三个方面：一是什么是建筑垃圾的资源化利用；二是为什么要对建筑垃圾进行资源化利用；三是如何实现对建筑垃圾的资源化利用。其中，第二个方面是隐含在条文背后的。下面，笔者将逐一展开论述。

一、什么是建筑垃圾的资源化利用

欲探讨建筑垃圾的资源化，首先需从"资源化"一词着手。学界认为，所谓资源化，是指将废物直接作为原料进行利用或者对废物进行加工处理后再次利用或者再生利用的行为。根据《循环经济促进法》（2018年修正）第2条的定义："本法所称资源化，是指将废物直接作为原料进行利用或者对废物进行再生利用。""本法所称再利用，是指将废物直接作为产品或者经修复、翻新、再制造后继续作为产品使用，或者将废物的全部或者部分作为其他产品的部件予以使用。"而建筑垃圾的资源化利用，就是指将建筑废弃物直接作为原料进行利用或者对建筑废弃物进行加工处理后再次利用或者再生利用的行为。建筑垃圾资源化利用的方式，常见的是对建筑垃圾中的废木材、废玻璃、废钢筋、废旧砖瓦、废旧屋面材料、废旧建筑混凝土、废旧道路水泥混凝土、沥青路面料、建筑垃圾微粉等进行挑选、粉碎、加工、碾压后加以利用；有的可以直接用于建筑工程，有的经加工处理后就是很好的建筑材料，如用作桩基填料，加固软土地基等。具体而言，建筑垃圾至少可有如下用途：①废弃建筑混凝土和废弃砖石生产的粗细骨料，可用于生产相应强度等级的混凝土、砂浆或制备诸如砌块、墙板、地砖等建材制品；粗细骨料添加固化类材料后，也可用于公路路面基层。②利用废砖瓦生产的骨料，可用于生产再生砖、砌块、墙板、地砖等建材制品。③渣土可用于筑路施工、桩基填料、地基基础等。④对于废弃木材类建筑垃圾，尚未明显破坏的木材可以被直接用于建筑施工，破损严重的木质构件可作为木质再生板材的原材料或用于造纸等。⑤废弃路面沥青混合料，可按适当比例配制后直接用于再生沥青混凝土。⑥废弃道路混凝土可加工成再生骨料用于配制再生混凝土。⑦废钢材、废钢筋及其他废金属材料可直接再利用或回炉加工。⑧废玻璃、废塑料、废陶瓷等建筑垃圾，可视情况区别利用。⑨废旧砖瓦为烧黏土类材料，经破碎碾磨成粉状材料时，有火山灰活性，可以作为混凝土掺合料使用，用于替代粉煤灰、矿渣粉、石粉等。随着经济社会的发展和科学技术的进步，建筑垃圾、工业垃圾和生活垃圾等愈来愈多地作为经济资源被回收利用，称作资源再生利用，被利用的这一类经济资源称为再生资源。概言之，再生资源就是指人类社会生产、生活过程中产生的，无使用价值或失去一定使用价值的废弃物，经过加工重新获得使用价值的物资资源的总称。

与国外发达国家相比，我国的建筑垃圾资源化利用程度一直是比较低的。《中国建筑垃圾处理行业发展前景与投资战略规划分析报告》提出：2017 年，我国已建成投产和在建的建筑垃圾年处置能力在 100 万吨以上的生产线仅有 70 条左右，小规模处置企业有几百家，总资源利用量不足 1 亿吨，建筑垃圾总体资源化率不足 10%，远低于欧美国家的 90% 和日韩的 95%。据统计：2017 年，我国产生建筑垃圾约 24 亿吨，其中进行资源化利用的仅有 1.2 亿吨左右，利用率仅为 5% 左右。[1]但发达国家的建筑垃圾再利用率已高于 90%，日本一些地区的再利用率已达 100%。相关资料显示：一些发达国家将建筑垃圾资源化利用作为一项长期的国家战略，通过立法、政策及先进技术的开发应用等实现建筑垃圾的资源化利用。例如，德国早在 1994 年就发布了《循环经济和废物清除法》，对建筑垃圾进行再生利用；日本则通过了《废弃物处理法》《建设副产物适正处理推进纲要》等，从 20 世纪 70 年代就开始推进建筑垃圾的再生利用；韩国通过《建设废弃物再生促进法》要求使用建筑垃圾再生产品，并对未按规定使用建筑垃圾再生产品的行为设置相应的处罚措施。[2]这些国家对建筑垃圾资源化利用的重视程度，给我们带来了一定的启发。

二、为什么要对建筑垃圾进行资源化利用

近年来，人们越来越认识到，"垃圾是放错地方的资源"。建筑垃圾亦是如此。与使用原生资源相比，循环使用"垃圾"、再生资源可以大量节约生产材料，节约能源、水源、矿藏、土地，降低生产成本，减少对生态环境的污染破坏，因而日益被当今各国重视。当前，我国已进入新发展阶段。进入新发展阶段、贯彻新发展理念、构建新发展格局，是我国推进建筑垃圾资源化利用的新背景、新原则和新路径；推进包括建筑

---

〔1〕 国家发展和改革委员会于 2020 年 7 月 1 日发布的《"十四五"循环经济发展规划》显示：2020 年，我国的建筑垃圾资源化利用率已达 50%。

〔2〕 王阳："建筑垃圾资源化利用率不高，专家建议完善专项立法"，载《资源再生》2020 年第 9 期。

垃圾在内的大宗固废的资源化利用工作，是绿色发展之需，是形势变化之选，是效率变革之途。具体而言，对包括建筑垃圾在内的各种大宗固体废物进行资源化利用，有以下几个方面的重要意义：[1]

第一，高质量发展的内在要求。2020 年 7 月 30 日召开的中共中央政治局会议指出，要把新发展理念贯穿发展全过程和各领域，实现更高质量、更有效率、更加公平、更可持续、更为安全的发展。高质量发展必须坚持效益优先、质量第一，经济发展质量和效益要不断改善，生态环境质量和效益要不断提升。更可持续，要以尽可能少的资源能源消耗支撑经济社会发展，以尽可能少的经济成本改善环境质量。根据有关行业的测算，近几年，我国城市建筑垃圾年产生量超过 20 亿吨，是生活垃圾产生量的 10 倍左右，约占城市固体废物总量的 40%，建筑垃圾数量已经占城市垃圾总量的 30% 以上，建筑垃圾已成为我国城市单一品种排放数量最大、最集中的固体垃圾。根据前瞻产业研究院发布的《中国建筑垃圾处理行业发展前景与投资战略规划分析报告》，1 万平方米建筑的施工过程会产生建筑垃圾 500 吨至 600 吨，而拆除 1 万平方米的旧建筑，将产生 7000 吨至 1.2 万吨建筑垃圾。保守估计，未来 10 年我国平均每年将产生 15 亿吨以上的建筑垃圾。2020 年建筑垃圾约为 26 亿吨，2030 年将达到 73 亿吨。[2] 相较于巨大的建筑垃圾产生量，目前我国建筑垃圾资源化利用率却一直不高。而建筑垃圾资源化利用是提升资源利用效率的重要措施，同时也是经济社会可持续发展的必然选择。要重点突破、整体推进，努力实现建筑垃圾资源化利用产业发展规模、速度、质量、结构、效益、安全相统一。

第二，绿色低碳循环发展的需要。发展低碳经济、循环经济是世界各国应对气候变化、实现经济绿色复苏的重要举措。2020 年 9 月 22 日，

---

〔1〕 周宏春："大宗固废综合利用是效率变革的必然举措"，载《中国矿业报》2021 年 3 月 29 日。

〔2〕 王阳："建筑垃圾资源化利用率不高，专家建议完善专项立法"，载《资源再生》2020 年第 9 期。

习近平总书记在第 75 届联合国大会一般性辩论上宣布了我国的"30/60"目标，[1]得到了国际社会的广泛赞扬和积极响应，碳中和成为各国的共同取向。资源综合利用和循环利用是提高资源生产力乃至碳生产力的重要措施，可以起到减污降碳的协同效果。2020 年 3 月，欧盟发布新的循环经济行动计划，要求将循环经济理念贯穿到产品设计、生产和消费的全生命周期，以提高效益。开展建筑垃圾资源化利用，不仅可以提高资源利用效率，也是健全绿色低碳循环经济体系的重要内容。

第三，建设美丽中国的应有之义。建设美丽中国必须以生态环境质量改善为前提，资源节约和综合利用是保护环境的根本措施，同时也是反思传统工业化道路后的创新之举。西方国家工业化经历了"先污染后治理"、重"末端治理"的过程。实践证明，"末端治理"是"费而不惠"的措施，只有采取源头预防、过程控制与末端治理相结合的措施，才能从根本上解决环境污染问题。大力发展包括建筑垃圾在内的大宗固废资源化利用产业，在提高资源效率的同时，也有利于生态环境质量的好转。发展形成资源节约型、环境友好型的生产生活方式，还自然以宁静、和谐、美丽，因而可以收到一举多得之效。

第四，资源可持续利用的应有之义。经济社会可持续发展，需要以资源可持续利用来支撑。我们用几十年时间走完西方发达国家两三百年的工业化、城镇化进程，成为世界第二大经济体，创造了人类发展史上的奇迹。与此同时，资源利用效率不高、环境污染严重等问题成了经济社会可持续发展的障碍。建筑垃圾量大面广、环境影响明显、资源化利用产业发展前景广阔；推进建筑垃圾等固体废物资源化利用，对降低单位国民生产总值资源消耗强度、污染物和二氧化碳排放强度，促进经济社会发展全面绿色转型，意义重大，为推动经济发展质量变革、效率变革、动力变革，实现"两个一百年"奋斗目标奠定坚实的物质基础。

---

〔1〕 即习近平总书记提出的"2030 年前中国要碳达峰，2060 年实现碳中和"，业内称之为"30/60"气候目标。

三、如何实现对建筑垃圾的资源化利用

根据本条规定，对产生的建筑垃圾，除了利用现代技术对混凝土、金属、木材、沥青、砖块等废弃材料实行资源化利用，以提高建筑垃圾综合利用效率外，还应当降低建筑垃圾排放量，促进清洁生产和循环经济发展。这里包含三个重要的制度措施：一是对建筑垃圾减量化；二是实行清洁生产；三是发展循环经济。

（一）建筑垃圾减量化

减量化一般是指在生产、流通和消费等环节减少资源消耗和废弃物的产生。根据《循环经济促进法》（2018 年修正）第 2 条第 2 款的定义："本法所称减量化，是指在生产、流通和消费等过程中减少资源消耗和废物产生。"减量化是固体废物管理领域的重要概念，是对建筑垃圾管理的基本要求，是降低建筑垃圾对环境污染危害的最终手段。需要注意的是，"减量化"一词不仅是指减少建筑垃圾的产生量，对此学界有三种不同的理解，且都有一定的道理：第一种理解是减少建筑垃圾的源头产生量，也就是"源头削减/废弃物预防"；第二种理解是减少建筑垃圾的最终处置量，即在建筑垃圾处置过程中，通过碾压、破碎等物理手段，或通过焚烧、化解等化学方法，减少建筑垃圾的数量和容积，从而方便运输和处置；第三种理解是减少建筑垃圾的排放量，即建筑垃圾产生后，经过回收阶段后，减少需要进入消纳处置系统的建筑垃圾数量。总而言之，减量化是从源头到过程再到终端的一个闭环系统，绝非只理解或做到"源头控制"或者"源头减量"这么简单；只有每个环节都做到减量化，才能实现真正的、完全意义上的"减量化"。同时，减量化、资源化、无害化三者之间是密不可分的关系：减量化过程本身就是资源化的表现，是数量上的"资源化"；无害化也是资源化，只有无害的东西才能被作为资源利用，是质量上的"资源化"；资源化如果离开减量化和无害化，那便不是真正意义上的资源化，而是意味着巨大的资源消耗和环境污染，

是不科学、不可持续的资源化。

为做好建筑垃圾的减量化工作，2020 年 5 月 8 日，住房和城乡建设部印发《关于推进建筑垃圾减量化的指导意见》（以下简称《减量化意见》）和《施工现场建筑垃圾减量化指导手册》，明确了建筑垃圾减量化的总体要求、主要目标和具体措施，并将其作为当前和今后一个时期指导建筑垃圾源头减量化工作、推进城乡建设绿色发展的重要文件。《减量化意见》提出，2020 年年底，各地区建筑垃圾减量化工作机制要初步建立。2025 年年底，各地区建筑垃圾减量化工作机制进一步完善，实现新建建筑施工现场建筑垃圾（不包括工程渣土、工程泥浆）排放量每万平方米不高于 300 吨，装配式建筑施工现场建筑垃圾（不包括工程渣土、工程泥浆）排放量每万平方米不高于 200 吨。为落实减量化目标，《减量化意见》分别在工程项目策划设计阶段和施工阶段规定了十分具体的措施，提出了明确要求，对《管理条例》的实施极具参照意义。首先，在设计阶段和施工阶段，《减量化意见》提出了以下五个方面的要求：一是落实建设单位的首要责任。按照"谁排放、谁负责"的原则，建设单位应承担建筑垃圾减量化的首要责任。建设单位要明确工程建设项目建筑垃圾减量化的目标、措施和费用，并监督设计、施工、监理单位具体落实。二是实施新型建造方式。推行工厂化预制、装配化施工、信息化管理建造模式，鼓励创新设计、施工技术与装备，推进 BIM（建筑信息模型）等技术在工程设计和施工中的应用。三是采用新型组织管理模式。加快推行工程总承包和全过程工程咨询，推进建筑师负责制，加强设计与施工的深度协同。四是树立工程全寿命期设计理念。统筹考虑工程耐久性和可持续性，鼓励采用先进适用的材料和技术体系；推进功能模块和部品构件标准化；对改建扩建工程要充分考虑利用原结构及机电设备。五是提高工程易建造性。合理确定场地标高，减少渣土外运；选择适宜的结构体系，减少建筑形体不规则性；鼓励建筑、结构、机电、装修、景观全专业一体化协同设计，减少施工过程设计变更。其次，在施工阶段，《减量化意见》提出了以下四个方面的要求：一是施工现场源头减量措施。主要包括施工图纸深化和施工方案优化，合理确定施工工序，推行数字化加工和信息化管理；推行道路、围挡等临时设施和永久性设施的结合利用；提高施工现场办公用房、宿舍等临时设施和周转材料的重复利用率，鼓励采用标准化设施、工具式脚手架和模板支撑体系；强化施工质量管控，加强对已完工工程的成品保护，减少由质量问题导致的返工或修补等。二是施工现场建筑垃圾分类收集与存放措施。主要包括制定施工现场建筑垃圾分类收集与存放管理制度；按工程渣土、工程泥浆、工程垃圾和拆除垃圾分类收集及存放；对危险废物应按有关规定收集存放等。三是施工现场建筑垃圾就地处置措施。主要包括工程渣土、工程泥浆采取土质改良措施后用于土方回填；金属类垃圾、无机非金属建筑垃圾宜根据场地条件就地处置，实现现场资源化再利用；难以就地利用的建筑垃圾，应按相关要求及时转运和处置，不得擅自倾倒、抛撒等。四是施工现场建筑垃圾排放控制措施。主要包括对出场建筑垃圾进行分类称重（计量）并及时记录，实时公示建筑垃圾出场排放量，严禁将生活垃圾和危险废物混入建筑垃圾排放等。[1]此外，《减量化意见》还提出了五个方面的具体推进措施，在此不赘述。

（二）实行清洁生产

关于"清洁生产"（cleaner production）的定义，《清洁生产促进法》（2012 年修正）第 2 条规定："本法所称清洁生产，是指不断采取改进设计、使用清洁的能源和原料、采用先进的工艺技术与设备、改善管理、综合利用等措施，从源头削减污染，提高资源利用效率，减少或者避免生产、服务和产品使用过程中污染物的产生和排放，以减轻或者消除对人类健康和环境的危害。"从这个定义可以看出，清洁生产主要是针对"生产"环节的，但其影响延伸至服务、消费等终端环节。清洁生产重在源头控制，就此而言，与建筑垃圾"减量化"要求存在内涵上的一致性。

---

［1］ 建质〔2020〕46 号。

但二者不同的是：首先，清洁生产针对的主要是生产环节，而减量化不但包括生产环节，还包括填埋、消纳、处置、利用等环节。其次，清洁生产指向的是所有的工农业生产，范围很广；而减量化主要针对的是固体废物，当然广义上也包括废气、废水的减量。最后，清洁生产不仅包括消耗数量的减少，也包括物质毒性的减少或消失；而减量化则主要是指消耗物质数量的减少。换言之，仅有清洁生产是不够的，因为除了生产环节，还有运输、服务、消费等环节；仅有减量化也是不够的，因为数量减少并不代表质量也在同步改进。只有将清洁生产与减量化结合起来，建筑垃圾排放、运输、消纳、利用等过程中所造成的环境污染问题才能更好地得到消除或者降低。实施清洁生产的意义在于：首先，清洁生产体现的是以预防为主的环境战略。传统的末端治理与生产过程相脱节，先污染、后治理，这是发达国家曾经走过的老路。清洁生产要求从产品设计开始，到选择原料、工艺路线和设备，以及废物利用、运行管理的各个环节，通过不断加强管理和改进技术，提高资源利用率，减少乃至消除污染物的产生，体现了预防为主的思想。其次，清洁生产体现的是集约型的增长方式。清洁生产要求改变以牺牲环境为代价的、传统的粗放型经济发展模式，走内涵式发展道路。要实现这一目标，企业必须大力调整产品结构，更新生产工艺，优化生产过程，提高技术水平，加强科学管理，提高人员素质，实现节能、降耗、减污、增效，合理、高效地配置资源，最大限度地提高资源的利用率。最后，清洁生产体现了环境效益与经济效益的统一。传统的末端治理，投入多、成本高、治理难度大，只有经济效益，没有或少有环境效益；清洁生产的最终结果是企业管理水平、生产工艺和技术水平得到提高，资源得到充分利用，环境从根本上得到改善。清洁生产与传统的末端治理的最大不同是找到了环境效益与经济效益相统一的结合点，能够调动企业防治污染的积极性。

为做好清洁生产工作，《清洁生产促进法》通过多个条文规定了具体的法律措施。其中第 18 条规定："新建、改建和扩建项目应当进行环境影响评价，对原料使用、资源消耗、资源综合利用以及污染物产生与处置等进行分析论证，优先采用资源利用率高以及污染物产生量少的清洁生产技术、工艺和设备。"第 19 条规定："企业在进行技术改造过程中，应当采取以下清洁生产措施：（一）采用无毒、无害或者低毒、低害的原料，替代毒性大、危害严重的原料；（二）采用资源利用率高、污染物产生量少的工艺和设备，替代资源利用率低、污染物产生量多的工艺和设备；（三）对生产过程中产生的废物、废水和余热等进行综合利用或者循环使用；（四）采用能够达到国家或者地方规定的污染物排放标准和污染物排放总量控制指标的污染防治技术。"第 24 条规定："建筑工程应当采用节能、节水等有利于环境与资源保护的建筑设计方案、建筑和装修材料、建筑构配件及设备。建筑和装修材料必须符合国家标准。禁止生产、销售和使用有毒、有害物质超过国家标准的建筑和装修材料。"

总而言之，清洁生产是一项系统工程，推行清洁生产需要企业建立一个预防污染、节约保护资源所必需的组织、监管架构，并明确职责、科学规划，制定发展战略。这包括产品设计、能源与原材料的更新与替代、开发少废或无废清洁工艺、污染物排放处置及物料循环利用的系统工程。做好清洁生产需要重点抓好以下几点：①重在预防。清洁生产是提前预防生产过程中产生的污染，通过对污染物产生源的削减和废物的回收利用，达到节能减排的目的。②经济良好。在技术可靠前提下预防污染、清洁生产，通过社会、经济、环境效益分析，使生产体系运行最优化，产品具备最佳的质量与价格。③与企业发展相适应。清洁生产要结合企业产品特点和生产工艺要求，符合企业生产、经营、发展的需要。清洁生产、环境保护要考虑不同国家和地区的经济发展阶段和企业财力的支撑能力，这样推进清洁生产不仅有利于调动企业的积极性，而且会逐渐改善生态环境。④废物循环利用，建立生产闭环。工业生产中物质的转化不可能达到 100%，生产过程中工件的传递、物质的输送，加热反应中物质的挥发、沉淀，加之不当的操作等，总会造成物质的流失。企业应当建立健全废物循环利用机制，形成有效的生产闭环，实现对废物的有效处理和回收利用。这样既可积累、创造财富，又可减少环境污染。⑤发展环保技术，搞好末端治理。中国要实现碳达峰、碳中和的目标，就离不开先进、成熟的环保技术，这给新技术、新设备、新工艺的开发提供了广阔的舞台。为实现清洁生产，在全过程控制中还需进行必要的末端治理，使之成为防治污染的最终手段。

（三）发展循环经济

学界认为，"循环经济"（cyclic economy）是一种物质循环流动型经济，是指在人、资源和科学技术的大系统内，在资源投入、企业生产、产品消费及其废弃物排放的全过程中，把传统的依赖资源消耗的线形增长的经济转变为依靠生态型资源循环发展的经济。换言之，所谓循环经济，即在经济发展中，实现废物减量化、资源化和无害化，使经济系统和自然生态系统的物质协调循环，以维护自然生态平衡。是以资源的高效利用和循环利用为核心，以"减量化、再利用、资源化"为原则，符合可持续发展理念的经济增长模式，是对"大量生产、大量消费、大量废弃"的传统经济增长模式的根本变革。循环经济是与传统经济"资源消费—产品—废物排放"的开放（或单向）型物质流动模式相对应的"资源消费—产品—再生资源"闭环型物质流动模式。正是基于以上认识，我国的《循环经济促进法》（2018年修正）第2条第1款规定："本法所称循环经济，是指在生产、流通和消费等过程中进行的减量化、再利用、资源化活动的总称。"

根据上述循环经济的定义，对循环经济的基本特征，可以概括为以下五个方面：①在资源开采环节，要大力提高资源综合开发和回收利用率；②在资源消耗环节，要大力提高资源利用效率；③在废弃物产生环节，要大力减少废弃物的排放，并对排放出的废弃物综合利用；④在再生资源利用环节，要大力回收和循环利用各种废旧资源；⑤在社会消费环节，要大力提倡绿色消费。为便于理解，人们常用"3R 原则"表达循环经济的内涵。所谓"3R 原则"，即减量化（Reduce）原则、再使用（Reuse）原则和再循环（Recycle）原则。减量化原则要求用尽可能少的资源能源来完成既定的生产目标和消费目的，这就能在源头上减少资源能源的消耗，大大改善环境污染状况。再使用原则要求生产的产品和包装物能够被反复使用，生产者在产品设计和生产中，应摒弃一次性使用而单纯追求利润的思维，尽可能使产品经久耐用和反复使用。再循环原则要求产品在完成使用功能后能重新变成可以利用的资源，同时也要求生产过程中所产生的边角料、中间物料和其他一些物料也能返回到生产过程中或者被另外加以利用。

从我国近年来循环经济发展的情况来看，"十三五"以来，我国循环经济发展取得了积极成效：2020 年主要资源产出率比 2015 年提高了约 26%，单位国内生产总值能源消耗继续大幅下降，单位 GDP 用水量累计降低 28%。2020 年农作物秸秆综合利用率达 86% 以上，大宗固废综合利用率达 56%，再生资源利用能力显著增强。2020 年建筑垃圾综合利用率达 50%。资源循环利用已成为保障我国资源安全的重要途径。"十四五"时期，我国将着力构建以国内大循环为主体、国内国际双循环相互促进的新发展格局，释放内需潜力，扩大居民消费，提升消费层次，建设超大规模的国内市场，资源能源需求仍将刚性增长。同时，我国一些主要资源对外依存度高，供需矛盾突出，资源能源利用效率总体上仍然不高，大量生产、大量消耗、大量排放的生产生活方式尚未根本性扭转，资源安全面临较大压力。发展循环经济、提高资源利用效率和再生资源利用水平的需求十分迫切，且空间巨大。[1]

发展循环经济和清洁生产、减量化是什么关系呢？本书认为，它们的相同点是：首先，三者都是可持续发展理念的产物，都是为了追求环

---

〔1〕　国家发展和改革委员会 2021 年 7 月 1 日《"十四五"循环经济发展规划》（发改环资〔2021〕969 号）。

境、经济和社会的可持续发展。其次，三者都有利于资源节约型、环境友好型社会建设，都有利于实现我国既定的碳达峰、碳中和的发展目标。再次，它们都是生态环境保护事业发展到一定阶段的产物，是深层次的环境保护要求和目标追求。最后，三者是相辅相成的关系，因为循环经济本身就有减量化和清洁生产的内在要求，没有减量化和清洁生产，表面的循环经济其实是不科学、不正确、不可持续的循环经济。同时，我们也要看到它们之间的区别，这可被概括为以下几点：首先，循环经济着眼于"循环"，即将"资源消费—产品—废物排放"的开放型物质流动模式转换为"资源消费—产品—再生资源"闭环型物质流动模式。清洁生产着眼于"生产"环节的节约化、减量化，意在从源头上减少物质的利用。减量化不是哪个环节的减量，而是从生产到消费再到废物处置的"量"的减少，是全过程的要求。其次，循环经济是一个闭环，具有封闭性特点，即从总量上减少废物的排放和对环境的污染；清洁生产、减量化都不是闭环，而是一个开放的运转体系，虽然同样也能达到减量目的。最后，减量化是一个抽象的环境保护原则，通用于循环经济和清洁生产；而循环经济和清洁生产不是一个抽象的原则，而是一种具体的经济与环境协调发展的方式，都有专门的立法，即《循环经济促进法》和《清洁生产促进法》。总而言之，离开了减量化，循环经济、清洁生产都将毫无意义；要搞好循环经济和清洁生产，就必须从减量化着手。建筑垃圾从排放到运输再到消纳与利用，都应当从减量化入手，即在各个环节减少建筑垃圾产生的可能性，同时争取使所有产生的建筑垃圾都能得到循环利用。另外，为了从源头上减少建筑垃圾的产生，应当按照《清洁生产促进法》的要求，从原料、设备到工艺、技术等，都奉行"清洁生产"的理念，以最少的建筑垃圾产生量达致最优的循环经济、实现可持续发展的目的。

【典型案例一】　北京市建筑垃圾资源化处置和循环利用案[1]

近年来，北京市下大力气促进建筑垃圾资源化处置和循环利用，出台了《关于进一步加强建筑废弃物资源化综合利用工作的意见》等一系列文件，规定对弃土通过工程回填、矿坑修复、土地平整、绿化覆盖等方式加以利用，弃料及其他废弃物通过再加工形成再生产品，同时大力化解再生产品推广使用难题，打通建筑垃圾变废为宝的"最后一公里"。

日前，记者在北京市朝阳区循环经济产业园西北侧，看到建筑废弃物资源化利用中心的建筑垃圾处理生产线一环扣着一环，占据了整个处置区主厂房的空间。高高的白色厂房内，巨大的建筑垃圾处理线正在带料运行，传送带纵横交错，发出规律的轰鸣声。这条巨大的建筑垃圾处理线由四部分组成，分别为原料存储区、生产加工区、成品区和产品制作区。建筑垃圾运抵后，将经过破碎、筛分、磁选、人工分选、风选、水力浮选等一系列步骤，根据成分特点，被制作成透水砖、混凝土砌块、再生道路材料以及用于净化水质的再生滤料等。

朝阳区最大的建筑垃圾资源化利用中心每年可以处理建筑垃圾100万吨。另外，有一条年处理量23万吨的炉渣处理线，可以把生活垃圾焚烧产生的炉渣进行再次分选，将金属类的材质筛出来，制成再生建材。建筑垃圾由混凝土块、砖块、废旧地砖、废旧木地板等组成，回收后的建筑垃圾经过加工可以继续发光发热。在通州区永顺镇邓家窑一处拆迁工地，一台有着长长传送带的机器轰隆作响，刚拆下来的建筑垃圾被送进它的"嘴巴"，很快就成了不同粒径的粗细骨料碎石和砂粒。邓家窑拆迁项目需拆除的建筑面积约25万平方米，采取传统填埋方式处置的话，大约要占用5万立方米的土地，而通过建筑垃圾资源化利用方式处理，能产出工程建设所需的成品骨料15万余立方米。

根据施工计划，建筑垃圾变成再生材料后，将供周边的市政建设项

---

[1]　夏莉："北京建筑垃圾循环利用有妙招"，载《中国青年报》2021年4月15日。

目使用，不仅可以节省大量土地，还能带来一定经济效益。从 2018 年开始，北京在全市推行建筑垃圾资源化处置设施建设。2019 年，北京市又对原有的建筑垃圾综合管理循环利用考评办法进行了全面修订。修订后的考评办法，按照源头治理、运输治理、消纳处置、再生产品推广应用和基础管理等五方面，对各区建筑垃圾"产、运、消、利"进行全面考核。同时，对建筑垃圾运输企业实施分级管理，根据企业规模确定年度基准分数，对优秀的企业给予一定支持政策。在海淀区西北六环边上的苏家坨建筑垃圾资源化处置现场，建筑垃圾在这里被破碎、筛选，生成高品质再生骨料，生产各类再生产品，资源化利用率可达 95%。再生骨料按照一定级配搅拌和碾压后具有较高的地基承载力，可直接应用于软弱地基、竖井回填、路基垫层、水处理、场地抑尘等工程；还可以部分或者全部替代天然骨料，生产再生无机混合料、再生砖、再生混凝土等产品。废弃混凝土生成的再生骨料由于强度高、生产成本低，颇受市场青睐。而砖混类建筑垃圾由于强度相对较弱，附加值较低，处置企业在"精料"充足的情况下不愿接收。为此，北京市实施处置费用阶梯价格，以解决公司"挑食"问题，即精度高的收费高，精度低的收费低，有效应对各种市场需求。

为鼓励建筑垃圾资源化利用行业发展，北京市住建、经信、发改等部门将建筑垃圾资源化处置列为"废弃资源综合利用业"，给予相关企业工商营业执照增项，确保处置费用能够享受税收优惠政策。同时，北京市大力推进"N+X"模式，"N"即固定式建筑垃圾资源化处置工厂，列入市政基础设施和环境卫生事业发展规划，确保项目用地、环评、稳评等手续畅通；"X"即临时性资源化处置设施，主要用于解决集中产生的拆除垃圾。截至目前，北京市共设置固定设施 5 处、临时设施 86 处，设计资源化处置能力接近每年 8000 万吨。设置建筑垃圾填埋场 13 处，弃土利用点 300 余处，用于收纳利用工程弃土。为解决产品销路和推广应用问题，北京市出台了一系列举措：相关部门将再生产品使用列入政府投资项目立项申报审查，并要求市级绿化项目按照每亩 500 吨的比例使用再生产品；住建部门出台再生产品适用标准和工程使用部位名录，明确各类再生产品的适用标准。据统计：2018 年以来，北京市共生产各类建筑垃圾再生产品 1.2 亿吨，已销售使用 1 亿吨，再生产品被广泛应用于道路交通、园林绿化、河道治理等市政工程。

【点评】

本案是一个典型的对建筑垃圾进行资源化利用的案例，具有普遍推广和借鉴意义。本案中有四大亮点值得关注：一是政府出台专门的加强建筑废弃物资源化综合利用的文件，使本地的建筑垃圾资源化利用有章可循。二是修订考评办法，从源头治理、运输治理、消纳处置、再生产品推广应用、基础管理等五方面，对各辖区建筑垃圾"产、运、消、利"进行全面考核，对建筑垃圾运输企业实施分级管理，对优秀企业给予一定支持政策。三是针对废弃混凝土、废弃砖混生成的不同强度再生骨料，所受市场青睐程度不同的问题，实施处置费用阶梯价格，即精度高的收费高、精度低的收费低，有效应对了各种市场需求。四是为鼓励建筑垃圾资源化利用行业发展，给予相关企业营业执照增项，确保处置费用能享受税收优惠。

第十一条 【方案报备】

施工单位应当编制建筑垃圾处理方案,采取污染防治措施,报环境卫生行政主管部门备案。

施工单位应当及时清运工程施工过程中产生的建筑垃圾,并按照环境卫生主管部门的规定进行利用或者处置。

建筑垃圾处理方案应当包括建筑垃圾类别、排放量及相关核算资料,并提交运输、利用、处置合同或相应的资料。

【导读与释义】

本条是关于施工单位编制建筑垃圾处理方案、及时清运工程施工过程中产生的建筑垃圾责任的规定,并在第32条规定了严厉的法律责任。[1]本条针对的对象是施工单位,主要内容有3款:第1款是建筑垃圾处理方案的编制与报备,第2款是对施工过程中产生的建筑垃圾的清运、利用与处置,第3款是建筑垃圾处理方案内容的要求。其中,前两款几乎完全来自于《固体废物污染环境防治法》(2020年修订)第63条第1款、第2款的规定。[2]

一、建筑垃圾处理方案的编制与报备

根据本条第1款的规定:"施工单位应当编制建筑垃圾处理方案,采

---

[1] 《管理条例》第32条规定:"违反本条例第十一条第一款、第二款的规定,由环境卫生行政主管部门责令改正,没收违法所得,并处单位十万元以上一百万以下的罚款。"

[2] 该法第63条第1款、第2款规定:"工程施工单位应当编制建筑垃圾处理方案,采取污染防治措施,并报县级以上地方人民政府环境卫生主管部门备案。工程施工单位应当及时清运工程施工过程中产生的建筑垃圾等固体废物,并按照环境卫生主管部门的规定进行利用或者处置。"

取污染防治措施，报环境卫生行政主管部门备案。"该款实际上提出了三个条件：一是施工单位应当编制建筑垃圾处理方案，即编制方案的责任人是施工单位，而不是建设单位或者其他单位；二是应当采取污染防治措施，对于该措施是在编制方案里面体现即可，还是同时应当采取切实的行动，该款没有明确；三是编制方案应当报环境卫生行政主管部门备案。

（一）编制建筑垃圾处理方案

要求施工单位编制建筑垃圾处理方案是出于什么样的考虑？为何不要求建设单位或者其他单位？答案或许不言自明，因为施工单位是直接从事建筑施工的主体，无论是建设中产生的建筑垃圾还是拆除中产生的建筑垃圾，其都是直接排放的第一当事人；无论是在技术上还是在经验上，施工单位既有可操作的实施技术，也有成熟的管理经验。另外，施工单位熟悉各类建筑垃圾的性状、特点和用途，便于在第一时间对建筑垃圾作出分类处理，会节约出很多人力、物力、财力。相比之下，勘察单位、设计单位、建设单位、监理单位都不具有上述条件和优势。

那么，为何要编制建筑垃圾处理方案，即其必要性或意义何在？很显然，这个原因是多方面的。首先，古语云："凡事预则立，不预则废。"有了处理方案，施工单位进行建设或拆除便有章可循，监管部门也便于按照报备的方案进行监管，这相当于给自己"定了规矩"。其次，编制建筑垃圾处理方案本身不是一件轻而易举的事，它需要对方案的编制依据、工程概况、组织管理、施工队伍、管控措施、垃圾清运、施工收尾等工作有全方位的考虑和安排，这等于是对工程项目和施工单位提前做了一次"体检"。再次，通过编制方案，施工单位可借此发现自身的优势和不足，以提前进行查漏补缺、扬长补短，做好各种应急预案，不至于在遭遇复杂问题时手忙脚乱。最后，建筑垃圾处理方案编制的水准如何，也是观察、考验一个企业管理水平和资质能力的重要窗口。如果连一个像样的处理方案都编制不出来，很难说这个企业能把建筑垃圾处置好。基于此，监管部门可以把不合格的工程项目竞争者筛选出来、淘汰出局，从而形成一个健康、成熟的市场环境。

（二）采取污染防治措施

污染防治措施是仅仅编制在处理方案里即可，还是应采取切实的行动？抑或是既要编制在处理方案里，也要将方案的设计同时加以体现？本书认为是后者。可想而知，如果只编制方案而没有具体行动，那么即使这个方案编制得再好也毫无意义；如果只有污染防治措施而没有将这些措施编制进方案里，那么监管部门便无从知悉这些措施的整体情况和具体设计，也就没法进行有效的监管。所以，虽然本款这句"采取污染防治措施"在立法语言上不够清晰，但联系上下文和社会实际，可以认为，污染防治措施的采取不能脱离处理方案，二者应为密不可分的整体。

那么，具体应采取哪些污染防治措施呢？《管理条例》第 12~15 条对此作了展开，有详细的规定，在此不赘述。

（三）在环境卫生行政主管部门备案

所谓"备案"，根据《现代汉语词典》的解释，意思是"向主管机关报告事由存案以查考"。[1]备案不同于审批，审批的意思是"审查批示（下级层报上级的书面计划、报告等）"。[2]在域外立法方面，《日本行政程序法》第 2 条规定："备案是指法令直接规定有义务向行政厅通知一定事项的行为。"[3]在我国法学界，对备案作出明确界定的研究并不多，加上除了行政备案外，还有法规、规章和规范性文件的备案、行政机关系统内部信息的备案等，对备案的认识更显复杂。笔者基于《管理条例》对建筑垃圾进行管理的角度，探讨环境卫生行政主管部门对施工单位编制建筑垃圾处理方案的备案，故是一种行政备案，而不包括法规、规章、

---

[1] 中国社会科学院语言研究所词典编辑室编：《现代汉语词典》（2002 年增补本），商务印书馆 2002 年版，第 54 页。

[2] 中国社会科学院语言研究所词典编辑室编：《现代汉语词典》（2002 年增补本），商务印书馆 2002 年版，第 1125 页。

[3] ［日］南博方：《行政法》（第 6 版），杨建顺译，商务印书馆 2020 年版，第 108 页。

规范性文件的备案及行政机关系统内部信息的备案。虽然学术界探讨行政备案概念的并不多，但实务界却在地方行政立法中下了定义。2011 年 3 月 1 日起施行的《广州市行政备案管理办法》第 2 条规定："本办法所称的行政备案，是指行政机关为了加强行政监督管理，依法要求公民、法人和其他组织报送其从事特定活动的有关材料，并将报送材料存档备查的行为。"笔者以此定义对施工单位向环境卫生行政主管部门的备案行为加以分析。

学界认为，行政备案是行政权力行使的一种重要形式。[1] 从总体上看，概括相关学者的研究，可以认为行政备案具有以下特点：①行政备案不是一个法律概念，而是一个行政管理概念，即我国至今还没有将其法定化。②行政备案的本质是一种公示公告，即行政相对人将其行为告知行政机关，或行政机关使行政相对人呈报的资料为他人知晓，为事后检查监督提供资料或依据。③行政备案不像行政审批那样具有强制性。④从行为的法律性质来看，行政备案属于事实行为，而非法律行为，即要求备案的内容来源于法律的明确规定，备案的法律效果也依赖法律的明确规定，而不是行政机关的意思表示。[2] ⑤从审查形式上看，行政备案往往只进行形式审查，而不进行或不应进行实质审查。⑥从类型上来看，根据行政机关在进行备案时是否对相对人提交的备案材料进行审查，可以区分为"告知型"和"审查型"两种类型；根据相对人进行备案的时间阶段来划分，可以将行政备案分为事前备案和事后备案两种类型。[3] ⑦从法律责任来看，行政审批与行政备案对行政机关的要求以及行政机关所应承担的责任是不同的。在行政审批过程中，行政机关对相对人报送的审批材料的审核标准比较高，设定的注意义务也比较高，行政机关及其工作人员应对审批的结果负有完全的责任；而在备案过程中，行政

---

〔1〕　张红："行政备案存在的问题与立法构想"，载《广东社会科学》2021 年第 4 期。

〔2〕　姜雪："行政备案的概念及法律属性分析"，中国政法大学 2011 年硕士学位论文，第 26~27 页。

〔3〕　张红："行政备案存在的问题与立法构想"，载《广东社会科学》2021 年第 4 期。

机关对行政相对人报送的备案材料的审核标准相对比较低，行政机关及其工作人员只要对行政相对人报送的备案材料尽到一般注意义务即可，如果行政机关及其工作人员在工作中不存在过错，即使在备案后发生了不利结果，也不应承担责任，该责任应当由备案的行政相对人自己承担。

正是基于行政备案的以上特点，加上近年来从中央到地方不断在推进行政审批制度改革，落实简政放权、放管结合、优化服务，各级政府全面清理、削减并公开行政审批事项，建立了权力清单、负面清单和责任清单制度，大力取消非行政许可审批项目，以转变政府职能，提升公共服务，优化营商环境。受这个大背景、大趋势的影响，在《管理条例》起草过程中，许多领导和专家学者提出，建议将原稿中的行政审批改为行政备案，这样一来既不违反《行政许可法》的精神，也与当前简政放权、放管结合、优化服务的改革要求相一致。起草小组采纳了这个建议，将原稿的行政审批改为行政备案。不过，还应当指出的是，实践中，近年来行政备案存在以备案之名行许可之实、行政备案事项过多过滥、设定备案事项的依据法律层级较低、备案程序不统一和备案的法律责任较为混乱等问题，一些行政备案事项正在成为被取消的行政审批事项的"避风港"。[1]另外，实践中，有些行政机关在实施备案事项过程中，对行政相对人提交的材料进行了实质审查，这就违背了行政备案制度的本意。在一般情况下，行政机关只能对行政相对人提交的材料进行形式审查，不应对备案材料进行实质性审查。[2]

从《管理条例》对备案的规定来看，尚不能说是变相的行政审批或行政许可，但却在第32条规定了违反备案要求的行政处罚责任，而且相当严重，这说明了备案的极端重要性，似乎又印证了有学者提出的"对于违反备案规定的法律责任设定较为随意"的质疑。[3]因而，合理的法

---

〔1〕 张红："行政备案存在的问题与立法构想"，载《广东社会科学》2021年第4期。

〔2〕 张红："行政备案存在的问题与立法构想"，载《广东社会科学》2021年第4期。

〔3〕 张红："行政备案存在的问题与立法构想"，载《广东社会科学》2021年第4期。

律责任设定应当是，对于行政相对人与备案有关的违法行为，可以设定
警告或者通报批评。此外，对确有必要的，设定罚款，包括较大数额的
罚款。[1]《管理条例》对备案的规定的不足还包括：没有对备案的时间作
出规定；没有对备案的形式提出要求；没有规定行政机关工作人员未答
复备案的责任等。这些都是在《管理条例》实施过程中需要完善的问题。

二、对施工过程中产生的建筑垃圾的清运、利用与处置

本条第 2 款规定："施工单位应当及时清运工程施工过程中产生的建
筑垃圾，并按照环境卫生主管部门的规定进行利用或者处置。"该款规定
了施工单位的两项义务：一是及时清运；二是利用或处置。

（一）及时清运

何谓"及时"？在《管理条例》起草过程中，有学者提出应当明确
具体的时间，以便施工单位遵守，环境卫生行政主管部门也好根据这个
时间对施工单位进行监督和处罚。如果时间不具体，则行政机关极有可
能上下其手，违背客观情况滥用权力，对施工单位进行行政处罚。应当
说，这种担忧是不无道理的，因为《管理条例》第 32 条对不及时清运并
按规定进行利用或者处置的行为作了严厉的行政处罚规定。[2]但是，草
案几经讨论后，《管理条例》还是保留了"及时"二字，没有作出具体
的时间规定。

那么，"及时清运"是基于什么原因来考虑的？有无立法依据或者参
照依据？首先，我们看国家的规定。2020 年 9 月 1 日起施行的《固体废
物污染环境防治法》第 63 条第 2 款规定："工程施工单位应当及时清运
工程施工过程中产生的建筑垃圾等固体废物，并按照环境卫生主管部门
的规定进行利用或者处置。"可以看出，该规定与《管理条例》的规定如

---

〔1〕张红："行政备案存在的问题与立法构想"，载《广东社会科学》2021 年第 4 期。
〔2〕《管理条例》第 32 条规定："违反本条第十一条第一款、第二款的规定，由环境卫生
行政主管部门责令改正，没收违法所得，并处单位十万元以上一百万以下的罚款。"

出一辙，也用了"及时"二字。换言之，《固体废物污染环境防治法》作为《管理条例》的上位法，其规定被作为下位法的《管理条例》完全照搬。再看 2005 年 6 月 1 日起施行的原建设部《城市建筑垃圾管理规定》的规定。该规定第 12 条规定："施工单位应当及时清运工程施工过程中产生的建筑垃圾，并按照城市人民政府市容环境卫生行政主管部门的规定处置，防止污染环境。"可见，此文件也用了"及时"二字，没有规定具体的清运时间。从条款内容和制定时间先后来看，有理由相信在先制定的部委规章《城市建筑垃圾管理规定》的规定，被在后制定的法律《固体废物污染环境防治法》所吸收，于是才有了两者基本相同的内容。其次，我们看一下地方立法的相关规定。《广州市建筑废弃物管理条例》（2020 年修正）第 20 条规定："建设单位应当确保排放建筑废弃物的施工工地符合下列规定：……（四）设置建筑废弃物专用堆放场地，并及时清运建筑废弃物。"该条例也用了"及时"二字，但同时将清运建筑垃圾的责任人确定为"建设单位"，与《固体废物污染环境防治法》和《城市建筑垃圾管理规定》的规定并不一致。《西安市建筑垃圾管理条例》（2020 年修正）第 10 条第 1 款规定："排放建筑垃圾的施工工地应当符合下列条件：……（五）建筑垃圾分类堆放，及时清运。"该条例也用了"及时"二字。《银川市建筑垃圾管理条例》（2018 年修订）第 9 条规定："排放建筑垃圾的施工单位应当在施工工地配备建筑垃圾管理人员，施工工地应当符合下列条件：……（四）设置建筑垃圾临时堆放场地，建筑垃圾采用密闭式防尘网遮盖，并及时清运。"该条例也用的是"及时"二字。再看其他城市如《济南市城市建筑垃圾管理条例》《太原市建筑废弃物管理条例》和《北京市建筑垃圾处置管理规定》等，也都作了基本相同的规定。据笔者有限的查阅可知，唯有《成都市建筑垃圾处置管理条例》对清运的具体日期作了规定。该条例第 15 条第 2 款规定："建设单位或者施工单位应当配置施工现场建筑垃圾处置（排放）管理员，并按照下列规定加强施工现场管理，防止建筑垃圾污染周围环境：……工程竣工或者房屋拆除后，建设单位或者施工单位应当在十五日内将建筑垃圾全部清除。""15 日内"是具体的清运时间要求。不过，时间似乎长了点。

　　总体来看，国家层面的立法和大多数的地方立法都没有对施工单位应当清运工程施工过程中产生的建筑垃圾的时间作出具体要求。本书认为，之所以如此，原因可能在于：一是受建筑垃圾产生数量的限制，如果数量太大，清运时间就可能很长，如果限定了时间将难以保证按时完成；二是受运输工具的限制，这包括车辆的多少和对车辆的特殊要求等，满足状况的不同必然会影响作业进度；三是受作业空间的限制，如有的地方空间狭小、出入困难，清运就无法顺利进行；四是受天气的限制，天气良好情况下清运比较方便，而遇到恶劣天气（如狂风暴雨）时则难以正常进行；五是还有施工单位对建筑垃圾现场再利用的可能，如果都要求清运出去，既不合情，也不合理，还不科学。综上所述，不对施工单位清运工程施工过程中产生的建筑垃圾的时间作出具体要求，是比较符合实际情况的。但是，这也绝不意味着对"及时"的无限期延长。如果不能按时清运，就应当采取一定措施，防止造成环境污染。对此，《管理条例》第 12 条第 5 项规定，"不能及时清运的，应当采取密闭式防尘网遮盖、洒水、防渗、防滑坡等措施"。《太原市建筑废弃物管理条例》第 10 条第 2 项规定："不能及时回填或者清运的，应当采取防尘、防渗、防滑坡等措施。"不过，即使采取这些措施，也仍然不意味着对"及时"不作限制。如果施工单位无限期拖延怎么办？如果环境卫生行政主管部门随时提出不合理要求怎么办？如果双方发生争议怎么办？……这些问题，虽然发生的概率不高，但为了避免不必要的行政争议，同时基于科学立法的需要，笔者建议立法机关连同其他不够清晰的问题一起做个立法解释，或者授权环境卫生行政主管部门制定一个执行性的规范性文件，明确上述问题的含义，并向社会公布，这才是治本之策。

　　（二）进行利用或者处置

　　该款除了规定施工单位应当及时清运工程施工过程中产生的建筑垃

圾外，还要求施工单位应当按照环境卫生行政主管部门的规定进行利用或者处置。由此来看，施工单位及时清运建筑垃圾并不是目的，按规定进行利用或者处置才是建筑垃圾的真正归宿。

那么，施工单位如何利用或者处置建筑垃圾？能在多大程度上利用或者处置？对于这些问题《管理条例》并没有作出明确规定，这要看环境卫生行政主管部门的具体规定了。从实践情况来看，过去常见的是，施工单位一般会和运输公司合作，打包由运输公司将建筑垃圾运至资源化利用处置点。资源化利用处置点收到建筑垃圾后，对建筑垃圾进行数次分拣，重点是对混凝土、砖渣进行破碎，得到可再回收利用的骨料后，根据骨料直径大小的不同，再销往各个建筑工地，用于临时设施中的混凝土道路、场地硬化和透水砖、植草砖、步道砖等。但是，这种做法也有问题，即建筑垃圾是否全部运到了资源化处置点，施工现场并不能完全控制，这也留下了可能产生建筑垃圾道路遗撒或运输车辆随意倾倒、填埋等隐患。目前的建筑垃圾处理模式的创新之处是：施工单位与资源化处置点直接对接，没有"中间商"，形成建筑垃圾从建筑工地产生，再回到建筑工地的资源回收再利用过程。这对于施工单位和资源化处置点而言都是一个双赢的局面。对于施工单位来说，其不用再烦恼建筑垃圾要拉到哪里，不用再因运输企业将建筑垃圾遗撒或随意倾倒、填埋而承担责任；对于资源化处置点来说，既可以直接获得资源化处置收入，还可以获得施工现场提供的稳定的建筑垃圾，并解决了再生产品出口问题。另外，建筑垃圾分类从后端移到前端，处理成本大大降低，生态效益、社会效益也更好。

【典型案例二】朝阳区棚改现场建筑垃圾资源化利用生产线案[1]

伴随着北京市朝阳区疏解速度不断加快，各类建筑垃圾也随之增加。

─────────

〔1〕 高星："朝阳引入全国首例棚改现场建筑垃圾资源化处置生产线"，载中国青年网：http://news.youth.cn/gn/201706/t20170615_10080402.htm，2021年7月11日访问。

为避免疏解腾退后的建筑垃圾给环境带来的二次影响，朝阳区引入全国首例棚改现场建筑垃圾资源化处置生产线，可将朝阳区疏解腾退中90%以上的建筑垃圾转化为再生骨料，运用到地区基础设施建设当中，为疏解后的"留白见绿"快速腾出空间。今后，朝阳区将彻底告别建筑垃圾走填埋、堆积的老路。据了解，朝阳区孙河地区已经通过该方式处理建筑垃圾8000吨，再生产品将陆续投入到地区基础设施建设当中。

"建筑垃圾采用传统的方式外运、填埋等方式，会带来一定污染，特别是运输过程中遗洒、运输车辆尾气排放等问题不可避免，对环境影响很大，"朝阳区市政市容委相关负责人告诉记者，"我们通过主动与北京建工资源公司合作，在孙河地区试点建设筑垃圾资源化处置配套设施，将逐一破解这一系列环境问题。"北京建工资源公司相关负责人告诉记者，占地70余亩的建筑垃圾资源化处置配套设施可以将建筑垃圾转化、再利用，通过"破碎—筛分—多级分选"的全封闭工艺流程，其精细化的分选处置技术可使90%以上的建筑垃圾转化为再生骨料，再生骨料再作为原材料，经过再加工，产出再生产品，回归应用于本区域基础设施建设。

据介绍，在砖瓦、混凝土为主的建筑垃圾中混杂着塑料、木制品、隔温材料等杂质，传统建筑垃圾处置工艺将束手无策，它们只能处理不含杂质的"高纯度"混凝土类物料。而建在朝阳区孙河地区的资源化处置设施却具备着"不挑食"的特征，为提升建筑垃圾杂质去除能力，北京建工资源公司自主研发了超强功率的"振动风力分选机"。可以利用风力和振动的共同作用，将复杂物料中的轻物质高效分离。此外，资源化处置生产线还具备诸多亮点，如系统全封闭，避免露天传送带对环境的影响，且降低噪音等。自生产线试生产以来，已经为地区处理转化建筑垃圾8000吨，为疏解后的"留白建绿"及时提供空间。

今后朝阳还将在十八里店、东坝等地区引进推广。"大家现在脚下所踩的步道砖，就是由建筑垃圾再利用而来的"，生产线工作人员指着地面向记者介绍。据了解，今后这里可以制造出透水性能良好的再生透水砖和再生道路材料。再生道路材料年生产规模可达50万吨，可以替代天然材料满足城市公路级别的建设标准要求。记者了解到，由再生骨料制成的步道砖已经投放到孙河地区的市政基础设施建设中。"我们产出的再生骨料杂物含量，保持在千分之一以下，远低于国家标准要求的百分之一。"北京建工资源公司项目负责人举例说："除铺设道路外，再生骨料还可用于土方回填施工要求的土石配比，形成更加坚实稳定的结构。""作为北京的中心城区，近年来朝阳区疏解非首都功能，农村城市化进程加快推进，我们将依托国内领先技术，在朝阳区试点建设建筑垃圾资源化处置点，助力朝阳区疏解整治促提升工作，从而更好地服务首都'四个中心'建设。"北京建工资源公司相关负责人表示："下一步，配套设施模式将在朝阳区十八里店、东坝等地区同步建设推广。"

【点评】

本案是一起对建筑垃圾进行资源化创新利用的典型案例。对建筑垃圾的传统处置方式一般是外运、填埋，这样既会占用大量土地，也会造成环境污染，还会在运输过程中造成道路遗撒、交通事故等问题。若将建筑垃圾拉到专门建设的建筑垃圾处置场所，经破碎、分解处理后再拉到施工工地，不但增加了运输等成本，而且提高了建筑垃圾再生资源的价格。为此，在施工现场建设建筑垃圾资源化处置生产线，现场将建筑垃圾转化为再生骨料，直接运用到现场基础设施建设中，传统问题便可迎刃而解了。

三、建筑垃圾处理方案的内容要求

本条第3款规定："建筑垃圾处理方案应当包括建筑垃圾类别、排放量及相关核算资料，并提交运输、利用、处置合同或相应的资料。"该规定是对施工单位报备给环境卫生行政主管部门的建筑垃圾处理方案的内容要求。具体包括：

（一）建筑垃圾类别

根据不同的标准，对建筑垃圾可有不同的分类。如根据工程性质不同可分为：①各类建设工程中产生的建筑垃圾；②拆除工程中产生的建筑垃圾；③装修工程中产生的建筑垃圾；④修缮工程中产生的建筑垃圾。根据产生主体不同，可分为：①单位产生的建筑垃圾；②家庭产生的建筑垃圾。根据建筑垃圾的特点不同，可分为：①废弃建筑混凝土、废石块；②废砖瓦；③渣土；④废弃木材；⑤废弃沥青；⑥废钢材、废钢筋；⑦废玻璃、废塑料、废陶瓷；⑧其他废弃物等。不同的建筑垃圾有不同的处置方法和使用价值，在施工过程中采取的措施自然也不一样。施工单位经过调查了解，掌握了各类工程和产生主体产生的建筑垃圾的不同类别，并将这种情况报备给环境卫生行政主管部门后，既便于主管部门对施工单位的监督管理，也有助于对报备方案的进一步完善。所以，弄清建筑垃圾的类别是必需的。

（二）建筑垃圾排放量

建筑垃圾排放量的大小决定着现场防护措施的要求、清运时间的长短、运输距离的远近、资源化利用投入的多少和环境卫生行政主管部门监管的投入程度，所以在备案材料中注明排放量情况是十分必要的。建筑垃圾的排放量大，意味着工程本身规模比较大，无论是建设工程还是拆除工程，在施工过程中都会对空气质量、交通运输、环境噪声、安全事故等造成比较大的影响，因此更要采取严格的防尘降噪、道路清洁、交通指挥、安全保障措施。建筑垃圾排放量大，意味着清运时间更长，其所造成的社会影响更大，不确定性因素发生的概率更高，因而所应采取的相关措施会比较多，现场环境维护和监督管理的成本也将更高。建筑垃圾排放量大，在就近资源化加工利用能力不足的情况下，可能还意味着将数量庞大的建筑垃圾运输到更远距离的地方去消纳、处置，这些地方一般都在距离工程地点较远的城市郊区。为做好运输工作，预防可能发生的道路交通事故或沿途遗撒、跑冒滴漏，就需要加大对运输公司和驾驶员的教育管理，设计好合适的运输时间、运输线路，做好沿途的指挥、疏导和路面清理工作，并将这些事项写入建筑垃圾处理方案，以备环境卫生行政主管部门了解和监督。建筑垃圾排放量大还意味着资源化利用的投入更多，无论是设备、场地、管理、营销，还是人力、物力、财力等，都需要更多的投入。最后，建筑垃圾数量的多少还决定着环境卫生行政主管部门对监管的投入程度。总之，《管理条例》规定建筑垃圾处理方案应当包括建筑垃圾的排放量也是十分必要的。

（三）核算资料[1]

建筑垃圾核算资料，一般包括核算项目、核算方法等内容。实践中，常按照新建房屋建设工程，道路、管沟建设工程，绿化建设工程，装饰装修工程和拆除工程分类型进行核算。具体如下：

第一，新建房屋建设工程。房屋建设工程垃圾包括基础施工产生的弃土和房屋主体施工产生的建筑垃圾。基础施工产生弃土量计算方法：①已进行招投标工程的基础弃土量，可根据施工图预算中的相关子目计算。②不能提供施工图预算的工程，基础弃土量由具有资质的中介机构根据施工图纸计算；有特殊情况的，申请单位应提交相关依据，据实核减。基础弃土量=（基础开挖量−回填量）×单位体积弃土量。③单位体积弃土量按黏土类别计算，每立方米 1.6 吨。④提前介入弃土核量的过程应采用的公式：基础弃土量=建筑占地面积×深度×1.3 倍（1.3 倍为工程挖土周边放坡和周边占地系数）。房屋主体施工产生建筑垃圾计算：房屋主体施工产生建筑垃圾量=建筑面积×单位面积垃圾量。①建筑面积按照施工图中的建筑面积计算。②单位面积垃圾量，砖混结构按每平方米0.05 吨计算；钢筋混凝土结构按每平方米 0.03 吨计算。

第二，道路、管沟建设工程。①已进行招投标工程的道路、管沟建

---

[1] "建筑垃圾量核算标准"，载百度文库：https://wenku.so.com/d/7d1e027fbc96c40e9c59f412924e6854，2021 年 7 月 13 日访问。

设工程的弃土量，可根据施工图预算中的相关子目计算。②不能提供施工图预算的道路、管沟工程，弃土量由具有资质的中介机构根据施工图纸计算；有特殊情况的，申请单位应提交相关依据，据实核减；道路、管沟建设工程弃土量＝（道路、管沟开挖量−回填量）×单位体积弃土量。③单位体积弃土量按黏土类别计算，每立方米 1.6 吨。

　　第三，绿化建设工程。①已进行招投标工程的绿化建设工程弃土量，可根据施工图预算中的相关子目计算。②不能提供施工图预算的绿化工程，弃土量由具有资质的中介机构根据绿化施工图纸计算；有特殊情况的，申请单位应提交相关依据，据实核减；绿化建设工程弃土量＝绿化工程回填量×单位体积弃土量。③单位体积弃土量按黏土类别计算，每立方米 1.6 吨。

　　第四，装饰装修工程。包括公共建筑类装饰装修工程和居民住宅装饰装修工程。公共建筑类包括办公楼（写字楼）、商店、餐饮、旅馆、夜总会等。公共建筑类装饰装修施工产生建筑垃圾量＝总造价（万元）×单位造价垃圾量。①总造价（万元）按建设方与施工方签订的有效合同计算（只记装修工程部分造价，不计设备费）。②单位造价垃圾量：办公楼（写字楼）按每万元 2 吨计算；商店、餐饮、旅馆、夜总会按每万元 3 吨计算。居民住宅装饰装修施工产生建筑垃圾量＝建筑面积×单位面积垃圾量。①建筑面积按房产证的证载面积计算。②单位面积垃圾量：160 平方米以下的居民住宅按每平方米 0.1 吨计算；161 平方米以上的居民住宅按每平方米 0.15 吨计算。

　　第五，拆除工程。拆除工程包括房屋拆除工程和构筑物拆除工程等。房屋拆除工程建筑垃圾量的计算：房屋拆除工程建筑垃圾量（吨）＝建筑面积×单位面积垃圾量（吨）。①建筑面积：尚未拆除房屋的建筑面积按照房产证或拆迁许可证等证载面积计算；没有证件的房屋按实测面积计算；低于 2.2 米的棚户房按照房屋面积的 3/5 计算；已拆除的房屋建筑面积按照测绘管理部门提供或确认的 1/500 地形图计算。②单位面积垃圾量：民用房屋建筑按照每平方米1.3吨计算；有旧物利用的，在考虑综合因素后按结构类型确定为砖木结构每平方米0.8吨、砖混结构每平方米0.9吨、钢筋混凝土结构每平方米1吨、钢结构每平方米0.2吨。工业厂房和跨度9米以上的仓储类房屋按结构类型确定为：钢结构每平方米0.2吨，其他按同类结构民用房屋建筑单位面积垃圾量的40%至60%计算。构筑物拆除工程建筑垃圾量计算：构筑物拆除工程建筑垃圾量按照实际体积计算，每立方米折合垃圾量1.9吨。规模性拆除的工程建筑垃圾量一般按照双方认可的拆除面积×单位面积垃圾量计算：①拆除面积由拆迁部门或开发商提供，如以上两主体对拆迁面积的计算结果有差异可折中为两面积相加除以2。②单位垃圾量可采用1M2＝0.81M3＝1.3吨或建筑垃圾量1M3＝1.6吨的方式计算。

（四）运输、利用、处置合同或相应资料

合同是建筑垃圾排放、运输、消纳、处置、利用中的当事人各方，为明确各自民事权利义务关系的协议，在民事经济生活中大量存在，作用巨大。《民法典》第464条第1款规定："合同是民事主体之间设立、变更、终止民事法律关系的协议。"第465条第1款规定："依法成立的合同，受法律保护。"

常见的合同有以下类型：一是单务合同与双务合同。单务合同，是指合同当事人仅有一方承担义务，对方不承担义务的合同。双务合同，是指合同的双方或多方当事人互负给付义务的合同。建筑垃圾运输、利用、处置合同一般都是互惠互利的双务合同，而很少有单务合同。二是有偿合同与无偿合同。有偿合同，是指一方通过履行合同约定的义务而给付对方某种利益，对方要得到该利益必须为此支付相应代价的合同。无偿合同，是指一方给付某种利益，对方取得该利益时并不支付任何报酬的合同。建筑垃圾运输、利用、处置合同一般都是有偿合同，当然，双方也可以约定为无偿。三是有名合同与无名合同。有名合同，又称典型合同，是指法律上已经确定了一定的名称及规则的合同，如建筑垃圾运输合同，适用于《民法典》合同编有关运输合同的规定。无名合同，又称非典型合同，是指法律上并未确定一定的名称及规则的合同，如建筑垃圾处置合同。我国的有名合同主要体现在《民法典》合同编中，无名合同则参照《民法典》合同编中最相类似的规则适用。四是要式合同与不要式合同。要式合同，是指法律规定或当事人约定必须采取特殊形式订立的合同。不要式合同，是指依法无需采取特定形式订立的合同。建筑垃圾运输、利用、处置合同一般都是不要式合同，即当事人可以自由约定合同的形式。五是主合同与从合同。主合同，是指不依赖其他合同而能独立存在的合同。从合同，是指以其他合同的存在为前提的合同，又称为附属合同。建筑垃圾运输、利用、处置合同一般都是主合同。六是实践合同与诺成合同。实践合同，是指除当事人双方意思表示一致以外尚须交付标的物才能成立的合同。在这种合同中，除双方当事人的意思表示一致之外，还必须有一方实际交付标的物的行为才能产生法律效果。实践合同则必须有法律特别规定，比如定金合同、保管合同等。诺成合同，是指当事人一方的意思表示一旦经对方同意即能产生法律效果的合同，特点在于当事人双方意思表示一致，合同即告成立。建筑垃圾运输、利用、处置合同一般都是诺成合同。

合同一旦签订，除法定事由外，对双方都具有拘束力，会产生如下效力：一是自合同成立之日起，当事人都要接受合同的约束，同时也受到合同的保护。二是如果客观情况发生变化，需要变更或解除合同，双方应协商解决，任何一方均不得擅自变更或解除合同。三是除不可抗力等法律规定的事由外，当事人不履行合同义务或履行合同义务不符合约定的，应承担继续履行或赔偿损失等违约责任。四是依法签订的合同是一种具有法律效力的文书，当事人发生合同争议时，合同就是解决争议的依据。签订建筑垃圾运输、利用、处置合同，把双方的权利义务明确化、书面化，既是对各方义务的约束，也是对各方权利的保护。

还应当指出的是，以下建筑垃圾运输、利用、处置合同是无效合同，包括：一是一方以欺诈、胁迫的手段订立合同，损害国家利益的；二是双方恶意串通，损害国家、集体或第三人利益的，如侵害集体土地，乱倒建筑垃圾污染耕地、水体、林地；三是以合法形式掩盖非法目的的，如以建筑垃圾运输、利用、处置合同来掩盖夹杂的有毒有害物质；四是损害社会公众利益的合同，如在建筑垃圾运输、利用、处置过程中污染环境，危害人民群众的身心健康；五是违反法律、行政法规的强制性规定，如占用基本农田建设建筑垃圾消纳处置场；六是格式条款免除自己责任、加重对方责任，以及各种霸王条款。

实践中，除了上述合同外，还需要将相关的沟通协商达成的协议或者增加的补充条款，以及相关的批准文件、相关图纸等，一并报备给环境卫生行政主管部门。

第十二条　【建设工地管理】

城镇集中建设区域内建设工程施工单位应当按照下列要求加强施工工地管理，防止建筑垃圾污染环境：

（一）在工程建设施工现场设置硬质、连续的封闭围挡，其强度、构造应当符合相关技术规定；

（二）公示建设、施工、运输单位名称和投诉举报电话；

（三）在工地现场安装必要喷淋降尘设备；

（四）在工地出入口设置洗车槽、沉淀池等车辆冲洗设施并有效使用，确保车辆不带泥驶出工地，并做好洗车槽、沉淀池的泥浆污水处理工作。不具备设置条件的，应当配置冲洗车辆、洒水、喷淋等设备；

（五）及时清运建筑垃圾，做好信息登记，不能及时清运的，应当采取密闭式防尘网遮盖、洒水、防渗、防滑坡等措施；

（六）在施工现场出入口安装在线视频监控设备，确保清晰监控车辆出场冲洗效果及车辆车牌号码，建筑面积在五万平方米以上的，还应当安装颗粒物在线监测系统，视频监控录像存储时间不少于三十日；

（七）拆除工程施工应当采取湿法作业；

（八）对房屋建筑工地车行道路和出入口道路进行硬化；

（九）法律、法规规定的其他要求。

城镇集中建设区域外工程施工应当参照城镇集中建设区域内的建设工程管理建筑垃圾，科学合理处理建筑垃圾，防止污染环境。

【导读与释义】

本条是关于施工单位加强施工工地管理的规定。本条共2款，第1款有8项，共483字，是《管理条例》中最长的一个条文。本条的内容与第11条相互支撑、相互补充，连同法律责任部分第23条的规定，形成一个严密的逻辑体系，共同起到对施工单位加强施工工地管理、监督的作用。关于本条调整的内容，《大气污染防治法》（2018年修正）、《广东省环境保护条例》（2019年修正）和《广东省大气污染防治条例》（2018年）都作出了比较具体的规定。如《大气污染防治法》第69条第3款规定："施工单位应当在施工工地设置硬质围挡，并采取覆盖、分段作业、择时施工、洒水抑尘、冲洗地面和车辆等有效防尘降尘措施。建筑土方、工程渣土、建筑垃圾应当及时清运；在场地内堆存的，应当采用密闭式防尘网遮盖。工程渣土、建筑垃圾应当进行资源化处理。"《广东省环境保护条例》第40条规定："建筑施工企业在施工时，应当保护施工现场周围环境，采取措施防止粉尘、废气、废水、固体废物以及噪声、振动、噪光等对环境的污染和危害。建筑施工企业在施工工地应当设置硬质密闭围挡，并采取覆盖、分段作业、择时施工、洒水抑尘、冲洗地面和车辆等有效防尘措施。暂时不能开工的建设用地，土地使用权人应当对裸露地面进行覆盖；超过三个月的，应当进行绿化、铺装或者遮盖。建筑土方、建筑垃圾、渣土和散装物料应当及时清运，在工地内堆存的应当采用密闭式防尘网遮盖。建筑土方、建筑垃圾、渣土和散装物料以及灰浆等流体物料应当采用密闭方式运送或者采取其他措施防止物料遗撒；运输车辆应当按照规定路线行驶。"《广东省大气污染防治条例》第55条第1款规定："城市建成区建设项目的施工现场出入口应当安装监控车辆出场冲洗情况及车辆车牌号码视频监控设备；建筑面积在五万平方米以上的，还应当安装颗粒物在线监测系统。"从法律性质和地位来看，上述法律法规是《管理条例》的上位法。作为下位法，《管理条例》在适用自身规定的前提下，还应当保障上位法在本地的落实，且不与上位法相抵触。

一、关于城镇集中建设区域内

本条规定，城镇集中建设区域内建设工程的施工单位应当按照要求加强施工工地管理，防止建筑垃圾污染环境。但该项要求只针对"城镇集中建设区域内"建设工程的施工单位，而不包括所有的施工单位。之所以如此规定，主要是因为城镇是人口最为集中的地方，机关、企事业单位和工商、文化、教育、卫生等活动密集，社会发展程度较高，工程施工对环境污染造成的影响也更大，因而需要更加严格的环境保护措施。

"城镇集中建设区域"是一个国土空间规划中的概念。首先，生态保护红线、永久基本农田、城镇开发边界三条控制线划定工作是国土空间规划的重要内容。"三线"不仅仅是表现在规划空间上的三条引导线，更重要的是形成与之相配套的管理机制和实施政策，以及强调各项政策在空间上的综合性和协同性。这对管理提出了更加精细、高效的新要求。这三条控制线，旨在处理好生活、生产和生态的空间格局关系，着眼于推动经济、社会、环境的可持续发展及其均衡发展，是美丽中国建设最根本的制度保障。其次，城镇开发边界是指在一定时期内因城镇发展需要，可以集中进行城镇开发建设，重点完善城镇功能的区域边界，涉及城市、建制镇以及各类开发区等。城镇开发边界划定以城镇开发建设现状为基础，综合考虑城镇的资源承载能力、人口分布、经济布局、城乡统筹、城镇发展水平和发展潜力等因素，框定总量、限定容量，防止城镇发展无序扩张。最后，城镇集中建设区是和城镇弹性发展区、特别用途区相对应的概念。城镇集中建设区是指结合城镇发展定位和空间格局，依据国土空间规划中确定的规划城镇建设用地规模，将规划集中连片、规模较大、形态规整的地域确定为城镇集中建设区。规划集中连片的城镇建设区和城中村、城边村，依法合规设立的各类开发区，国家、省、市确定的重大建设项目用地等应划入城镇集中建设区。城镇弹性发展区是指在与城镇集中建设区充分衔接、关联的基础上，合理划定城镇弹性发展区，做到建设规模适度、设施支撑可行。城镇弹性发展区面积原则上不得超过城镇集中建设区面积的 15%，其中人口达 300 万人至 500 万人的城镇弹性发展区面积原则上不得超过城镇集中建设区面积的 8%，特大城市、超大城市或收缩城镇及人均用地显著超标的城镇，应在 8% 的基础上进一步收紧弹性发展区所占比例。特别用途区是指根据地方实际，对城镇功能和空间格局有重要影响、与城镇空间联系密切的山体、河湖水系、生态湿地、风景游憩空间、防护隔离空间、农业景观、古迹遗址等地域空间。同时，对于影响城市长远发展，在规划期内不进行规划建设、不改变现状的空间，可以以林地、草地或湿地等形态，作为留白空间，一并划入特别用途区予以严格管控。特别用途区应做好与城镇集中建设区的蓝绿空间衔接，形成完整的城镇生态网络体系。

本条用"城镇"而不用"城市"表达集中建设区域的范围，意在强调二者的内涵和外延是不同的。"城镇"，既包括城市，也包括建制镇；而"城市"，仅指城市本身，不包括建制镇，更不包括一般的镇。建制镇即"设镇"，是指经省、自治区、直辖市人民政府批准设立的镇。建镇的条件在不同国家各有不同的规定；即使在同一国家，对不同地区和不同发展阶段也有相应的规定。非建制镇是指乡、民族乡人民政府所在地并经县级人民政府确认，由集市镇发展而成的作为农村的经济、文化、社会、生活与服务中心。二者的区别在于：普通城镇是由县级人民政府确认并称作的镇，并没有正规编制；而建制镇是有国家编制的，规格要高于普通城镇；建制镇的各项规划要被纳入城市总体规划，规划的方向和规格跟县城规划基本相同。中华人民共和国成立以来，设镇标准变动过至少 3 次。1984 年起新规定的建镇基本条件是：县级政府所在地和非农业人口占全乡总人口的 10% 以上、其绝对数超过 2000 人的乡政府驻地，并允许各省（自治区）根据实际状况对建镇条件作适当调整。中国学术界认为，设镇（建制镇）的具体标准为：聚居地常住人口在 2500 人以上，其中非农业人口不低于 70%。据统计：截至 2016 年底，我国已有建制镇 18 099 个，人口 1.95 亿。[1]韶关市珠玑镇、乐昌市坪石镇等城镇，历来都是规模较大、人口较多、工商业发达、按照城市化建设的镇，因而常作为建制镇来建设、管理。在其城镇集中建设区域内建设工程的施工单位，应当按照要求加强施工工地管理，防止建筑垃圾污染环境。

二、城镇集中建设区域内建设工程的施工单位应当采取的具体措施

根据本条规定，城镇集中建设区域内建设工程的施工单位应当采取以下九种具体措施。[2]

（一）在工程建设施工现场设置硬质、连续的封闭围挡，其强度、构造应当符合相关技术规定

之所以要在工程建设施工现场设置硬质、连续的封闭围挡，且要求强度、构造符合相关技术规定，一是基于工地安全保障的需要，二是避免或减少污染物向外扩散，三是还有一定的美化效果。首先，符合要求的硬质、连续的封闭围挡，可以有效地隔离开施工工地的内外空间，既为工地树立了一道安全屏障，有效保护工地人员的人身与财产安全，也能防止或减少在工地施工中对出入人员的伤害。其次，符合要求的硬质、连续的封闭围挡，可在一定程度上将施工工地产生的水污染物、大气污染物和固体废物排放在内，有效地保护了城镇环境卫生。在目前的城市建设中，围挡的高度一般在 2 米以上，常见的有 2 米、4 米、6 米和 8 米，

---

〔1〕 华佳等："我国建制镇污水处理现状及其存在问题分析"，载《城镇供水》2021 年第 2 期。

〔2〕 这些措施的最主要来源是 2018 年修正通过的《大气污染防治法》。该法第 69 条规定："建设单位应当将防治扬尘污染的费用列入工程造价，并在施工承包合同中明确施工单位扬尘污染防治责任。施工单位应当制定具体的施工扬尘污染防治实施方案。从事房屋建筑、市政基础设施建设、河道整治以及建筑物拆除等施工单位，应当向负责监督管理扬尘污染防治的主管部门备案。施工单位应当在施工工地设置硬质围挡，并采取覆盖、分段作业、择时施工、洒水抑尘、冲洗地面和车辆等有效防尘降尘措施。建筑土方、工程渣土、建筑垃圾应当及时清运；在场地内堆存的，应当采用密闭式防尘网遮盖。工程渣土、建筑垃圾应当进行资源化处理。施工单位应当在施工工地公示扬尘污染防治措施、负责人、扬尘监督管理主管部门等信息。暂时不能开工的建设用地，建设单位应当对裸露地面进行覆盖；超过三个月的，应当进行绿化、铺装或者遮盖。"

或更高的 12 米等，围挡表面一般会张贴该工程项目的效果图、宣传画等。围挡高度在 4 米以下的，一般采用单立柱式，地下深挖基础 1 米左右。立柱采用直径 140 毫米或 189 毫米等。围挡高度在 4 米以上的，一般采用双立柱式，地下深挖基础随高度的调整而调整。双立柱采用直径 114 毫米至 219 毫米不等。施工围挡应使用硬质、定型的材料或采取砖砌筑的方式设置，禁止使用锈蚀、残破、易损毁的材料作为施工围挡。《广东省建设工程施工扬尘污染防治管理办法（试行）》[1]第 11 条规定："房屋建筑、市政工程和城市区域内交通、水利等工程施工现场应当设置硬质、连续的封闭围挡。围挡应当采用彩钢板、砌体等硬质材料搭设，其强度、构造应当符合相关技术标准规定。城市区域内主要路段的施工围挡高度不宜低于 2.5 米，其他路段施工现场围挡高度不宜低于 1.8 米；城市周边的交通、水利等工程施工现场应当根据周边环境情况做好围挡。"最后，符合要求的硬质、连续的封闭围挡，还有一定的美观效果。位于城市主要道路上的工地围挡，从某种角度上讲也是城市景观的一部分。围挡高度应保持一致，色彩应美观、和谐。围挡上可以设置广告，广告要求整体色彩鲜艳、引人注目，布局要求层次清楚，具有特色和立体感。在内容上，围挡广告要求清楚、简洁、短小精悍。工程围挡的制作过程一般很快，工程周期很短，安装也非常方便。如果一个工程结束，工程围挡拆卸起来也很方便，这样有利于对突发状况的处理，还能实现对围挡的回收再利用。

【典型案例三】施工单位不按规定设置围挡污染环境被处罚案[2]

某施工单位在柳州市桂景湾路水天一州小区施工，不按规定设置硬质密闭围挡，导致泥水横流，被周边居民强烈投诉。柳北区城管执法局

---

[1] 粤办函〔2017〕708 号。

[2] 文鑫豪："一施工单位不按规定设置硬质围挡被查处事件始末"，载《柳州日报》2019 年 7 月 16 日。

经现场调查确认后，依法对其处以 2 万元的罚款。

　　"这个工地没有砌好围墙，污水都流到外面了，麻烦你们过来看看。"近日，家住桂景湾水天一州小区的市民林先生拨打城市管理热线 12319 投诉。柳北区城管执法局住建科执法人员接报后，快速赶往现场勘查。执法人员看到，在工地与居民楼间，已经用水泥砖砌了一堵墙，但不知是什么原因，有一段十多米长的围墙已经崩塌，现场还能看到不少砖头。施工单位在围墙边的两棵树间拉上了一条黄色的带子。执法队员估计，该黄色带子是用作"警示带"。围墙边还有两滩泥水。经执法人员用激光测距仪测量，该工地未按规定设置硬质围挡的地段共 15 米。执法人员随即向施工方依法下达调查通知书和责令改正违法行为通知书，要求其立即整改。执法人员了解到，该工地的施工单位为某建设集团有限责任公司。据前来配合调查的该公司相关负责人龚先生介绍，其公司负责水天一州小区第 29、30、33 号楼及地下室工程施工。关于市民举报工地"没有砌好围墙"一事，龚先生解释说，由于本工程基坑支护桩位在施工围墙底下，为保障安全施工，需拆除围墙施工作业。

　　执法人员表示，施工不设围挡危害比较大，如果不进行围挡施工，很容易造成过往行人、车辆的疏忽，造成安全事故。按照我国《大气污染防治法》第 69 条第 3 款的规定，施工单位应当在施工工地设置硬质围挡，违者，由县级以上人民政府住房城乡建设等主管部门按照职责责令改正，处 1 万元以上 10 万元以下的罚款。因此，为确保施工及周围居民安全，施工工地必须及时设置硬质围挡。经立案调查，7 月 4 日，柳北区城管执法局依法作出行政处罚决定，对责任单位某建设集团有限责任公司处以 2 万元罚款，限期 15 日内交清。7 月 12 日上午，该公司已将罚款交至指定银行。

【点评】

　　本案是施工单位不按规定设置硬质密闭围挡，导致工地泥水横流，被周边居民投诉后被处罚的案例。在施工现场设置硬质、连续的封闭围挡，且要求强度、构造符合相关技术规定，一是基于工地安全保障的需要，二是可以避免或减少污染物向外扩散，三是还有一定的美化效果。可见设置硬质、连续的封闭围挡具有多重意义。

（二）公示建设、施工、运输单位名称和投诉举报电话

所谓公示，是指党政机关、企事业单位、社会团体等事先预告公众周知，让公众了解情况，同时可用以征询意见、改善工作的一种方式或现象。公示具有以下几个特点：一是公开性，即指公示的内容、承载的信息，要向一定范围内或特定范围内的人员公开，让大家知道和了解，具有较强的透明度。二是周知性，即指公示的目的是让关注的人都了解是怎么回事，从而能有效参与其中。三是民主性，即指公示的过程与结果都应是公开、公平、公正的，都应被公众参与和监督，并为公众所认可。公示作为一种常见的文体，有着自己较为固定的格式。一个完整的公示应由标题、正文和落款三个部分组成。有时也可有附录或附表、附图。

建设单位也被称为业主单位或项目业主，指建设工程项目的投资主体或投资者，其同时也是建设项目管理的主体。其主要履行的职责包括：提出建设规划，提供建设用地和建设资金。公示建设单位的信息便于公众知晓工程项目的投资主体、项目业主，以接受社会监督。施工单位又称"承建单位"，是建筑安装工程施工单位的简称，指承担基本建设工程的施工任务，具有独立组织机构并实行独立经济核算的单位。施工单位应当依法取得相应等级的资质证书，并在其资质等级许可的范围内承揽工程。禁止施工单位超越本单位资质等级许可的业务范围，或者以其他施工单位的名义承揽工程。禁止施工单位允许其他单位或者个人以本单位的名义承揽工程。施工单位不得转包或者违法分包工程。施工单位对建设工程的施工质量负责。公示施工单位的信息，便于公众了解该单位的资质等级、业务范围、社会信誉和合法经营状况，能起到很好的监督

作用。运输单位通常是运输公司，是指对实物进行空间配置，包括企业、销售商自身的运输、仓储、包装和搬运等活动的公司。公示运输单位的信息，便于公众了解建筑垃圾的运输者身份（如是否合格、是否在进行合法经营、是否沿途存在违法行为等）。

关于投诉举报，为打造效能型政府、服务型政府、全天候政府，韶关市于 2014 年底整合了多条"123"开头的特服号码，建设了集政务咨询、民生诉求和行政效能投诉等为一体的政府非紧急性综合服务平台，实行"统一接听，按责转办，限时办结，统一督办，统一考核"的工作机制。2018 年 11 月 1 日，12345 热线承接了网络问政后台工作，统称为"韶关市 12345 政府服务热线"，做到"民有所呼、我有所应"，为群众提供"听得见的服务"，成为政府倾听民声、收集民情、采纳民意、纾解民困的重要平台。目前，市 12345 政府服务热线提供全天 24 小时人工及网络在线服务，可为市民提供真实反映诉求的畅通渠道，为市民与政府搭建沟通的桥梁。

（三）在工地现场安装必要喷淋降尘设备

建筑工地安装喷淋降尘设备，主要应用于工地基坑围挡外侧，通过在围挡上布置喷嘴及喷雾管路，对围挡外施工路面道路进行降尘抑尘。也可架设喷雾立柱，对围挡内的基坑进行水雾降尘，防止工地现场尘土飞扬。建筑工地的围挡喷淋降尘系统，充分利用水流体力学和水雾化原理，通过泵体系统将水加压，经过管路输送，从喷嘴中喷射出水雾颗粒。弥漫在空气中的水雾形成的负离子与尘埃颗粒的正离子颗粒大小相当，从而相互结合、吸附粘连，经自身增重后沉降，从而达到降尘的目的。《广东省建设工程施工扬尘污染防治管理办法（试行）》第 10 条第 2 款进一步规定："喷雾、喷淋降尘设施应当分布均匀，喷雾能有效覆盖防尘区域；基础施工及建筑土方作业期间遇干燥天气应当增加洒水次数；市政道路铣刨作业应当采取洒水冲洗抑尘；拆除工程施工作业期间，应当同时进行洒水降尘。"该办法的规定比一般的喷淋降尘要求更加严格。

（四）在工地出入口设置洗车槽、沉淀池等车辆冲洗设施并有效使
　　　用，确保车辆不带泥驶出工地，并做好洗车槽、沉淀池的泥浆
　　　污水处理工作。不具备设置条件的，应当配置冲洗车辆、洒
　　　水、喷淋等设备

随着我国城市化的快速发展，高楼大厦林立，施工车辆频繁出入施工场地和城市道路。施工车辆从施工场地驶出，车身及轮胎上的灰尘和泥土会污染道路，遇到晴热天气，路面通过久了还会形成扬尘，加重城市污染。所以车辆在从施工场地驶出前必须通过洗车槽、沉淀池清洗干净。施工工地常见的洗车池包括一级沉淀池、二级沉淀池和清水池。一级沉淀池用于污水的初次沉淀，将大颗粒的物质通过重力沉降沉淀下来。二级沉淀池用来做进一步的沉淀，去除相对较小的颗粒物。清水池用来临时存放经过处理的清水。在清水池中架设水泵，将清水池中的水抽至洗车台，用于冲洗车辆。但当车辆过多、所需水量远远大于清水池本身的负荷时，只能在清水池中引入市政管网，造成极大的浪费。为此，可以通过技术改造的方式提高洗车槽、沉淀池的使用效能，做好洗车槽、沉淀池的泥浆污水处理工作。

本项还规定："不具备设置条件的，应当配置冲洗车辆、洒水、喷淋等设备。"这里的"设置条件"，是指设置洗车槽、沉淀池的条件。为何有的施工工地不具备这个条件呢？很显然，有些工地由于空间狭小、作业面太窄，无法设置洗车槽、沉淀池，因此强行要求对每个工地出入口均设置洗车槽、沉淀池，既不现实，也不合理。但是，不设置洗车槽、沉淀池并不意味着可以对车辆出入工地的行为放任不管、听之任之，而是要求做到"应当配置冲洗车辆、洒水、喷淋等设备"，即如果能做好施工工地和出入车辆的空气污染防治、环境卫生工作，在条件不具备的情况下，也可以不设置洗车槽、沉淀池。

（五）及时清运建筑垃圾，做好信息登记，不能及时清运的，应当采
　　取密闭式防尘网遮盖、洒水、防渗、防滑坡等措施

首先，施工单位应当做到"及时清运建筑垃圾"，同时还要做好被清运建筑垃圾的"信息登记"工作，以全面掌握建筑垃圾的情况，做到心中有数。

其次，如果不能及时清运建筑垃圾，就"应当采取密闭式防尘网遮盖、洒水、防渗、防滑坡等措施"。此处的防渗，是指通过一定的技术手段，防止液体渗入。防渗的手段主要有堵塞、加固和隔离，在面对液体的固体表面铺上一层防渗膜、防渗毯或者涂抹一层高分子化合物，可以有效地防止液体渗入。滑坡的发生常和水的作用密切相关，水的作用往往是引起滑坡的主要因素。因此，消除和减轻水对边坡的危害尤为重要。为防止外围地表水进入滑坡区，可在滑坡边界修截水沟；在滑坡区内，可在坡面修筑排水沟。在覆盖层上可用浆砌片石或人造植被铺盖，防止地表水下渗，对于岩质边坡还可用喷混凝土护面或挂钢筋网喷混凝土。当然，这些措施主要针对的是山体，对堆砌的建筑垃圾而言，具有参考意义。常见的治理滑坡的措施，除上述技术措施外，还有以下四种：一是及时填堵斜坡上的裂缝。对于在堆放的建筑垃圾斜坡上存有一段时间的裂缝，除了开展监测外，还要对裂缝进行封堵，以防止雨水沿裂隙渗入地下。具体可用塑料布直接铺盖，或用泥土回填封闭裂缝。二是在坡脚处堆加重物。当山坡坡脚出现地面鼓起时，表明滑坡即将滑动。如果山坡下方有重要的建筑物需要保护，就要采取紧急处理措施。在坡脚堆积砂石镇压坡脚，可以减缓滑坡下滑的趋势，甚至稳住滑坡，为转移财产和综合治理滑坡赢得时间。三是用木桩阻止滑动。对浅层滑坡，还可以在滑坡体上打入几根比较长的木桩，最好穿过滑动面达到下部稳定的地层，以起到稳定滑坡的作用。四是要彻底消除滑坡的危险，还需要请专家进行勘察、评估，提出更好的治理措施。

(六) 在施工现场出入口安装在线视频监控设备，确保清晰监控车辆
　　出场冲洗效果及车辆车牌号码，建筑面积在五万平方米以上
　　的，还应当安装颗粒物在线监测系统，视频监控录像存储时间
　　不少于三十日

该款是对在施工现场出入口安装在线视频监控设备的规定。该规定
既有拍摄质量的要求（如要"清晰"），也有拍摄内容的要求（如"车
辆出场冲洗效果及车辆车牌号码"）；既有数量上的要求（如"五万平
方米以上"），也有时间上的要求（如"存储时间不少于三十日"）。之
所以要求在施工现场出入口安装在线视频监控设备，并提出质量、内容、
数量和时间上的要求，原因不言自明，即加强对施工单位施工工地的管
理，防止建筑垃圾污染环境。在证据法上，视听资料也是一种重要的证
据形式，可以以此为证，追究施工单位的法律责任。

该款内容一方面以《广东省大气污染防治条例》（2018 年）第 55 条
的规定为依据，[1]另一方面也借鉴了《广东省住房和城乡建设厅关于采
取切实措施坚决遏制施工扬尘污染的紧急通知》[2]和《广东省建设工程
施工扬尘污染防治管理办法（试行）》[3]的相关规定，并进行了提炼、
简化和改造。前者第 1 条第 3 项规定："全面安装扬尘视频监控设备。城
市建成区内的施工现场出入口必须安装视频监控设备，并确保能清晰监
控车辆出场冲洗情况及运输车辆车牌号码；建筑工地土方作业期间，必
须在土方作业区域周边安装视频监控设备，视频监控录像现场存储时间
不少于 30 天。有条件的地区应安装在线空气质量监测设备，并与主管部
门监控系统联网。"后者第 12 条第 2 项规定："城市区域内的施工现场出
入口应当安装视频监控设备，并能清晰监控车辆出场冲洗情况及运输车

---

〔1〕《广东省大气污染防治条例》第 55 条第 1 款规定："城市建成区建设项目的施工现场出
入口应当安装监控车辆出场冲洗情况及车辆车牌号码视频监控设备；建筑面积在五万平方米以上
的，还应当安装颗粒物在线监测系统。"

〔2〕粤建电发〔2018〕20 号。

〔3〕粤办函〔2017〕708 号。

辆车牌号码，视频监控录像现场存储时间不少于 30 天。"相比之下，以上两个文件都规定了施工现场应安装视频监控设备、能清晰监控车辆出场冲洗情况及运输车辆车牌号码，以及视频监控录像现场存储时间不应少于 30 天的内容，但《管理条例》还规定了"建筑面积在五万平方米以上的，还应当安装颗粒物在线监测系统"。这是以上两个文件没有规定的。作出这个规定主要是因为单体建筑面积超过 5 万平方米的属于大型建筑规模，产生建筑垃圾的量比较大，施工时间长，环境污染的潜在风险更多，所以要采取更加严格的技术措施加以监督、防范。

颗粒物在线监测系统，主要是监测大气中造成人体伤害的颗粒物。现实中，大气污染主要是以 PM2.5、PM10 颗粒物为污染源，PM2.5 颗粒物可直接通过呼吸进入我们的肺及血液，并导致多种呼吸系统疾病，严重的还会诱发心血管疾病。因此，及时、准确地监测 PM2.5 颗粒物污染数值已成为环境防治和应对措施的首要任务。关于颗粒物的在线监测，常见的有 β 射线法扬尘在线监测系统和激光散射法扬尘在线监测系统。β 射线法扬尘在线监测系统是由颗粒物在线监测仪、数据采集和传输系统、视频监控系统、除湿干燥器、后台数据处理系统及信息监控管理平台等组成的。该系统具有在线监测各类颗粒物（如 PM10 和 PM2.5 等）的浓度、环境温湿度及风速风向监测、噪声监测、视频监控、高浓度报警等功能。激光散射法扬尘在线监测系统，着力于对固定监测点位的扬尘、噪声、气象参数等环境监测数据的采集、存储、加工和统计分析，监测数据和视频图像通过有线或无线方式传输到后端平台，最终实现数据采集、信号传输、后台处理、终端数据呈现等功能。

另外，本项还规定："视频监控录像存储时间不少于三十日。"这个"三十日"是从何而来的呢？一方面，从实际情况来看，一般的监控保存时间都在 1 个月到 3 个月之间，超过 3 个月需要消耗更多的人力、财力、物力，成本很高，一般单位没有必要保存这么久，大多数监控录像的保存时间都在 1 个月左右，而且足以发挥其应有作用。另一方面，对比广东省内外对此的规定来看，大多规定的也是 1 个月。如《广东省住房和城乡建设厅关于采取切实措施坚决遏制施工扬尘污染的紧急通知》《广东省建设工程施工扬尘污染防治管理办法（试行）》《江苏省企业事业单位内部治安保卫条例》（2014 年）〔1〕、《河南省公共安全技术防范管理条例》（2016 年修正）。〔2〕

（七）拆除工程施工应当采取湿法作业

该项是对拆除工程施工的要求，即"应当采取湿法作业"。何为湿法作业？

湿法作业是相对于干法作业而言的。湿法作业一般指两种情况：一种是指水泥在液态状态下进行施工，比如水泥搅拌桩湿法施工、喷射混凝土湿法施工等。第二种是指在楼房等建筑物拆除过程中采用喷淋、"雾炮车"喷雾等方式进行降尘、除尘。两种方法的主要作用在于防治不符合防尘要求的产尘作业和操作，目的是消灭或减少粉尘的产生、逸散，尽可能降低施工作业中的环境粉尘浓度。湿法作业并非《管理条例》的首创，《广东省住房和城乡建设厅关于采取切实措施坚决遏制施工扬尘污染的紧急通知》《广东省建设工程施工扬尘污染防治管理办法（试行）》中都有相应的规定。如前者第 1 条第 1 项规定"拆除工程 100% 洒水压尘"，〔3〕后者第 10 条规定"建设工程下列部位或者施工阶段应当采取喷雾、喷淋或者洒水等扬尘污染防治措施：……（六）拆除作业、爆破作业、预拌干混砂浆施工"。"喷雾、喷淋降尘设施应当分布均匀，喷雾能

---

〔1〕 该条例第 12 条第 3 款规定："安全技术防范系统工程建设及其使用的产品和设备应当符合法律、法规以及有关技术标准、规范和规定的要求；视频监控应当能够清晰分辨人和物的外表特征，图像资料保存时间不少于三十日；视频监控、入侵探测、紧急报警装置应当按照规定和需求与公安机关联网，或者与单位监控室、值班室相联。"

〔2〕 该条例第 21 条规定："技防系统记录的图像信息资料以及其他相关资料，留存时间不得少于三十日。"

〔3〕 该通知提出，要严格落实"六个 100%"的措施要求，即施工现场 100% 围蔽、工地砂土 100% 覆盖、工地路面 100% 硬地化、拆除工程 100% 洒水压尘、出工地车辆 100% 冲净车轮车身、暂不开发的场地 100% 绿化。

有效覆盖防尘区域；基础施工及建筑土方作业期间遇干燥天气应当增加洒水次数；市政道路铣刨作业应当采取洒水冲洗抑尘；拆除工程施工作业期间，应当同时进行洒水降尘。"

（八）对房屋建筑工地车行道路和出入口道路进行硬化

"硬化"是指物体由软变硬的过程。硬化分为两种情况：一种是指通过改变材质，使物体由软变硬（如路面硬化）；另一种是指因为发生病变而使物体由软变硬（如动脉硬化、肝硬化等）。很显然，道路硬化是指前者。

就对房屋建筑工地车行道路和出入口道路进行硬化的要求，《大气污染防治法》并未作出规定，《广东省大气污染防治条例》也未作出规定，倒是《广东省建设工程施工扬尘污染防治管理办法（试行）》和《韶关市市区建筑垃圾管理暂行办法》（2016年）[1]均作出了规定。前者第12条第3项规定："施工现场主要场地、道路、材料加工区应当硬底化，裸露泥地应当采取覆盖或者绿化措施。"后者第11条规定："建设施工工地出入口应进行硬底化处理。"这说明，《管理条例》充分吸取了实践中的有益做法，将之立法化，即使施工单位便于遵守，也使环境卫生行政主管部门便于监管。

（九）法律、法规规定的其他要求

该项是一项兜底性条款。作为一项立法技术，兜底性条款将所有其他条款没有包括的或者难以包括的或者立法时预测不到的情形，都包括在这个条款中。兜底性条款是法律文本中常见的法律表述，主要是为了防止法律的不周延性和立法内容的重复，以及社会情势的变迁。与之相对的是列举式立法技术，即指把具体的情形一一列举出来。列举式立法使得法律规范十分明晰，对人们的行为具有明确的指引作用。法律规范既有稳定性，也有上位法和下位法之间的分工与合作，既不能朝令夕改，

---

〔1〕 二者目前均已失效，但基本规定已被后来的立法所吸收，实践中一些成熟的做法还在延续。

也不能重复越位。否则，公众既无法获得法的安全性，也无法快速查找到明确规范、互为一体的法律。兜底性条款的设置能弥补列举式立法模式的不足。

该款规定的"法律、法规"，既包括全国人大及其常委会制定的法律（如《环境保护法》《固体废物污染环境防治法》《大气污染防治法》等），也包括国务院制定的行政法规（如《城市市容和环境卫生管理条例》），还包括广东省人大及其常委会制定的地方性法规（如《广东省环境保护条例》《广东省大气污染防治条例》等）。该款规定的"其他要求"，是指除了《管理条例》规定的情形外，已在法律、法规中规定，但不宜在《管理条例》中再重复规定的要求。

三、对城镇集中建设区域外工程施工的要求

该条第 2 款规定："城镇集中建设区域外工程施工应当参照城镇集中建设区域内的建设工程管理建筑垃圾，科学合理处理建筑垃圾，防止污染环境。"该款规定了对城镇集中建设区域外工程施工的要求，即"参照"城镇集中建设区域内的建设工程，管理好建筑垃圾。

那么，此处的"参照"，到底何意？是和城镇集中建设区域内的建设工程管理一模一样的要求，还是可以有所区别？如果是一模一样的要求，那又何必"参照"，而是加以一体规定，岂不更好？如果可以有所区别，那么区别在哪里？如何区别？本书认为，此处的"参照"，绝非一模一样的意思，而是应当有所区别，否则该款规定便纯属画蛇添足、多此一举。那么，对此处的"参照"，到底该如何理解？

在汉语中，参照的意思是"参考并仿照（方法、经验等）。[1]要想参考并仿照，就必须要经过一个比对、鉴别、分析、筛选的过程，并选取、采纳原始文本的合理性，淘汰、放弃原始文本的不合理性。参考并

---

〔1〕 中国社会科学院语言研究所词典编辑室编：《现代汉语词典》（第 6 版），商务印书馆 2012 年版，第 123 页。

仿照需要这样一个前提，即条件基本相似或基本相同，具有可比性、可借鉴性、可仿照性。如果条件相差很远，根本不具备比较、借鉴、仿照的可能，那么参照非但不会取得理想的效果，反倒可能出现东施效颦、南辕北辙的现象。同理，如果条件完全相同，也不需要参照，而只需要照搬照抄就行了。实际上，世界上没有完全相同的条件，只有相似或基本相似的条件。这并不意味着对所有城镇集中建设区域外的建筑施工都参照城镇集中建设区域内的建设工程管理建筑垃圾，而是强调"集中建设区"这个范畴。

　　"集中建设区"来源于城镇集中建设区这个概念。前文述及，所谓城镇集中建设区，是指结合城镇发展定位和空间格局，依据国土空间规划中确定的规划城镇建设用地规模，将规划集中连片、规模较大、形态规整的地域确定为城镇集中建设区。规划集中连片的城镇建设区和城中村、城边村，依法合规设立的各类开发区，国家、省、市确定的重大建设项目用地等应被划入城镇集中建设区。城镇集中建设区体现出了"集中连片、规模较大、形态规整"的特点，不具备这些特点的，不能视为城镇集中建设区，如单体的、规模不大、形态错综复杂的建筑。对城镇集中建设区，《管理条例》第 12 条明确了上述若干管理建筑垃圾、防治环境污染的要求，但对于非集中建设区，条例并没有提出这个要求。但这并不意味着对非集中建设区可以不采取污染防治措施，只是可以视情况，不采取像集中建设区那样的措施。集中建设区由于集中连片、规模较大、形态规整，在产生大量建筑垃圾的同时，还会出现更多的环境污染等问题，因而需要采取本条所规定的诸多措施。非集中建设区或者虽然地处集中建设区，但对于建筑规模较小、空间环境狭窄、出入不便之地，以及居民自建的较小的单体建筑，或者短暂地下施工等建设工程，本条有关设置洗车槽、沉淀池、在出入口安装在线视频监控设备，或对出入口道路进行硬化的规定，显然无法实施。因而不能向上述建设单位或个人提出本条规定的各项要求，而只能要求"参照"。不过，对于城镇集中建设区域外的工程，在什么情况下应当参照，参照到什么程度，不参照会有什么样的责任等，《管理条例》并未明确；对虽在城镇集中建设区，但受建筑规模较小、空间环境等条件所限，无法按照本条规定采取污染防治措施是否会产生法律责任，《管理条例》也未明确。对此，立法机关有进一步明确和完善的必要。

第十三条　【道路管线施工】

在城镇集中建设区域内进行管线铺设、道路开挖、管道清污等作业的，施工单位应当按照市政工程围蔽标准作业，及时清运建筑垃圾。

城镇集中建设区域外进行管线铺设、道路开挖、管道清污等作业的，施工单位应当加强施工现场管理，及时清运建筑垃圾。

【导读与释义】

本条是关于在城镇集中建设区域内、外开展管线铺设、道路开挖、管道清污等作业时，应当采取的污染防治措施的规定。不同于第12条的是，本条规定的是管线铺设、道路开挖、管道清污等作业。同时，对城镇集中建设区域外的施工，本条也没有提出"参照"的要求，而是要求"应当加强施工现场管理，及时清运建筑垃圾"。《大气污染防治法》第69条第3款规定："施工单位应当在施工工地设置硬质围挡，并采取覆盖、分段作业、择时施工、洒水抑尘、冲洗地面和车辆等有效防尘降尘措施。建筑土方、工程渣土、建筑垃圾应当及时清运；在场地内堆存的，应当采用密闭式防尘网遮盖。工程渣土、建筑垃圾应当进行资源化处理。"该规定是本条的上位法依据。

一、管线铺设、道路开挖、管道清污的含义

管线铺设或称管道铺设，一般包括给水、排水、燃气、供热、供电、通信管道、电缆等的铺设。管线铺设在一般情况下采取地下铺设方式。这就需要注意以下几点：一是各种管线的铺设不应影响建筑物的安全，并应防止管线受腐蚀、振动、沉陷、荷载等影响而损坏；二是管线应根据其不同特性和使用要求综合铺设，对安全、卫生、防干扰等有影响的管线不应共沟或者靠近铺设；三是地下管线的走向宜沿道路或与主体建筑平行铺设，并力求线形顺直、适当集中，尽量减少转弯，并应减少管线之间以及管线与道路之间的交叉；四是与道路平行的管线不宜铺设于车行道下，不可避免时应尽量将埋深较大、翻修较少的管线铺设在车行道下。地下管线的合理安排顺序，一般应从建筑物边缘向道路中心，由浅入深地安排下列管道，即电信电缆、电力电缆、热力管、压缩空气管、煤气管、氧气管、乙炔管、给水管、雨水管，最后是污水管。地下管线一般宜铺设在车行道以外的地段，在特殊情况下可以采取加固措施，将检修较少的供水管、排水管铺设在车行道下。尽可能将性质类似、埋深接近的管线并排列在一起，有条件的可共沟铺设。地下管线交叉时，应符合下列要求：将煤气、易燃液体管道铺设在其他管道上面；给水管应在污水管上面；电力电缆应在热力管和电信电缆的下边，并应在其他管线的上面；互相影响、干扰的管线不能共沟；地下管线可铺设在灌木、草丛等绿化带下，但不宜布置在乔木下。地下管线重叠时，应将检修量多的、管线口径小的放在上面，将有污染的放在下面。管线铺设发生矛盾时，一般应遵循这样的处理原则：临时管线让永久性管线；管径小的让管径大的；可弯曲的让不可弯曲的；新设计的让原有的；有压力的管道让重力自流的管道；施工量小的让施工量大的；等等。所谓道路开挖，一般是指基于管线铺设或管道清污的需要而对道路开展的开挖工作。而管道清污，是指对管道进行疏通，清理管道里面的淤泥等废物，使之保持畅通，以防止因堵塞形成内涝。在排水管道中排入大量杂物，或者基建工地水泥砂发生沉淀、淤积的情况，就会造成管道堵塞。管道若不定期清污，就会造成污水溢流，既污染环境，也会给周边居民的生活带来不便。不管是管线铺设、道路开挖还是管道清污，都会产生一定规模的建筑垃圾，如果不及时清运，则很容易污染环境。

二、市政工程围蔽标准

围蔽是指在工程施工场地周围安装围栏，进行遮蔽施工。遮蔽施工具有多重意义：一是安全，遮蔽物可在一定程度上减少或避免出现人身伤害或财产损失的事故，起到安全保障作用；二是保密，遮蔽物隔离了工程施工场所内外人员的视线，起到了保密作用；三是美观，即对遮蔽物按照一定的标准进行设计、装潢或粉刷后，有较好的美观效果。实践中，工程围挡广告是被应用得较为普遍的商业宣传手段。工程围挡广告要求整体色彩鲜艳、引人注目，布局要求层次清晰、有立体感。工程围挡广告在内容上要求简洁明了、短小精悍，工程监理及主管部门要定期对施工现场围挡进行检查，并将其作为安全文明施工的重要考核内容。对检查中发现的问题要及时下达整改意见书或通知书；对整改不达标、逾期不整改的，可责令停止施工、限期整改，并可按照规定依法进行处罚。市政工程围蔽施工，一般要在确保安全和正常通行的前提下，设置连续、密闭的硬质围挡。施工现场禁止使用移动式围挡牌，避免对市民出行造成意外伤害。施工工期超过 30 天的市政工程，应采用固定式砌体围挡或固定式压型钢板围挡。施工工期在 30 天及以下的市政工程，应采用路面全封闭围挡，同时注意增强围挡整体的稳定性。石材、地砖、路沿石等构件应由工厂生产，确需现场加工切割的，应在固定地点集中加工，并采取防尘措施。路面破除、路面切割、路面铣刨等易产生粉尘的作业，应采取围护、遮挡、洒水、喷雾、降尘、降噪等措施。

三、对城镇集中建设区域外进行管线铺设、道路开挖、管道清污等作业的要求是，应当加强施工现场管理，及时清运建筑垃圾

城镇集中建设区域外不同于城镇集中建设区域内，受环境、条件和能力的限制，许多方法无法运用、许多手段无法实施，但造成环境污染

或人身、财产安全的事故同样也会发生，甚至在缺乏监管和自我约束能力不强的情况下，还可能造成较为严重的后果。为此，务必要加强施工现场管理，对产生的建筑垃圾要及时清运，不能长期堆放。施工现场管理是个综合性的概念，一般包括现场施工进度管理、施工现场材料管理、施工现场安全管理、施工现场人员管理、施工现场环境管理等内容，每个方面都环环相扣、相互影响，因而应当有总体性的考虑和安排。此处主要规定的是对环境管理的要求。要做好施工现场环境管理，应当重视以下几点：①施工现场应建立环境保护、环境卫生管理及相应的监督检查制度，并应做好检查记录。对施工现场工作人员的教育培训与考核，应包括环境保护、环境卫生等内容。②施工期间应遵照建筑施工场界噪声限值规定，制定降噪措施；确需夜间施工的，应办理夜间施工许可证，并公告附近居民。③尽量避免或减少施工过程中的光污染。夜间室外照明灯应加设灯罩，透光方向集中在施工区域内，电焊作业应采取遮挡措施，避免电焊弧光外射。④施工现场污水排放须申领《临时排水许可证》，施工现场泥浆、污水未经处理不得直接排入排水设施或河流、湖泊、池塘。⑤施工现场存放化学品等有毒有害物质或油料，必须对库房进行防渗漏处理，储存和使用都应采取措施，防止渗漏后污染土壤和水体。⑥施工现场产生的建筑垃圾等固体废弃物应分类存放，建筑垃圾、生活垃圾应与所在地或附近的垃圾消纳处置中心签署协议，及时清运处置；有毒有害废弃物应运送到专门的有毒有害废弃物中心处理。⑦施工现场的主要道路应进行硬化，土方应集中堆放。裸露的场地和集中堆放的土方应采取覆盖、绿化、洒水等措施，施工现场土方作业应采取防止扬尘措施。⑧拆除建筑物、构筑物时，应采用隔离、洒水等措施，并应在规定期限内将建筑垃圾等废弃物清理完毕。⑨施工现场使用的水泥和其他易飞扬的细颗粒建筑材料，应密闭存放或采取覆盖等措施；混凝土搅拌场所应采取封闭、降尘等措施。⑩除有符合规定的装置外，施工现场内严禁焚烧各类废弃物，禁止将有毒有害废弃物作土方回填使用。⑪施工时若发现文物、古迹、爆炸物或电缆等，应当停止施工，保护好现场，及时向有关部门报告，按照有关规定处理后，符合要求的方可继续施工。⑫施工中需要停水、停电、封路，从而影响周边环境时，须经有关部门批准，然后进行告示，并设置好标志标识。

实际上，上述对城镇集中建设区域外的要求，对城镇集中建设区域内也是同样适用的。按照法理，"举轻以明重"，既然城镇集中建设区域外都有这么多要求，城镇集中建设区域内的要求就更加严格了，即施工单位除了应当按照市政工程围蔽标准作业、及时清运建筑垃圾外，同样应当做好施工现场管理，尤其是环境管理。

【典型案例四】　道路施工产生的泥浆污染路面案[1]

2017年5月13日上午，台州市城管执法人员在巡查104国道路桥区小稠段时，发现小稠桥西面3米处正在施工作业，施工现场及周边道路地面被泥浆覆盖。现场执法人员调查后获悉：施工单位为A水文工程勘察研究院，正在进行台州市有轨列车一期工程勘察施工作业，已取得挖掘城市道路的行政许可，因未及时清运钻探施工过程中产生的泥浆，导致泥浆从施工现场溢出至104国道辅助车道上，影响道路正常通行。

现场显示，104国道线小稠段小稠桥西面3米处辅助车道上设有一台钻探机，高约6米，钻探机四周铺设雨布和海绵，现场有施工人员在钻探作业。勘探口周围有一个泥浆池，已经溢满，泥浆水由西向东流至勘探点位东侧的道辅助车道，导致一些路面被泥浆覆盖。现场负责人说，5月12日下午施工结束时没有及时清运泥浆，当天晚上下大雨，导致泥浆池灌满，部分外溢。13日上午施工时，施工人员也没有清运泥浆，导致泥浆从泥浆池溢出来流到周围路面。执法人员对现场进行拍照取证后，根据《城市建筑垃圾管理规定》第22条第1款之规定，向当事人A研究

---

[1]　"未及时清运施工过程中产生的建筑垃圾案"，载搜狐网：https://www.sohu.com/a/165148289_672621，2021年7月20日访问。

院发出了责令限期改正通知书，责令 A 研究院于次日 17 时前将泥浆清理完毕并采取补救措施。同时认为，A 研究院的行为违反了《城市建筑垃圾管理规定》第 12 条的规定，已构成施工单位未及时清运工程施工过程中产生的建筑垃圾，造成环境污染。根据《城市建筑垃圾管理规定》第 22 条第 1 款之规定，决定对 A 研究院作出如下行政处罚：①警告；②罚款人民币 9000 元。同时，执法人员本着处罚与教育相结合的原则，教育当事人要养成建筑垃圾施工环保意识，杜绝该类行为再次发生。

【点评】

本案是施工单位未及时清运施工过程中产生的泥浆，导致泥浆从施工现场溢出至车道，影响道路正常通行的典型案例。泥浆也是广义上的建筑垃圾的一种，如果施工后不及时清理，不但会影响通行，还会污染环境，所以相关的法律法规对此作了法律责任的规定。

第十四条　【抢险救灾施工】

　　因抢险、救灾等特殊情况需要紧急施工排放建筑垃圾的，组织施工的单位在险情、灾情消除后及时清运建筑垃圾，并在险情、灾情消除后二十四小时内将建筑垃圾处理情况以书面或者电子数据报告县（市、区）环境卫生行政主管部门。

【导读与释义】

　　本条是关于在特殊情况下（即因抢险、救灾等需要）紧急施工排放建筑垃圾的规定，该规定既有实体内容，也有程序内容。所谓实体内容，就是组织施工的单位应当在险情、灾情消除后及时清运建筑垃圾；所谓程序内容，就是组织施工的单位应当在险情、灾情消除后 24 小时内将建筑垃圾处理情况以书面或者电子数据的形式报告县（市、区）环境卫生行政主管部门。

一、因抢险、救灾等特殊情况需要紧急施工

　　抢险救灾是指当灾祸来临时，政府动用相关力量去解救、转移或疏散受困人员，抢救、运送重要物资，保护重要目标安全，以及开展灾后重建等工作。抢险救灾既可能是由自然原因引起的（如水灾、野火、大风、地震、滑坡、泥石流、沙尘暴等），也可能是由人为因素引起的（如放火、爆炸、不当施工等）。如果发生了需要抢险救灾的险情、灾情，造成道路、房屋、桥梁、隧道等基础设施坍塌、毁坏，必须进行紧急施工，此时必然产生建筑垃圾；产生的建筑垃圾如果不及时清运，则不但会妨碍生产生活，而且也会污染环境。在此情况下，在抢险、救灾后及时清运建筑垃圾是十分必要的。

二、在实体方面的要求

在实体方面，组织施工的单位（应当）在险情、灾情消除后及时清运建筑垃圾。险情、灾情如果不结束，将难以清理现场，也就无法清运建筑垃圾。需要注意的是，根据此项规定，清运的责任主体是"组织施工的单位"，而非其他单位。那么，"组织施工的单位"到底是什么单位？与"施工单位"有何不同？本书认为，施工单位是具体的、从事抢险救灾工作的直接主体，而组织施工的单位既可能是业主单位，也可能是施工单位，还可能是政府。实际上，业主单位和政府往往缺乏清运手段和经验导致清运工作难以开展，如果直接规定由施工单位负责清运，那么就会避免很多麻烦。本书认为，此处规定由"组织施工的单位"负责清运建筑垃圾，是一个模糊、笼统、不便操作的规定，改为"施工单位"可能更加合理。[1]另外，此处规定了"及时"清运，而没有规定具体的时间要求，原因在于险情、灾情造成的后果有多严重、到底会产生多少建筑垃圾都是难以预料的，如果规定过于具体的时间，则可能因不切合实际而变得难以操作。但并非国内其他地方有关建筑垃圾的立法都是这样规定的。如《西安市建筑垃圾管理条例》（2012年）第13条规定："因抢险、救灾等特殊情况需要紧急施工排放建筑垃圾的，施工单位应当在险情、灾情消除后二十四小时内书面报告所在区、县市容环境卫生行政管理部门。"该条例规定了"二十四小时"的清运时间。《南昌市城市建筑垃圾管理条例》（2015年）第16条规定："零星施工或者因工程抢险等特殊情况需要紧急施工的，不需要办理建筑垃圾处置证，建设单位、施工单位应当在施工作业结束后二十四小时内将建筑垃圾清运完毕，并将建筑垃圾处置有关情况书面告知所在地的区城市管理主管部门。"该条例也规定了"二十四小时"的清运时间，皆非常具体。相比而

---

〔1〕《西安市城市建筑垃圾管理条例》第13条规定的清运主体就是施工单位。

言，规定"及时"的好处是比较灵活，施工单位可根据险情、灾情的不同情况安排清运时间、组织清运力量。但其弊端是"及时"过于笼统、抽象，环境卫生行政主管部门和施工单位容易在理解、执行上发生争执。规定具体时间的好处是比较明确、确定，无论是环境卫生行政主管部门还是施工单位，都有具体的时间可供遵循，避免陷入理解、执行上的争议和扯皮。但其弊端是过于具体的时间可能与险情、灾情造成损害的实际情况不相协调，导致在规定时间内要么根本完成不了清运任务，使该条款的设置形同虚设，要么因规定的时间过长而导致施工单位拖延。本书认为，理想的规定是，在保留本条例"及时"的前提下，可以立法解释[1]的方法补充"及时"的内涵和外延，实现原则性与灵活性相结合的最佳效果。

三、在程序方面的要求

在程序方面，组织施工的单位（应当）在险情、灾情消除后24小时内以书面或者电子数据形式将建筑垃圾处理情况报告县（市、区）环境卫生行政主管部门。此处规定了具体的报告时间和报告形式，即报告时间为"在险情、灾情消除后二十四小时内"，报告形式为"书面或者电子数据"，报告的对象是县（市、区）环境卫生行政主管部门。

关于报告时间，本条规定的是"在险情、灾情消除后二十四小时内"，而非建筑垃圾清运完毕后24小时内。按照体系解释[2]的方法，这就意味着组织施工的单位既要在险情、灾情消除后的24小时内完成建筑

---

〔1〕　除了立法解释外，还可以由环境卫生行政主管部门作出行政解释。这种解释是对地方性法规如何具体应用问题所作的解释。不过，行政解释的空间是受限的，行政机关不应当借机行使立法职能。

〔2〕　所谓体系解释，就是将法律条文或者法律概念放在整个法律体系中来理解，通过解释前后法律条文和法律的内在价值与目的来明晰某一具体法律规范或法律概念的含义。体系解释最基本的考虑是保证法律体系的融贯性，防止法律前后矛盾性的解释。对于某些法律规范来说，如果我们缺乏体系性的把握和前后语境的关照，便很难发现其准确含义。

垃圾的清运工作，也要在险情、灾情消除后的 24 小时内提交报告。这一规定明显与上文讨论的组织施工的单位在险情、灾情消除后"及时"清运建筑垃圾的规定不相一致。本书认为，既要求组织施工的单位在险情、灾情消除后的 24 小时内完成建筑垃圾的清运工作，又要求他们在险情、灾情消除后的 24 小时内提交报告，是不合理的，原因前文已经述及。基于目的解释的方法，本书认为，合理的规定应当是，施工单位应当在险情、灾情消除后及时清运建筑垃圾，并在建筑垃圾清运完毕后的 24 小时内提交报告。这就意味着对本条的规定，今后要加以修改，在修改之前可以立法解释或者行政解释的方法加以说明。

关于"电子数据"（electronic data），是指基于计算机应用通信和现代管理技术等电子化技术手段形成的以文字、图形、符号、数字、字母等形式表现的数据资料。电子数据是以数字化形式存储、处理、传输、应用的，它包括但不限于下列信息、电子文件：①博客、微博客、朋友圈、网页、贴吧、网盘等网络平台发布的信息；②电子邮件、即时通信、手机短信、通讯群组等网络应用服务的通信信息；③电子交易记录、通信记录、用户注册信息、身份认证信息等信息；④电子文档、数字证书、传输图片、音视频、计算机程序等电子文件。由此看来，电子数据是个内涵丰富、形式多样的信息载体和表现形式，本条没有作出具体的形式要求，笼统以"电子数据"加以规定，在具体操作时难免会发生沟通成本。这个问题与上述对"及时"二字的理解一样，可通过立法解释或者行政解释的方法解决。

关于报告对象，本条规定的是县（市、区）环境卫生行政主管部门。根据该规定，市级环境卫生行政主管部门和乡镇人民政府、街道办事处均不是报告的对象，这体现了属地管理的原则。这一规定与《成都市建筑垃圾管理条例》第 12 条、《西安市建筑垃圾管理条例》第 13 条等其他地方立法的规定是一样的。不过，随着广东省人民政府决定将部分县级人民政府及其所属行政执法部门行使的行政处罚权，调整由乡镇人民政府和街道办事处以其自身名义行使，实行综合行政执法的决策的出台，[1]今后某些乡镇人民政府和街道办事处也将行使县（市、区）环境卫生行政主管部门的相关职能，并成为被报备的对象。

---

[1]　参见《广东省人民政府关于乡镇街道综合行政执法的公告》（粤府函〔2020〕136号）。

第十五条　【农村建筑工地管理】

农村居民建设房屋应当做好建筑工地现场管理，科学合理处理建筑垃圾，不得随意倾倒，防止污染环境。

【导读与释义】

本条是关于农村居民建房后产生的建筑垃圾如何进行处理的规定。

农村居民建房不同于城市，一般有以下几个特点：一是规模小。与城市里的高楼大厦相比，建筑面积要小得多，所建楼房的楼层也不高，普遍在2层到3层，平房就更低了。二是较分散。尤其是山区的农村，受地理条件和耕地区位的限制，住房三三两两，或独立宅院，星罗棋布在村庄各处。三是建筑垃圾自我利用率高。即农民一般会用建筑废弃物建设院墙、猪舍、鸡窝、牛棚，或者在自家院落内外铺路，真正被丢弃的建筑垃圾较为有限。但是，这并不意味着农村居民建房不会出现建筑垃圾随意丢弃、倾倒或者掩埋造成环境污染等问题，在缺乏指导、监管的情况下，这些问题仍然会出现。所以，本条作出此项规定是有现实依据的。对本条的理解掌握应注意以下三点：

第一，应当做好建筑工地现场管理。现场管理的要求，可参加上述第13条的释义，但具体做法无须照搬，可以结合现实情况灵活处理。

第二，应当科学合理处理建筑垃圾。具体包括减少增量、利用存量、变废为宝、化害为利，避免对农田、山林、湖泊等造成污染。

第三，不得随意倾倒，防止污染环境。随意倾倒是农村居民对多余的建筑垃圾进行处置的最常见现象，因为倾倒的成本低，环境条件便利，加上缺乏监管，导致防不胜防。这就要求环境卫生行政主管部门、农村农业部门、生态环境保护部门和乡镇人民政府等，齐抓共管，对发现的问题及时处理。

【典型案例五】　建筑垃圾偷倒池塘案[1]

改善农村人居环境，建设美丽宜居乡村，是实施乡村振兴战略的一项重要任务。目前，浙江省第一生态环境保护督察组正对杭州开展督察工作。"余杭瓶窑镇窑北村拾亩头6号正对面鱼塘里有村民偷倒建筑垃圾，是7号居民联系他人倾倒的。"在接到督察组受理转办信访件后，瓶窑镇人民政府、市规划和自然资源局余杭分局、区城管局、市生态环境局余杭分局等部门第一时间赶到现场踏勘、询问相关人员调查核实情况。

"经查，此举报情况属实。"据现场村委工作人员介绍，被举报的鱼塘位于余杭区瓶窑镇窑北村拾亩头6号、7号房屋前，荒废多年，属废弃池塘。"土地性质为园地，属窑北村长庆湖组所有，租用给村民任某，任某又将其转租给村民姜某。姜某在去年曾提出过填塘要求，但未办理相关手续。今年，开始私自利用建筑垃圾如渣土、砖块、建材边角料等，对池塘进行了部分填埋。目前填埋部分顶部已进行过平整，初步估计填埋量约有200方。"

记者在现场看到，窑北村委派遣的挖掘机正在清理被倾倒到池塘里的建筑垃圾。市规划和自然资源局余杭分局瓶窑管理所提供的相关文件显示，该管理所在2019年7月12日收到相关举报，并在2019年7月18日进行回复。余杭区瓶窑镇相关负责人表示，区城管局已对当事人姜某倾倒建筑垃圾的行为下发了责令限期改正通知书，窑北村也落实了相关保洁人员对该池塘内的零星垃圾及浮萍进行清理。此外，村委还对姜某进行了约谈，要求其立即对其倾倒的建筑垃圾进行清理。未及时予以清理的由窑北村委负责清理，并向倾倒人追偿清理费用。

尽管夏日炎炎，余杭区以及瓶窑镇相关部门的工作人员还是坚持上

---

[1]　沈佳骏："关注农村建筑垃圾助力美丽乡村建设"，载《杭州日报》2019年7月25日。

门为姜某补办相关手续，这让她很感动。"我以前不清楚法律程序，没有经过审批就开始施工了。接下来，我会把之前的建筑垃圾清理掉，再用黄土重新填上，整改好后就复绿，在上面种上树和花。我家的新房建得这么漂亮，门口的绿化肯定也要搞得漂漂亮亮的"。

【点评】

本案是典型的农村村民未经批准，擅自用建筑垃圾填埋池塘的案例。由于被及时发现，得到了有效制止。虽然是废旧池塘，但是没有经过规划、审批、建设，不是合法的建筑垃圾消纳场所，任何人擅自倾倒、填埋建筑垃圾的行为都是违法的。

第十六条 【装饰装修垃圾管理】

城市居民自建、装饰装修房屋产生的建筑垃圾,应当及时清运至社区建筑垃圾收集点或者交由建筑垃圾运输企业按规定处理。

【导读与释义】

本条是关于城市居民自建、装饰装修房屋产生的建筑垃圾如何处理的规定。本条包括三个方面的内容:一是由城市居民自建房屋产生的建筑垃圾;二是由装饰装修房屋产生的建筑垃圾;三是将建筑垃圾及时清运至社区建筑垃圾收集点或交由建筑垃圾运输企业按规定处理。以下分述之。

一、关于城市居民自建房屋产生的建筑垃圾

城市居民自建房屋,一般是生活在城市里的农村集体组织成员建设自家住宅的情况(即城中村的农民),生活在城市里的非农村集体组织成员(即一般意义上的市民),根据我国城市土地归国家所有的法律政策,很难通过划拨、出让等法定方式取得土地使用权自建房屋。基于此,城市居民自建房屋,常指城中村的农民在享有宅基地使用权的基础上,建设个人自用房屋的情况。《城市房地产管理法》第9条规定:"城市规划区内的集体所有的土地,经依法征用转为国有土地后,该国有土地的使用权方可有偿出让,……"国土资源部《招标拍卖挂牌出让国有土地使用权规定》第3条规定:"招标、拍卖或挂牌出让国有土地使用权应当遵循公开、公平、公正和诚实信用的原则。"第4条规定:"商业、旅游、娱乐和商品住宅等各种经营性用地,必须以招标、拍卖或挂牌方式出让。

前款规定以外用途的土地的供地计划公布后，同一宗地由两个以上意向用地者的，也应当采用招标、拍卖或挂牌方式出让"。

由以上情况可知，城市居民自建房屋，一般就是指城中村的农民建设个人自用房屋的情况。那么，在建房过程中产生的建筑垃圾，如何处理呢？城市居民自建房屋毕竟不同于农民在农村建房，因为虽然房屋属于自己，但处在城市之中，有关城市管理的各种法律制度，城中村的居民理应一体遵循。同时还应当看到，虽然处在城市之中，但又是自建房屋，不同于国家机关、企事业单位、居民小区或各种公共设施等大型建筑，有关建筑垃圾排放、运输、消纳与利用的各种法律制度，城中村居民既无能力也无条件完全遵循。加上大多数居民的房屋属于单体建筑，产生的建筑垃圾数量有限。所以，本条规定，城市居民自建房屋产生的建筑垃圾，应当及时清运至社区建筑垃圾收集点或者交由建筑垃圾运输企业按规定处理。

二、关于装饰装修房屋产生的建筑垃圾

相比于自建房屋，装饰装修房屋行为不但在总量上数量众多，而且此起彼伏，十分频繁。如果说建房是一次性行为，建好之后很多年不变，排放建筑垃圾也是一次性的；那么装修则是分散在千家万户的现象，不但搬入新居之前会装修，而且旧房屋住久了也会重新装修，进而不断产生建筑垃圾。随着近年来我国经济的高速发展、城市化程度的日益加快和城乡居民收入水平的提高，大中型居住小区、造型别致高大的写字楼和办公用房越建越多，居民购置新房、单位搬迁新址，都会对房屋进行装饰装修；就连老房子住得久一点，也会动工重新装修，进而产生大量的建筑垃圾。在此情况下，如果不对这个现象加以规范、调整，就很容易出现随意丢弃建筑垃圾的现象，导致影响城市市容和环境卫生。基于此现象，本条专门规定了对装饰装修房屋产生建筑垃圾的处理问题，即应当及时清运至社区建筑垃圾收集点或者交由建筑垃圾运输企业按规定

处理。

对于装饰装修房屋产生的建筑垃圾或者废弃物，不同的法律政策曾有不同的分类，《管理条例》直接将其作为建筑垃圾的一种，原建设部《城市建筑垃圾管理规定》（2005年）也将其作为建筑垃圾的一种。其第2条第2款规定："本规定所称建筑垃圾，是指建设单位、施工单位新建、改建、扩建和拆除各类建筑物、构筑物、管网等以及居民装饰装修房屋过程中所产生的弃土、弃料及其它废弃物。"原建设部的这个定义，也被其他地方有关建筑垃圾管理的地方立法所吸收〔如《成都市建筑垃圾处置管理条例》（2013年）、《南昌市城市建筑垃圾管理条例》（2014年）、《太原市建筑废弃物管理条例》（2017年）等〕，它们都将装饰装修房屋过程中产生的弃土、弃料以及其他固体废物作为建筑垃圾来管理。2020年修订通过的《固体废物污染环境防治法》第124条第4项为建筑垃圾下了一个明确的定义，该定义与《城市建筑垃圾管理规定》的规定基本一致，即"建筑垃圾，是指建设单位、施工单位新建、改建、扩建和拆除各类建筑物、构筑物、管网等，以及居民装饰装修房屋过程中产生的弃土、弃料和其他固体废物"。不同的是最后几个字：《城市建筑垃圾管理规定》称"废弃物"，《固体废物污染环境防治法》称"固体废物"。相比而言，固废法的称谓更加准确，因为废弃物既可能是固体的，也可能是液体的。但是，并非所有的地方立法都将装饰装修房屋过程中产生的弃土、弃料以及其他固体废物作为建筑垃圾进行分类和管理。如《广东省城乡生活垃圾处理条例》（2015年）曾明确将家庭装饰装修产生的固体废物划入生活垃圾之中，〔1〕将之作为生活垃圾中的"其他垃圾"。〔2〕不过，经过2020年的修正，该条例已经将家庭装饰装修产生的固体废物从生活垃圾中剔除，对生活垃圾沿用了《固体废物污染环境防治法》的

〔1〕 该条例第2条第2款规定："本条例所称生活垃圾，是指在日常生活中或者为日常生活提供服务的活动中产生的固体废物以及法律、行政法规规定视为生活垃圾的固体废物。"

〔2〕 该条例第8条第2款第4项规定："其他垃圾，是指前三项以外的生活垃圾，如惰性垃圾，不可降解的一次性用品、普通无汞电池、烟蒂、纸巾、家庭装修废弃物、废弃家具等。"

定义。[1]

三、及时清运至社区建筑垃圾收集点或交由建筑垃圾运输企业按规定处理

根据本条规定，无论是城市居民自建房屋产生的建筑垃圾，还是装饰装修房屋产生的建筑垃圾，都应当及时清运至社区建筑垃圾收集点或者交由建筑垃圾运输企业按规定处理。那么，社区建筑垃圾收集点是什么？有没有这个收集点呢？如果没有，该如何设立？无论是自建房屋还是装饰装修房屋，建筑垃圾产生后，相关主体（城市居民）如何交由建筑垃圾运输企业？……这些问题如果不予明确，则该条的规定无异于形同虚设。

首先，关于社区建筑垃圾收集点。这个问题首先涉及"社区"这个概念。社区是个社会学的概念，至今没有一个统一的定义。什么是社区？一般认为，"社"是指有相互联系、有某些共同特征的人群；"区"是指一定的地域范围。所以，"社区"可以被说成是有相互联系、有某些共同特征的人群共同居住的一定区域。"社区"一词源于拉丁语，意思是共同的东西和亲密的伙伴关系。刘视湘先生认为，社区是某一地域里个体与群体的集合，社区成员在生活上、心理上、文化上有一定的相互关联和共同认识。换言之，社区是指有共同文化的居住于同一区域的人群，其中"共同文化"和"共同地域"是两个最重要的外在特点。总之，一个社区至少包括以下特征：有一定的地理区域；有一定数量的人口；居民之间有共同的意识和利益；居民之间有着较密切的社会交往。一个村落、

---

[1]《广东省城乡生活垃圾处理条例》第 2 条第 2 款规定："本条例所称生活垃圾，是指在日常生活中或者为日常生活提供服务的活动中产生的固体废物以及法律、行政法规规定视为生活垃圾的固体废物。"《固体废物污染环境防治法》（2020 年修正）第 124 条第 4 项规定："生活垃圾，是指在日常生活中或者为日常生活提供服务的活动中产生的固体废物，以及法律、行政法规规定视为生活垃圾的固体废物。"可见，二者的定义完全一致，即广东省的条例沿用了《固体废物污染环境防治法》的定义。

一条街道、一个县、一个市都是规模不等的社区。但在日常生活中，人们常提及的社区往往是与个人的生活关系最密切的、有直接关系的较小型的社区，如农村的村或乡、城市里的住宅小区。由于住宅小区基本上都有物业公司在进行日常管理，那么所谓的社区建筑垃圾收集点，往往就是物业公司指定或与业主委员会共同商定的地点。日常生活中，无论是城市居民自建房屋产生的建筑垃圾，还是装饰装修房屋产生的建筑垃圾，都应及时清运至物业公司指定或与业主委员会共同商定的小区建筑垃圾收集点，或者交由建筑垃圾运输企业按规定处理。

其次，居民自建房屋或装饰装修房屋产生建筑垃圾后，到底如何收集、转交、运输呢？现行法律法规和行政规章对此问题并没有作出明确规定，《管理条例》的规定也过于原则，不便于操作。本书认为，这个问题的解决可参考原《广东省城乡生活垃圾处理条例》（2015年）的规定，虽然该条例现已失效，但其确立的制度和方法非常具有适用价值，且符合目前我国城市管理、小区物业管理的实际。实际上，该条例经过2020年的修正，是将装饰装修垃圾从生活垃圾中剔除出去了，但并非因为这个类别的划分就必然导致装饰装修垃圾不能按照生活垃圾的处理方法和运行机制来处理。2020年修正后的《广东省城乡生活垃圾管理条例》第24条、第25条基本保留了2015年《广东省城乡生活垃圾处理条例》第9条、第10条的规定，可资进行装饰装修建筑垃圾管理时借鉴。《广东省城乡生活垃圾管理条例》第24条规定："城乡生活垃圾分类投放管理实行管理责任人制度。管理责任人按照下列规定确定并公布：（一）城镇居住地区，包括住宅小区、街巷等，委托物业管理的，由物业服务人负责；自行管理的，由自行管理人负责；没有委托物业管理且没有自行管理的，由居民委员会负责；（二）农村居住地区，由村民委员会负责；（三）国家机关、部队、企事业单位、社会团体及其他组织的办公场所，由本单位负责；……按照前款规定不能确定生活垃圾分类投放管理责任人的，由所在地乡镇人民政府、街道办事处落实管理责任人并公布。"第25条规定："生活垃圾分类投放管理责任人应当履行下列管理责任：（一）建立生活垃圾分类日常管理制度；（二）开展生活垃圾分类知识宣传，指导、监督、检查生活垃圾分类行为；（三）根据生活垃圾产生量，按照就近便利原则和分类标准、分类标志设置生活垃圾分类收集点和收集容器，并保持生活垃圾分类收集容器正常使用和周边清洁；（四）合理确定生活垃圾的投放时间、地点，并组织责任区域内的分类收集工作；（五）劝阻不按照分类规定投放生活垃圾，或者混合收集、运输已分类的生活垃圾的行为；（六）将生活垃圾交由符合规定的单位收集、运输、处理。生活垃圾分类投放管理责任人可以采取购买服务等方式做好前款规定相关工作，但不免除其管理责任。"

从以上规定尤其是第25条第6项的规定可知，把垃圾交由相关单位处理的工作，是由管理责任人负责的。考虑到我国城市小区物业普遍由物业公司来管理，依照此规定，小区物业公司应当把各家各户装饰装修产生的建筑垃圾等废弃物，交给建筑垃圾消纳处置场所或者建筑垃圾运输企业，由后者进行处置，而非由各家各户自行处置或者直接转交给建筑垃圾消纳处置场所或者建筑垃圾运输企业。

【典型案例六】济南市市中区装修垃圾统管统运案[1]

随着城市化的快速发展，装修垃圾处置问题已成为城市管理的一大顽疾。为进一步净化城区环境，规范装修垃圾运输管理，济南市市中区制定城区建筑装潢装修垃圾处置管理方案，逐渐探索装修垃圾"统管统运"之路，目前已在六里山街道办玉函小区进行试点，试点成熟后将在全区推行。困扰小区居民的建筑装修垃圾处置难题，有望得到破解。

在玉函南区12号楼，市民李先生正在进行装修。在此处巡查的六里山城管队员发现后主动找到他，表示可帮他运输装修垃圾。经过协商后，

---

[1] "济南：建筑装潢装修垃圾处理管理方案试运行，自行处置垃圾将被罚款"，载建程网：http://jc85.com/news/show-14997.html，2021年8月1日访问。

李先生的装修垃圾由环卫部门清运，最终经市中区渣土人员调派渣土车运走，一下子解决了他的后顾之忧。玉函小区最近几年来装修现象大量增加，装修垃圾也不断增多。为此，六里山街道办城管委开始试点装修垃圾统管统运，巡查人员每天早上都会来回巡查，发现装修现象就会主动联系沟通。在玉函南区南面，一个废弃的场地内就是六里山街道办设置的装修垃圾临时寄存点，该小区内的装修垃圾都会被运到此处，随之由市中区渣土管理人员用联系好的车辆将其运走。六里山城管委负责人表示，目前正在探索运行中，已运出装修垃圾 60 余吨，下一步将根据实际情况进一步完善。

为切实解决城区内装修垃圾多头清运、随处乱倒、污染环境的问题，改变装修垃圾无序管理的现状，市中区依照"有偿服务、专门管理"的原则，主动成立专门队伍，购置专业车辆，配备专人，对城区装修垃圾实行分散搜集、集中清运，试点探索装修垃圾的统管统运，着力解决装修垃圾无序堆放、运输导致的脏乱差问题，建立健全长效管理机制，推动城市市容和环境卫生有大的改观，为全区经济社会发展营造更加良好的环境。

根据实施方案，市中区城管局出资购置小型翻斗车辆，组建由区城市管理局统一领导、管理的装修垃圾清运队，并吸收社会上的车辆参与，服从区城管局的管理，承担辖区小型装修建筑垃圾的清运与处置工作。由区城管局依照核准的《垃圾处理费收费标准》对辖区内居民小区、经营场所、企事业单位等产生装修垃圾的单位和个人收取装修垃圾处理费，实行有偿清运。

针对小区装修建筑垃圾实行物业管理的小区，各街道办事处城管委与各小区物业公司签订协议，明确小区装潢装修建筑垃圾堆放、运输、处置规定及各方管理责任和权利义务；未实行物业管理的小区内居民个人、商户及企事业单位装潢装修产生的建筑垃圾堆放管理由所在街道办城管委负责。大中型装修建筑垃圾，1000 立方米以上的建筑垃圾，由市渣土综合整治办公室核准的运输公司和车辆统一清运处置。

市城管局相关负责人表示，区城管局对城区装修垃圾收集设施统一布局，并指定各有关单位、街道办完善相关设施设备；组建专业队伍，添置清运车辆设施，进行规范管理。下一步，城管部门将联合交通、公安、环保等部门成立专门的日常化巡查队伍，加强综合执法力度，对未经批准擅自从事装修垃圾经营性打扫、收集、运输、处置活动，不按规定地点随便倾倒、抛洒、堆放装修垃圾等行为，依照有关规定给予行政处罚，确保装修垃圾规范管理。

【点评】

本案是一起对装饰装修产生的建筑垃圾进行统管统运的典型案例，济南市市中区城管局的做法为其他城市探索了新路、树立了榜样。随着城市化的快速发展，住房装修现象越来越多，但业主们最为忧虑的一件事就是如何将产生的建筑垃圾清运出去：由谁清运、怎么清运、往哪里清运？作为城市管理部门，虽然有清运人力、清运工具和清运场所，但却没法获得装修业主的信息，双方的信息、能力不对称导致无法形成合力，既不能解决业主们的后顾之忧，也不能解决城管部门的"无米下锅"。为此，济南市市中区城管局探索新路，积极行政，主动作为，成立专门队伍，购置专业车辆，配备负责人员，对城区装修垃圾实行主动联系、分散搜集、集中清运，探索装修垃圾的统管统运，着力解决装修垃圾无序堆放、运输导致的脏乱差问题，建立长效机制，推动了本市城市市容和环境卫生的改观，取得了良好效果，值得肯定。

第十七条【建筑垃圾运输规定】

建筑垃圾运输车辆在运输过程中应当遵守下列规定：

（一）配备卫星定位装置，保持在线，按照规定的时间、线路运输；

（二）保持车身清洁，车辆标识、号牌清晰，车轮不得带泥行驶；

（三）全程密闭运输，不得沿途泄漏、遗撒；

（四）法律法规规定的其他义务。

【导读与释义】

本条是关于建筑垃圾运输车辆在运输过程中应遵守义务的规定。义务内容有四项要求，具体是：一是运输车辆要配备卫星定位装置，保持在线，按照规定的时间、线路运输；二是保持车身清洁，车辆标识、号牌清晰，车轮不得带泥行驶；三是全程密闭运输，不得沿途泄漏、遗撒；四是法律法规规定的其他义务。以下分述之。

一、配备卫星定位装置，保持在线，按照规定的时间、线路运输

卫星定位是指通过利用卫星和接收机的双向通信来确定接收机的位置，从而在全球范围内实时为用户提供准确的位置坐标及相关的属性特征。卫星定位的基本原理是：围绕地球运转的人造卫星连续向地球表面发射经过编码调制的连续波无线电信号，编码中载有卫星信号准确的发射信号，以及不同时间卫星在空间的准确位置。此时，海、陆、空的船舶、车辆、飞机等各类运载体上的卫星导航接收机在接收到卫星发出的无线电信号后，如果它们有与卫星钟准确同步的时钟，便能测量出信号的到达时间，从而能算出信号在空间的传输时间，再用这个传输时间乘

以信号在空间的传播速度，得出接收机与卫星间的距离。它是一种可以定时和测距的导航系统，可向海、陆、空的船舶、车辆、飞机提供全球、全天候、连续、实时服务的高精度三维位置、三维速度和时间信息。建筑垃圾运输车辆配备卫星定位装置并保持在线状态，终端可根据接收到多颗卫星的导航信息，计算出车辆的三维位置（经、纬度和海拔高度）、运行速度与方向以及精确的时间信息。我国的"北斗"导航卫星定位系统就是利用地球同步卫星为用户提供快速定位、简短数字报文通信和授时服务的一种全天候、高精度的卫星定位系统。该系统的主要功能包括：①定位，即快速确定用户所在地的地理位置，向用户及主管部门提供导航信息；②通信，即用户与用户、用户与中心控制系统间均可实现双向简短数字报文通信；③授时，即中心控制系统定时播放授时信息，为定时用户提供时延修正值。建筑垃圾运输车辆配备卫星定位装置，并保持在线状态，按照规定的时间、线路运输，可使中心控制系统始终对其运输情况处于了解、掌握状态，起到有效监督管理的目的。2019 年 1 月，韶关市住管局、公安局、交通运输局和浈江区政府、武江区政府联合印发《关于在韶关市区启用新型全密闭建筑垃圾运输车辆的工作方案》,[1]公告市区建筑垃圾运输车辆智能管理信息系统通讯协议技术规范及安装使用要求，规定市区建筑垃圾运输车辆车载终端产品由车辆业主自行选型购买，市住管局不负责提供任何产品和指定任何生产厂家的产品、品牌以及型号。该系统与卫星导航定位系统协同发挥作用，为监管部门的监管创造了更好的条件，也为运输车辆的选择、安装提供了公平的环境。

二、保持车身清洁，车辆标识、号牌清晰，车轮不得带泥行驶

车身清洁一方面有利于市容市貌美观，改善城市形象；另一方面也避免不清洁的车沿途掉落尘土、泥浆，造成环境污染。车辆标识、号牌清晰，便于对其进行监督，防止车辆违反交通信号和标识标示的现象发

---

[1] 韶市建联字〔2018〕10 号。

生，同时也是城市管理水平的体现。车轮如果带泥上路，一方面可能沿途掉落，污损路面，影响城市环境卫生；另一方面，在晴朗天气里，泥巴经过车轮的不断碾压会逐渐干燥，经风吹动，会形成扬尘，造成大气污染。另外，车轮带泥上路也不能体现一个良好的城市形象。

针对上述问题，《广东省建设工程施工扬尘污染防治管理办法（试行）》[1]第 12 条规定："施工单位应当在施工现场出入口、主要场地、周边道路采取下列扬尘污染防治措施：（一）施工现场出入口应当配备车辆冲洗设备和沉淀过滤设施，有条件的项目应当安装全自动洗轮机，车辆出场时应当将车轮、车身清洗干净；（二）城市区域内的施工现场出入口应当安装视频监控设备，并能清晰监控车辆出场冲洗情况及运输车辆车牌号码，视频监控录像现场存储时间不少于 30 天……"由此可知，要想保持车身清洁，车辆标识、号牌清晰，车轮不得带泥行驶，这单靠运输公司和驾驶司机是不够的，施工单位的硬件建设和有效利用也是必不可少的支持系统。

【典型案例七】车轮带泥行驶污染道路案[2]

2017 年 2 月 27 日，泰州市城管执法局医药高新区分局执法队员巡查至泰州市兴泰南路与永兴路交叉口东北侧道路时发现，有人驾驶车牌号为苏 MF×××的重型自卸货车从碧桂园工地进入兴泰南路由南向北行驶，行驶途中因车轮带泥致使该路段路面被污染。执法队员现场将涉案车辆拦停后出示证件，进行检查。经查，该车为张某所驾驶。经现场测量，该车车轮轮胎横截面宽度与污染路面轮胎痕迹一致，被污染面积为 100 平方米（宽 4 米，长 25 米）。分局执法队员现场向张某发出了《责令改正通知书》一份，限其 1 日内自行整改，并清扫受污染路段。本案于当

---

〔1〕 粤办函〔2017〕708 号。

〔2〕 "市城管局以案释法案例（车轮带泥行驶污染道路）"，载泰州普法网：http://www.tzp-ufa.cn/index.php？a=show&c=index&catid=100&id=5007&m=content，2021 年 8 月 1 日访问。

日调查终结。

本案中，张某驾驶运输车辆车轮带泥行驶污染道路的行为，违反了《江苏省城市市容和环境卫生管理条例》第 30 条第 2 款关于运输建筑垃圾的车辆应当密闭运输，不得沿途抛撒滴漏，不得车轮带泥行驶的规定，根据《条例》第 51 条第 10 项之规定，可对当事人处 500 元以上 5000 元以下罚款。27 日，泰州市城管执法局向张某送达了《行政处罚事先告知书》，告知拟对其处以罚款人民币 2000 元的行政处罚以及当事人享有的陈述、申辩、申请听证等权利。张某在规定期限内未进行陈述、申辩和听证，视为放弃上述权利。2017 年 3 月 3 日，泰州市城管执法局依据《江苏省城市市容和环境卫生管理条例》第 51 条第 9 项作出如下决定：给予张某罚款人民币 2000 元的行政处罚，并于当日将处罚决定书直接送达张某，送达时告知了张某依法享有的权利和救济途径及期限。2017 年 3 月 6 日，张某自觉履行了处罚决定，本案于当日予以结案。

【点评】

该案是一起运输车辆带泥上路行驶被处罚的典型案例。当事人张某驾驶的车辆车轮带泥行驶的行为，违反了《江苏省城市市容和环境卫生管理条例》的规定，因而受到了应有的惩罚。本案中的城管执法局严格履行了法定程序，起到了很好的惩罚与教育相结合的效果。

三、全程密闭运输，不得沿途泄漏、遗撒

密闭运输的目的在于防止泄露、遗撒，没有密闭运输，必然会泄露、遗撒。可以说，密闭运输是手段，防止沿途泄露、遗撒是目的。建筑垃圾被泄露、遗撒后，不但会造成路面污损，影响市容环境卫生，而且可能造成交通安全事故，重新清理还会增加不必要的人力、物力、财力成本。所以，要求运输车辆全程密闭运输，不得沿途泄漏、遗撒，意义是多方面的。

【典型案例八】 沿途遗撒建筑垃圾被处罚案[1]

2017 年 12 月 30 日 6 时，正在进行日常洒水作业的成都瑞恒环卫有限责任公司温江分公司工作人员梁师傅，在行驶至海科路口时突然发现，前方原本清爽的道路上零零散散撒落了不少黄土，经过的车辆让这些沙尘漫天飞扬。"有些黄土被过往车辆碾压成了土饼。"看到这一场景，梁师傅立即将该情况反映给温江区城管局扬尘巡查队，并上报公司负责人，通知当天当班人员及时对该污染路面进行清理。"这些黄土在路面上，太脏了！"接到举报后，温江区城管局扬尘巡查队执法人员立即赶到现场进行勘察。"长 15.9 米，宽 6.3 米，面积约为 100 平方米的区域都被污染了！"当即立案调查。

结合温江区数字城管监督指挥中心的监控视频、天府街办雪亮工程的监控视频、交警部门天网视频等监控的查看取证，工作人员传来当事司机与其所属公司——成都某物流有限公司——负责人进行询问笔录。在证据面前，当事人供认不讳。"我开车基本都比较平稳，只是在经过海科路西段与锦绣大道交叉口时，因避让车辆刹停过车子。当时也意识到可能会产生渣土撒漏，但因为车正走在路口中间就没有下车查看，也没有向公司说可能造成撒漏的情况。"

《成都市建筑垃圾处置管理条例》第 26 条第 5 项规定，运输建筑垃圾应当"密闭运输，不得冒载或者沿途泄漏、遗撒"。第 52 条第 1 款规定："在城市道路上违反本条例第二十六条第四至六项规定的，由城市管理行政主管部门责令限期改正、清除污染，并按照下列规定处以罚款：……（二）违反第五项规定的，处以五千元以上一万元以下罚款；造成污染的，处以二万元以上五万元以下罚款；污染特别严重的，处以五万元以

---

[1] 李萌："成都严查曝光'车身不洁 带泥行驶''擅自倾倒建筑垃圾''未密闭覆盖 沿途撒漏'等建筑垃圾处置违法行为"，载搜狐网：https://www.sohu.com/a/218473091_99964988，2021 年 8 月 2 日访问。

上十万元以下罚款；……"结合当事人陈述事实与各类证物，城管局最终依法对当事人所在公司处以人民币 50 000 元的罚款。

【点评】

本案是一起典型的道路沿途遗撒建筑垃圾，后被严厉处罚的案例。建筑垃圾被泄露、遗撒后，不当造成路面污损，影响市容环境卫生，而且还可能造成交通安全事故，重新清理还会增加不必要的人力、物力、财力成本。所以，看似简单的遗撒问题，实则危害很大，必须通过法律手段解决它。

实际上，对于建筑垃圾运输车辆在运输过程中应当遵守的行为规范，近年来多部法律、法规和行政规章都有详细的规定。如《固体废物污染环境防治法》（2020 年修订）第 20 条第 1 款规定："产生、收集、贮存、运输、利用、处置固体废物的单位和其他生产经营者，应当采取防扬散、防流失、防渗漏或者其他防止污染环境的措施，不得擅自倾倒、堆放、丢弃、遗撒固体废物。"其中就谈到了运输问题。《大气污染防治法》第 68 条第 1 款规定："地方各级人民政府应当加强对建设施工和运输的管理，保持道路清洁，控制料堆和渣土堆放，扩大绿地、水面、湿地和地面铺装面积，防治扬尘污染。"第 70 条第 1、2 款规定："运输煤炭、垃圾、渣土、砂石、土方、灰浆等散装、流体物料的车辆应当采取密闭或者其他措施防止物料遗撒造成扬尘污染，并按照规定路线行驶。装卸物料应当采取密闭或者喷淋等方式防治扬尘污染。"上述两条也着重谈到了运输问题。住建部《城市建筑垃圾管理规定》（2005 年）第 14 条规定："处置建筑垃圾的单位在运输建筑垃圾时，应当随车携带建筑垃圾处置核准文件，按照城市人民政府有关部门规定的运输路线、时间运行，不得丢弃、遗撒建筑垃圾，不得超出核准范围承运建筑垃圾。"《广东省环境保护条例》（2019 年修正）第 40 条规定："……建筑土方、建筑垃圾、渣土和散装物料以及灰浆等流体物料应当采用密闭方式运送或者采取其他措施防止物料遗撒；运输车辆应当按照规定路线行驶。"《广东省大气污染防治条例》第55条第1款规定："城市建成区建设项目的施工现场出入口应当安装监控车辆出场冲洗情况及车辆车牌号码视频监控设备；建筑面积在五万平方米以上的，还应当安装颗粒物在线监测系统。"第57条规定："运输煤炭、垃圾、渣土、土方、砂石和灰浆等散装、流体物料的车辆应当密闭运输，配备卫星定位装置，并按照规定的时间、路线行驶。对未实现密闭运输或者未配备卫星定位装置的车辆，县级以上人民政府相关主管部门不予运输及处置核准。"上述两个地方性法规，都重点对车辆运输问题作了规定。《广东省住房和城乡建设厅关于采取切实措施坚决遏制施工扬尘污染的紧急通知》规定："……二、严格散装物料运输车辆管理：（一）明确运输车辆密闭技术要求。要明确运输车辆密闭技术标准和准入条件，定期进行车容车貌和密闭性能审验。今年6月底前，运输车辆全面实现全密闭式运送。（二）加强运输车辆信息化管理。对经核准的运输车辆安装GPS，核发电子标识卡，在工地源头和消纳场所安装读卡设备，确保运输车辆按照指定时间、规定路线行驶，装载物不得超过核定载质量。（三）严格工地运输车辆出入管理。要对出入工地的运输车辆进行登记，建立台账，严格施行'一不准进，三不准出'管理，即'无证车辆不准进'和'未冲洗干净车辆不准出，不密闭车辆不准出，超装车辆不准出'。（四）加强运输车辆撒漏污染管理。督促施工单位落实工地周边清洗保洁制度，督促运输单位落实运输沿途余泥洒漏污染清洗制度，对路面污染及时清理，消除影响。"上述法律、法规、规章无一例外均强调了这么几个关键词：密闭运输，不得丢弃、遗撒，按照规定路线行驶，以及保持车身清洁、安装卫星定位装置等。由此可见，国家对车辆运输建筑垃圾的要求既极为严格，又在整体上保持一致，地方的要求甚至更为严格。

第三章　消纳与利用

第十八条　【消纳场规划建设】

市、县（市、区）人民政府应当组织相关职能部门根据国土空间规划编制建筑垃圾消纳专项规划，并根据专项规划建设建筑垃圾消纳场。

鼓励社会资本投资建设和经营建筑垃圾消纳场。

【导读与释义】

本条是关于建筑垃圾消纳场规划建设的规定。本条的内容包含以下几点：一是市、县（市、区）人民政府组织相关职能部门编制建筑垃圾消纳专项规划；二是建筑垃圾消纳专项规划要根据国土空间规划来编制，并以此专项规划建设建筑垃圾消纳场；三是鼓励社会资本投资建设和经营建筑垃圾消纳场。以下分述之。

一、市、县（市、区）人民政府组织相关职能部门编制建筑垃圾消纳专项规划

首先，组织编制的主体是市、县（市、区）人民政府，在韶关即指韶关市人民政府和武江区、浈江区、曲江区人民政府，以及南雄市、乐昌市、始兴县、仁化县、新丰县、翁源县、乳源瑶族自治县人民政府。

其次，参与编制的是政府的有关职能部门。具体哪些部门呢？《固体废物污染环境防治法》（2020 年修订）第 60 条第 2 款规定："县级以上地方人民政府应当制定包括源头减量、分类处理、消纳设施和场所布局及建设等在内的建筑垃圾污染环境防治工作规划。"第 62 条规定："县级以上地方人民政府环境卫生主管部门负责建筑垃圾污染环境防治工作，

建立建筑垃圾全过程管理制度，规范建筑垃圾产生、收集、贮存、运输、利用、处置行为，推进综合利用，加强建筑垃圾处置设施、场所建设，保障处置安全，防止污染环境。"从《固体废物污染环境防治法》的上述规定来看，县级以上地方人民政府是规划的制定者，环境卫生主管部门是具体的管理者、建设者、推进者。再看《广东省固体废物污染环境防治条例》（2018 年修订）的规定。该条例第 19 条规定："省人民政府应当统筹推进固体废物处置设施建设。省生态环境主管部门负责督促危险废物、一般工业固体废物的处置设施建设；省住房城乡建设主管部门负责督促生活垃圾、建筑垃圾、生活污水处理厂污泥的处置设施建设；省农业农村主管部门负责督促农业废弃物的处置设施建设。地级以上市及县级人民政府应当落实固体废物基础设施建设规划，解决设施建设的立项、用地、资金等问题。"即该条例规定省住房城乡建设主管部门负责督促建筑垃圾处置设施建设，以此类推，市、县（市、区）住房城乡建设主管部门自然负责本地的建筑垃圾处置设施的建设工作。从《管理条例》第 5 条的规定，我们更能清晰地看到不同政府职能部门在建筑垃圾消纳场所规划建设中的作用。该条第 1、2 款规定："市人民政府环境卫生主管部门负责市辖区行政区域内的建筑垃圾污染防治工作、县（市）人民政府环境卫生主管部门负责本行政区域内的建筑垃圾污染防治工作，建立建筑垃圾全过程管理制度，规范建筑垃圾排放、运输、消纳、利用、处置等行为。发展改革、住房和城乡建设、公安、交通运输、水务、自然资源、生态环境、市场监管、农业农村、林业等行政主管部门按照各自职责，协同做好建筑垃圾的监督管理工作。"从以上规定来看，市、县（市、区）人民政府环境卫生主管部门主要负责本行政区域内的建筑垃圾污染防治工作，包括管理、建设、推进工作，而发展改革、交通运输、水务、自然资源、生态环境等部门是建筑垃圾管理工作的参与者、协助者。根据目前韶关市的行政管理体制，环境卫生工作基本上已归属住房和城乡建设管理局管理，那么市、县（市、区）人民政府住房和城乡建设管理局自然就成了环境卫生管理和建筑垃圾管理的管理者、建设者、推进者。

二、建筑垃圾消纳专项规划要根据国土空间规划来编制，并以此专项规划建设建筑垃圾消纳场

首先，关于国土空间规划和专项规划。根据 2019 年 5 月《中共中央国务院关于建立国土空间规划体系并监督实施的若干意见》所下的定义，[1]所谓国土空间规划，是指对一定区域的国土空间开发保护在空间和时间上作出的安排，包括总体规划、详细规划和相关专项规划。总体上，我国当前主要有四种规划类型：一是发展规划；二是空间规划；三是区域规划；四是专项规划。而空间规划也就是国土空间规划。国土空间规划作为一种规划，其规划对象是国土空间。国土空间是国家主权管辖下的地域空间，是人类生产生活的载体和场所，包括陆地国土空间、海洋国土空间等。从性质上看，规划是对经济社会发展的一种治理手段，国土空间规划在本质上自然也是一种对国土空间的治理手段。正如经济社会需要治理一样，国土空间也需要治理。过去因为国土空间治理不力，导致国土空间开发保护无序，结果是生态环境遭到破坏。国土空间治理的主要内容是优化国土空间开发保护格局、实施国土空间用途管制、国土综合整治和生态保护修复等。国土空间治理的目标，是实现生产空间集约高效、生活空间宜居适度、生态空间山清水秀，形成国土空间开发保护更高质量、更有效率、更加公平、更可持续的局面。总之，国土空间规划是建设美丽宜居家园的一种空间治理手段。

其次，在总体规划、详细规划和相关专项规划的关系上，总体规划是行政辖区内国土空间保护开发利用与修复的总体部署和统筹安排，是各类开发保护建设活动的基本依据，是详细规划的依据、相关专项规划的基础。详细规划是对具体地块用途和开发建设强度等作出的实施性安

---

[1] 中发〔2019〕18 号。

排，是开展国土空间开发保护活动、实施国土空间用途管制、核发城乡建设项目规划许可、进行各项建设等的法定依据。相关专项规划是指在特定区域流域、特定领域，为体现特定功能，对空间开发保护利用作出的专门安排，是涉及空间利用的专项规划。国土空间总体规划是详细规划的依据、相关专项规划的基础；相关专项规划要相互协同，并与详细规划做好衔接。

最后，关于建筑垃圾消纳场的专项规划与建设。如前所述，专项规划以总体规划为基础，韶关市及下辖各县（市、区）有关建筑垃圾消纳场的专项规划，要以韶关市及下辖各县（市、区）的国土空间总体规划为基础，在遵循国土空间用途管制要求下，保护好生态环境，以此设计、建设好各地的建筑垃圾消纳场。《城乡规划法》（2019修正）对城乡规划进行了立法，国土空间规划、建筑垃圾消纳场的规划与建设，应当与《城乡规划法》的规定相一致，《城乡规划法》的规定应当得到严格遵守。该法第4条第1、2款规定："制定和实施城乡规划，应当遵循城乡统筹、合理布局、节约土地、集约发展和先规划后建设的原则，改善生态环境，促进资源、能源节约和综合利用，保护耕地等自然资源和历史文化遗产，保持地方特色、民族特色和传统风貌，防止污染和其他公害，并符合区域人口发展、国防建设、防灾减灾和公共卫生、公共安全的需要。在规划区内进行建设活动，应当遵守土地管理、自然资源和环境保护等法律、法规的规定。"上述规定，对建筑垃圾消纳场的专项规划与建设无疑具有指导与规范意义。

三、鼓励社会资本投资建设和经营建筑垃圾消纳场

社会资本投资建设和经营建筑垃圾消纳场等市政公用事业，有利于打破垄断，营造公平竞争的制度环境。市政公用事业在传统意义上总是和垄断经营联系在一起。根据国家近年来的法律政策，要进一步打破垄断，鼓励社会资本参与市政公用设施的建设和运营，允许跨地区、跨行

业参与包括建筑垃圾消纳场在内的市政公用设施的建设与运营。

具体而言，社会资本可采取独资经营、合资合作、资产收购等方式直接投资包括建筑垃圾消纳场等项目的建设和运营。社会资本可通过政府购买服务的模式，进入环卫保洁、垃圾清运、建筑垃圾消纳等市政公用事业领域的运营和养护。此外，社会资本还可通过购买地方政府债券、投资基金、股票等方式间接参与市政公用设施的建设和运营。同时，还可以通过参与企业改制重组、股权认购等进入建筑垃圾消纳场建设经营等市政公用事业领域。为此，民营企业与国有企业应享有同样的税收和土地等优惠政策。政府投资可采取补助、贴息或参股等形式，提升对社会投资的引导力度，降低社会资本投资风险。另外，针对社会资本进入微利或非营利市政公用事业领域，人民政府应建立相应的激励和补贴机制，鼓励社会资本为社会提供服务。对此，可对建筑垃圾消纳场建设经营情况进行分析评估，以建立较为客观、公正的激励补贴制度。同时，鼓励金融机构支持社会资本投资建筑垃圾消纳场的建设，支持符合条件的市政公用企业发行企业债券。

第十九条　【消纳场经营核准】

从事建筑垃圾消纳场经营的单位应当向市、县（市）人民政府环境卫生主管部门申请办理建筑垃圾处置核准，并按照国家有关规定提交相关材料。

【导读与释义】

本条是关于建筑垃圾消纳场经营单位处置核准申请的规定。本条包含三个方面的内容：一是向市、县（市）人民政府环境卫生主管部门提出申请；二是办理建筑垃圾处置核准；三是按照国家有关规定提交相关材料。

一、向市、县（市）人民政府环境卫生主管部门提出申请

需要注意的是，本条规定的是向市、县（市）人民政府环境卫生主管部门提出申请，而非如上条所规定的市、县（市、区）人民政府，二者的不同点是本条缺少了"区"人民政府。之所以如此规定，原因在于韶关市武江区、浈江区、曲江区的建筑垃圾管理工作，是由市环境卫生行政主管部门（市住管局）统管的，其他两个县级市和五个县的建筑垃圾，由各自的环境卫生行政主管部门（县、县级市住建局，个别机构还没有改革的地方是城管局）管理，故本条作了如此规定。

二、办理建筑垃圾处置核准

处置，在汉语中有两个意思：一个意思是"处理"，另一个意思是

"发落、惩治"。[1]本条例中主要是第一个意思。核准，在汉语中是"审核后批准"的意思。[2]易言之，如果不经审核，或者审核后没有通过，是不能进行建筑垃圾处置的。申请建筑垃圾处置，经过环境卫生行政主管部门审核批准，在行政法上就是一种行政许可行为。[3]《行政许可法》（2003 年）第 12 条规定："下列事项可以设定行政许可：（一）直接涉及国家安全、公共安全、经济宏观调控、生态环境保护以及直接关系人身健康、生命财产安全等特定活动，需要按照法定条件予以批准的事项；（二）有限自然资源开发利用、公共资源配置以及直接关系公共利益的特定行业的市场准入等，需要赋予特定权利的事项……"对比《行政许可法》的上述规定，建筑垃圾消纳场所建设与运营，既涉及第 1 项的公共安全、生态环境保护，还涉及第 2 项的公共资源配置和直接关系公共利益的特定行业的市场准入。因此，将该类行为纳入行政许可制度进行审核批准管理，既有现实基础，也有法理依据。

近年来，随着"放管服"改革的深入推进，国务院依照《行政许可法》（2003 年）和行政审批制度改革的有关规定，对所属各部门的行政审批项目进行了全面清理，并在 2004 年发布了清理后的《国务院对确需保留的行政审批项目设定行政许可的决定》，[4]且在第 101 项保留了城市建筑垃圾处置核准，规定实施机关是城市人民政府市容环境卫生行政主管部门。到 2016 年，《国务院关于修改〈国务院对确需保留的行政审批项目设定行政许可的决定〉的决定》（2016 年修正）[5]附件目录第 101 项规定了审批项目名称"城市建筑垃圾处置核准"，实施机关是"城市人

---

〔1〕 中国社会科学院语言研究所词典编辑室编：《现代汉语词典》（第 6 版），商务印书馆 2012 年版，第 196 页。

〔2〕 中国社会科学院语言研究所词典编辑室编：《现代汉语词典》（第 6 版），商务印书馆 2012 年版，第 527 页。

〔3〕 《行政许可法》（2003 年）第 2 条规定："本法所称行政许可，是指行政机关根据公民、法人或者其他组织的申请，经依法审查，准予其从事特定活动的行为。"

〔4〕 国务院令第 412 号。

〔5〕 国务院令第 671 号。

民政府市容环境卫生行政主管部门"，继续保留了 2004 年的决定。《国家发展改革委商务部关于印发〈市场准入负面清单（2019 年）〉》第 90 项也保留了城市建筑垃圾处置核准许可，实施部门是住房与城乡建设部。2017 年，《韶关市人民政府关于公布市人民政府部门权责清单（2017 年版）的决定》[1]对韶关市住房和城乡建设管理权责清单第一点第 10 项，也规定了城市建筑垃圾处置核准。子项名称有两个：一是城市建筑垃圾准运审批；二是城市建筑垃圾处置核准。

以上《行政许可法》的规定、国务院的规范性文件的决定和有关部门的规定无不将建筑垃圾处置作为行政许可的事项，因而本《管理条例》通过本条规定审核批准制度，是有充分依据和现实需要的。

三、按照国家有关规定提交相关材料

那么，如何申请处置核准？需要提交哪些材料？本条针对这些并没有作出明确规定，只是提出"按照国家有关规定提交相关材料"。此处的"国家有关规定"，到底是哪些规定呢？现行法律法规都没有明确规定，倒是 2011 年《建设部关于纳入国务院决定的十五项行政许可的条件的规定》有详细规定。[2]其规定如下："……建设单位、施工单位或者建筑垃圾运输单位申请城市建筑垃圾处置核准，需具备以下条件：（1）提交书面申请（包括建筑垃圾运输的时间、路线和处置地点名称、施工单位与运输单位签订的合同、建筑垃圾消纳场的土地用途证明）；（2）有消纳场的场地平面图、进场路线图、具有相应的摊铺、碾压、除尘、照明等机械和设备，有排水、消防等设施，有健全的环境卫生和安全管理制度并得到有效执行；（3）具有建筑垃圾分类处置的方案和对废混凝土、金属、木材等回收利用的方案；（4）具有合法的道路运输经营许可证、车辆行驶证；（5）具有健全的运输车辆运营、安全、质量、保养、行政管理制度并

---

[1]　韶府［2017］51 号。
[2]　建设部令第 135 号。

得到有效执行；（6）运输车辆具备全密闭运输机械装置或密闭苫盖装置、安装行驶及装卸记录仪和相应的建筑垃圾分类运输设备。"上述六项要求，在广东政务服务网"城市建筑垃圾处置（排放）核准（政府指定场所）""城市建筑垃圾处置（排放）核准（临时处置场所）"项中，都有基本相同的体现。[1]里面还有更加详细的申报材料列明，可供申请者下载、填写、提交。

【典型案例一】 泉州市建筑垃圾综合利用案[2]

记者从泉州市渣土办获悉，根据泉州"XIN"行动方案，泉州市正在着力推进建筑垃圾消纳场所建设，鼓励结合建筑垃圾消纳场所，推进综合利用设施建设。目前，全市共有 10 个建筑垃圾消纳场和 2 个泥浆处理厂，其中 10 个建筑垃圾消纳场已建成并投入使用。此外，另有建筑垃圾消纳场处于在建前期 6 个、规划建设 2 个，正在进行前期手续办理，将按计划推进。现有 8 个项目纳入建筑垃圾消纳处理利用 APP 平台，调节供需平衡，方便信息沟通。

"过去，建筑垃圾主要是采用传统的填埋处理方式。今后，建筑垃圾的综合利用，将成为我市逐步规范城市建筑垃圾有效处置的方向。"市渣土办相关负责人介绍。根据泉州"XIN"行动方案要求，中心市区及周边区域建筑垃圾要同步推进，力争实现填埋与利用一体化，泉州市鲤城区、丰泽区、洛江区、南安市和台商投资区要各设置一个面积 50 亩以上、年消纳能力达 50 万立方米的建筑垃圾资源化处理中心。同时，要加快培育建筑垃圾资源化利用企业，鼓励企业延伸产业链，参与建筑物拆除、建筑垃圾分类与清运，扶持形成一批综合性示范企业。

建筑垃圾资源化利用产业链逐步延伸。围绕"零排放、零污染，可

---

〔1〕 参见广东政务服务网：http://www.gdzwfw.gov.cn/portal/guide/11440200MB2C61035A34 4011402400305，2021 年 8 月 3 日访问。

〔2〕 谢曦、庄勇："泉州市 10 个建筑垃圾资源化利用消纳场建成投用"，载泉州网：https:// www.qzwb.com/gb/content/2018-08/27/content_5861583.htm，2021 年 8 月 3 日访问。

再生利用"目标，晋江市正在建设的泉州众和泥浆处理厂已购置 10 部专用环保型封闭式泥浆运输车辆，以确保"途中不洒漏、道路无污染"。项目建成后，处理过的泥浆，水质符合市政管网水道的质量标准，沙石可以再次转换为高标准建筑材料，余下泥块处理后转变成花卉颗粒肥料，也可制作建筑砖材。

第二十条 【消纳场管理规范】

建筑垃圾消纳场的管理应当符合下列规定：

（一）按标准砌筑围挡，对出入口道路进行硬化或铺装，并安装洒水、喷淋等设备设施；

（二）设置洗车槽、沉淀池、排水和消防等设施，配备车辆冲洗设备，确保驶离消纳场的车辆不带泥上路；

（三）出入口安装监控车辆出场冲洗效果及车辆车牌号码的视频设备；

（四）配置必要的铺展、碾压、除尘等建筑垃圾消纳机械设备并有效使用；

（五）制定消纳场应急管理方案，建立环境卫生、生态环境评估、安全评估等管理制度；

（六）设置明显的安全警示标志和管理制度公示牌；

（七）对建筑垃圾进行无害化处理，防治消纳过程中的污染；

（八）不得接纳工业垃圾、生活垃圾和危险废物。

【导读与释义】

本条是关于建筑垃圾消纳场管理的具体要求，十分详细。建筑垃圾消纳场的管理与其建设一样重要，任何一个环节都不能掉以轻心。2015年12月20日，发生在深圳市光明新区的红坳渣土受纳场（消纳场）滑坡事故，就是一个惨痛的教训，值得其他消纳场时刻铭记。本条的内容与要求同第12条的内容与要求大致相同，主要是关于防止大气污染、保持环境卫生、维护公共安全、有利监督检查的规则设定，重复之处颇多，故不再一一详述。现重点对与第 12 条的不同之处略加展开。

首先是砌筑围挡，而不是像建设工程施工现场那样在周围设置硬质、连续的封闭围挡。因为建筑垃圾消纳场毕竟是固定场所，是不可移动甚至永久使用的场地，为加强消纳场的管理，维护环境卫生，避免意外事故，故本条规定要按标准砌筑围挡。

其次是设置排水、消防等设施。第 12 条并没有规定在建设工程施工过程中要设置排水、消防等设施，但本条针对建筑垃圾消纳场建设的规定却提出了这个要求。之所以要设置排水系统，是基于对消纳场安全性的考虑。如果消纳场没有建设有效的排水系统，内部积水不能及时排泄，就会导致堆填的建筑垃圾含水量过于饱和，形成底部软弱滑动带，一旦时机成熟，便会发生大规模的滑坡事故，造成严重危害。发生在 2015 年 12 月 20 日的深圳市光明新区红坳渣土受纳场（消纳场）滑坡事故，内部积水过多就是其中的关键原因之一。消防设施的建设是为了避免消防事故，毕竟，消纳场建有不少建筑物，还有许多废旧木材、装饰废物等易燃物。

再次是制定消纳场应急管理方案，建立环境卫生、生态环境评估、安全评估等管理制度。应急管理是为应对重大事故灾害问题提出的。所谓应急管理，是指行政机关及其他公共机构在突发事件的事前预防、事发应对、事中处置和善后恢复过程中，通过建立必要的应对机制，采取一系列必要措施，应用科学、技术、管理、法律等手段，保障公众生命健康和财产安全，促进社会和谐和健康、有序发展的一系列活动。应急管理的内涵，总体上包括预防、准备、响应和恢复四个阶段。尽管在实际情况中，四个阶段往往是重叠的，但每一阶段都有自己单独的目标和价值，并且成为下一个目标内容的一部分。所谓生态环境评价，是指通过生态分析得到生态环境信息并进行量化，定量描述生态环境的质量状况和存在的问题，明确回答区域环境的生态完整性、人与自然的共生性、土地和植被的承载能力是否受到破坏等重要环境问题，回答自然资源的特征及其对干扰的承受能力，并用可持续发展的观点对生态环境质量进行判定。生态环境评价要解决的主要环境问题是：①从生态完整性的角度评价环境质量，即注意区域环境的功能与稳定状况；②用可持续发展的观点评价区域自然资源现状、发展趋势和承受干扰能力；③植被破坏、荒漠化、珍稀濒危动植物物种消失、自然灾害等重大环境问题及其产生的历史、现状和发展趋势。大多数开发建设项目包括建筑垃圾消纳场建设项目的生态环境评价，是在生态因子层次上进行的。其评价内容主要包括以下几个方面：①植被。包括植被的类型、分布、面积和覆盖率，植被的主要环境功能，珍稀植物的种类、分布及其存在的问题等。②动物。包括野生动物的生境现状、破坏与干扰情况，野生动物的种类、数量、分布特点，珍稀动物的种类与分布等。③土壤。包括土壤的成土母质、形成过程、理化性质、土壤类型、性状与质量，土壤的厚度与密度，受外部环境影响以及污染状况等。④水资源。包括地表水资源与地下水资源评价两大领域，评价内容主要包括水质与水量两个方面。安全评估又称风险评估、危险评估，或称安全评价、风险评价、危险评价，一般分狭义和广义两个层面。狭义上是指针对一个具有特定功能的系统中固有的或潜在的危险及其严重程度所进行的分析与评估，并以既定指数、等级或概率值作出定量表示，最后根据定量值大小决定采取不同的预防措施。广义上是指利用系统工程原理和方法对拟建或已建工程、系统可能存在的危险性及其可能产生的后果进行综合评价和预测，并根据可能导致的事故风险大小提出相应的安全措施，以达到工程、系统安全的过程或现象。对建筑垃圾消纳场的建设，既可以在狭义上进行安全评估，也可以在广义上进行安全评估。

最后是关于不得接纳工业垃圾、生活垃圾和危险废物。建筑垃圾不得与工业垃圾、生活垃圾和危险废物混合堆放，建筑垃圾消纳场不得接纳工业垃圾、生活垃圾和危险废物，在多部中央和地方的法律政策中都有此规定。如《固体废物污染环境防治法》（2020 年修订）第 36 条第 2

款规定："禁止向生活垃圾收集设施中投放工业固体废物。"第 50 条第 2 款规定："从生活垃圾中分类并集中收集的有害垃圾，属于危险废物的，应当按照危险废物管理。"第 81 条第 2 款规定："贮存危险废物应当采取符合国家环境保护标准的防护措施。禁止将危险废物混入非危险废物中贮存。"《城市建筑垃圾管理规定》（2005 年）第 9 条规定："任何单位和个人不得将建筑垃圾混入生活垃圾，不得将危险废物混入建筑垃圾，不得擅自设立弃置场受纳建筑垃圾。"第 10 条规定："建筑垃圾储运消纳场不得受纳工业垃圾、生活垃圾和有毒有害垃圾。"《广东省固体废物污染环境防治条例》（2018 年修订）第 32 条规定："禁止下列污染环境的行为：……（五）将危险废物混入生活垃圾，国家规定豁免管理的除外；……"之所以如此规定，原因在于建筑垃圾与工业垃圾、生活垃圾和危险废物性质不同、特点不同、处置方法不同、资源化利用情况不同、价值大小不同、对环境的危害大小和结果也不同。如果混入一体，既易造成资源浪费，也易增加分类和利用中的人力、物力、财力成本，还容易引发环境污染事故。具体而言，将建筑垃圾与工业垃圾、生活垃圾和危险废物混在一起会带来如下问题：①造成工业垃圾、生活垃圾和危险废物填埋场渗滤液性质发生改变，有可能使填埋场的有关处理设施不能正常运行。②不可避免地加剧填埋场表面沉降的非均匀性，大大增加填埋场封场后其场地复原再利用的难度，降低场地复原再利用的经济效益。③在相同处置条件下，建筑垃圾给环境造成的危害远远小于工业垃圾、生活垃圾和危险废物，将工业垃圾、生活垃圾和危险废物混在建筑垃圾里面，大大降低了建筑垃圾填埋场的自身价值。[1]故上述多部法律法规和《管理条例》均作了这个要求。

---

[1] 王罗春等编著：《建筑垃圾处理与资源化》（第 2 版），化学工业出版社 2018 年版，第 173 页。

【典型案例二】 深圳光明新区红坳渣土受纳场安全生产案[1]

2015 年 12 月 20 日，广东省深圳光明新区红坳余泥渣土受纳场发生特别重大滑坡事故，并造成 73 人死亡。国务院深圳光明新区"12·20"滑坡灾害调查组经调查认定，此次滑坡灾害是一起受纳场渣土堆填体的滑动，不是山体滑坡，不属于自然地质灾害，是一起生产安全事故。最终认定事故的直接原因是：红坳受纳场没有建设有效的导排水系统，受纳场内积水未能导出排泄，致使堆填的渣土含水过饱和，形成底部软弱滑动带；严重超量超高堆填加载，下滑推力逐渐增大、稳定性降低，导致渣土失稳滑出，体积庞大的高势能滑坡体形成了巨大冲击力，加之事发前险情处置错误，造成重大人员伤亡和财产损失。调查发现，这次事故教训十分深刻，暴露出以下问题：涉事企业无视法律法规，建设运营管理极其混乱；地方政府未依法行政，安全发展理念不牢固；有关部门违法违规审批，日常监管缺失；建筑垃圾处理亟待规范，中介服务机构违法违规；有关部门漠视隐患举报查处，整改情况弄虚作假等。

要避免此类事故再次发生，必须要严格遵守有关法律法规，在设计建设之初要充分做好项目的安全风险辨识、分析和评估工作，把好规划、选址、勘探、设计、建设等关口，从源头上杜绝和防范安全风险。要加强事中事后监管，建立风险等级防控工作机制，及时发现安全风险和隐患，不断完善风险跟踪、监测、预警、处置工作机制，防止由"想不到"的问题带来的安全风险。同时，在受纳场的日常经营生产活动中，要严格遵守建设设计方案的技术要求，按规程办事、按标准操作，严禁含水堆填、超高堆填，以避免事故的发生。

---

[1] 本刊编辑部："广东深圳光明新区渣土受纳场'12·20'重大滑坡事故调查报告"，载《中国应急管理》2016 年第 7 期。

【点评】

本案是近年来少见的建筑垃圾消纳场滑坡，造成重大人员伤亡和财产损失的案件。发生这起滑坡事故的原因是多方面的，但就本条所规定的内容来看，至少这几点是完全对应的：一是红坳受纳场缺乏有效的排水系统，导致受纳场内积水未能导出排泄，致使堆填的渣土含水过饱和，形成底部软弱滑动带，埋下祸根；二是受纳场缺乏必需的应急管理方案，报警、处置不及时，延误了群众转移和灾难规避的时间；三是该受纳场没有建立起生态环境评估、安全评估等管理制度，对群众投诉举报和自身发现的问题视而不见、听而不闻，敷衍塞责、玩忽职守，最终酿成巨大灾祸。基于对深圳光明新区红坳受纳场"12·20"滑坡灾害事故教训的汲取，结合自身的管理需要，本条规定了上述内容。

第二十一条 【消纳场终止核准】

建筑垃圾消纳场达到原设计容量或者因其他原因需关闭时，应当经市、县（市、区）人民政府环境卫生行政主管部门会同生态环境行政主管部门论证同意后核准，并采取防止污染环境的措施。

【导读与释义】

本条是关于建筑垃圾消纳场因故需要关闭的规定，最直接的法律渊源是《固体废物污染环境防治法》（2020 年修订）第 55 条。该条规定："建设生活垃圾处理设施、场所，应当符合国务院生态环境主管部门和国务院住房城乡建设主管部门规定的环境保护和环境卫生标准。……禁止擅自关闭、闲置或者拆除生活垃圾处理设施、场所；确有必要关闭、闲置或者拆除的，应当经所在地的市、县级人民政府环境卫生主管部门商所在地生态环境主管部门同意后核准，并采取防止污染环境的措施。"本条的内容包括两个方面：一是在原因上，是建筑垃圾消纳场达到原设计容量或者其他原因；二是在程序上，要经过市、县（市、区）人民政府环境卫生行政主管部门会同生态环境行政主管部门论证同意后核准，并要求建筑垃圾消纳场采取防止污染环境的措施。

一、建筑垃圾消纳场达到原设计容量或者因其他原因

建筑垃圾消纳场达到原设计容量，意味着消纳场已经无法再接纳建筑垃圾，否则容易发生各种安全、环保事故，超负荷运转本身也不现实。所谓其他原因，主要是指消纳场出现不能接纳建筑垃圾的特殊情形，导致无法再继续使用，如发生山体崩塌等地质灾害或发生地震、洪水等不可抗力，以及因为城市规划调整等原因，原消纳场要搬迁等。在上述情况下，建筑垃圾消纳场都应关闭。

　　建筑垃圾消纳场达到原设计容量或者因其他原因关闭后，封场后的消纳场并非毫无用处，还可以改作其他用途。利用方式主要有以下几种：[1]①农业和园艺业上的利用。封场后的建筑垃圾填埋场地在平整后可考虑用作农业用地，但由于建筑垃圾中往往混有少量的有毒有害物质，在场地上种植食用性农作物应该慎重。②营造人工林。人工林树木的种植应基于提高森林覆盖面积的指导思想，而不是注重木材的产量。③用作公园和娱乐场所。可考虑在封场后的建筑垃圾填埋场地上建设以环保为主题的运动公园或体育场馆，还可以考虑建成占地面积较大的高尔夫球场或者停车场。④建成仓库。在建筑垃圾填埋场封场后，可直接在场地上建设两层以下的仓库。

二、经过市、县（市、区）人民政府环境卫生行政主管部门会同生态环境行政主管部门论证同意后核准，并要求建筑垃圾消纳场采取防止污染环境的措施

　　市、县（市、区）人民政府环境卫生行政主管部门是建筑垃圾消纳场的监管部门，对即将关闭的消纳场，直接负有安全、环保等方面的行政管理责任；生态环境行政主管部门是生态环境保护的行业主管部门，对一个地区的生态环保工作实行统一监督管理。对此关系定位，《环境保护法》和《固体废物污染环境防治法》都有明确规定。如《环境保护法》（2014 年修订）第 10 条规定："国务院环境保护主管部门，对全国环境保护工作实施统一监督管理；县级以上地方人民政府环境保护主管部门，对本行政区域环境保护工作实施统一监督管理。县级以上人民政府有关部门和军队环境保护部门，依照有关法律的规定对资源保护和污

---

　　[1]　王罗春等编著：《建筑垃圾处理与资源化》（第 2 版），化学工业出版社 2018 年版，第 203 页。

染防治等环境保护工作实施监督管理。"《固体废物污染环境防治法》（2020 年修订）第 9 条第 2 款规定："地方人民政府生态环境主管部门对本行政区域固体废物污染环境防治工作实施统一监督管理。地方人民政府发展改革、工业和信息化、自然资源、住房城乡建设、交通运输、农业农村、商务、卫生健康等主管部门在各自职责范围内负责固体废物污染环境防治的监督管理工作。"两个部门会同论证后，如果认定建筑垃圾消纳场将要封场后的各项措施安全、环保、可靠，就可以核准；如果不安全、不环保、不可靠，就不能核准通过，可要求消纳场整改后再申请核准。

第二十二条 【资源化利用扶持政策】

市、县（市、区）人民政府应当将符合条件的建筑垃圾综合利用项目列入循环经济发展规划，优先安排建设用地，并在产业、财政、金融等方面给予扶持。

鼓励和引导社会资本参与建筑垃圾综合利用项目建设，支持建筑垃圾再生产品研发和生产企业发展。

鼓励新建、改建、扩建房屋建筑及道路工程建设项目，在满足建设单位使用标准的前提下，优先选用建筑垃圾综合利用再生产品。

【导读与释义】

本条是关于建筑垃圾综合利用政策的规定，是《管理条例》的核心条款之一，也是在立法起草中受到关注程度最高、讨论最多的条款之一。实际上，对建筑垃圾综合利用政策的规定，《管理条例》创设有多个条款，如第 8 条、第 10 条、第 23 条等。可以说，对建筑垃圾的综合利用政策，几乎是《管理条例》着墨最多的一项内容，也是本条例的一大亮点。

就对建筑垃圾、固体废物进行综合利用的内容，我国多部法律都有规定。《环境保护法》（2014 年修订）第 21 条规定："国家采取财政、税收、价格、政府采购等方面的政策和措施，鼓励和支持环境保护技术装备、资源综合利用和环境服务等环境保护产业的发展。"第 36 条规定："国家鼓励和引导公民、法人和其他组织使用有利于保护环境的产品和再生产品，减少废弃物的产生。国家机关和使用财政资金的其他组织应当优先采购和使用节能、节水、节材等有利于保护环境的产品、设备和设施。"第 40 条规定："国家促进清洁生产和资源循环利用。国务院有关部门和地方各级人民政府应当采取措施，推广清洁能源的生产和使用。企业应当优先使用清洁能源，采用资源利用率高、污染物排放量少的工艺、设备以及废弃物综合利用技术和污染物无害化处理技术，减少污染物的产生。"《固体废物污染环境防治法》（2020 年修订）第 4 条第 2 款规定："任何单位和个人都应当采取措施，减少固体废物的产生量，促进固体废物的综合利用，降低固体废物的危害性。"第 12 条规定："各级人民政府对在固体废物污染环境防治工作以及相关的综合利用活动中做出显著成绩的单位和个人，按照国家有关规定给予表彰、奖励。"第 15 条第 1 款规定："国务院标准化主管部门应当会同国务院发展改革、工业和信息化、生态环境、农业农村等主管部门，制定固体废物综合利用标准。"第61 条规定："国家鼓励采用先进技术、工艺、设备和管理措施，推进建筑垃圾源头减量，建立建筑垃圾回收利用体系。县级以上地方人民政府应当推动建筑垃圾综合利用产品应用。"第 62 条规定："县级以上地方人民政府环境卫生主管部门负责建筑垃圾污染环境防治工作，建立建筑垃圾全过程管理制度，规范建筑垃圾产生、收集、贮存、运输、利用、处置行为，推进综合利用，加强建筑垃圾处置设施、场所建设，保障处置安全，防止污染环境。"《清洁生产促进法》（2012 年修正）第 2 条规定："本法所称清洁生产，是指不断采取改进设计、使用清洁的能源和原料、采用先进的工艺技术与设备、改善管理、综合利用等措施，从源头削减污染，提高资源利用效率，减少或者避免生产、服务和产品使用过程中污染物的产生和排放，以减轻或者消除对人类健康和环境的危害。"第 33条规定："依法利用废物和从废物中回收原料生产产品的，按照国家规定享受税收优惠。"《循环经济促进法》（2018 年修正）第 29 条第 1、2 款规定："县级以上人民政府应当统筹规划区域经济布局，合理调整产业结构，促进企业在资源综合利用等领域进行合作，实现资源的高效利用和循环使用。各类产业园区应当组织区内企业进行资源综合利用，促进循环经济发展。"第 33 条规定："建设单位应当对工程施工中产生的建筑废物进行综合利用；不具备综合利用条件的，应当委托具备条件的生产经营者进行综合利用或者无害化处置。"此外，其他法律和广东省人大常委会制定的《环境保护条例》《固体废物污染环境防条例》等法律法规中也有大量类似规定。可见我国对建筑垃圾、固体废物进行综合利用是多么重视。作为下位法的《管理条例》，有义务、有责任也有权力将上位法的精神具体化，并结合韶关本地的实际情况，在《立法法》赋予的权力范围内和不抵触上位法的前提下，作出创制性的若干规定。

本条的规定有 3 款，第 1 款是命令性规范。命令性规范又称强制性规范，是指对权利和义务的规定十分明确，不允许人们以任何方式变更或违反的法律规范。命令性规范一般表现为义务性规范和禁止性规范两种形式。后两款是指导性规范，指导性规范是指只为行为人的行为提供指导，行为人可自主选择行为方式的规范。指导性规范只具有指导意义而不具有强行性，是一种命令性较弱的义务性规范。[1]虽然是指导性规范，但对建筑垃圾的综合利用体现了国家的立法精神和政策导向，是今后各地应当重视并尽快推进的规范领域，因而并不因为其是指导性规范而失去其法律意义。对以上 3 款，以下逐项分述之。

一、市、县（市、区）人民政府应当将符合条件的建筑垃圾综合利用项目列入循环经济发展规划，优先安排建设用地，并在产业、财政、金融等方面给予扶持

发展循环经济，是国家经济社会发展的一项重大战略，我国不但通过制定《循环经济促进法》《清洁生产促进法》等法律来推动，还制定有专门的发展规划、政策措施加以推进。相比而言，后者的完备性、时效性和可操作性更强。2021 年 7 月 1 日，国家发展和改革委员会发布了我国的《"十四五"循环经济发展规划》，规定针对建筑垃圾综合利用、再生资源循环利用的多项具体经济政策，对本条的实施具有重要的参照

---

〔1〕 张文显主编：《法理学》（第 5 版），高等教育出版社 2018 年版，第 119 页。

与借鉴意义。该规划提出，大力发展循环经济，推进资源节约集约利用，构建资源循环型产业体系和废旧物资循环利用体系，对保障国家资源安全，推动实现碳达峰、碳中和，促进生态文明建设具有重大意义。

当前，我国循环经济发展仍面临重点行业资源产出效率不高，再生资源回收利用规范化水平低，回收设施缺乏用地保障，低值可回收物回收利用难，大宗固废产生强度高、利用不充分、综合利用产品附加值低等突出问题。基于此，我国要以习近平新时代中国特色社会主义思想为指导，深入贯彻党的十九大和十九届二中、三中、四中、五中全会精神，按照党中央、国务院决策部署，立足新发展阶段、贯彻新发展理念、构建新发展格局，坚持节约资源和保护环境的基本国策，遵循"减量化、再利用、资源化"原则，着力建设资源循环型产业体系，加快构建废旧物资循环利用体系，全面提高资源利用效率，提升再生资源利用水平，建立健全绿色低碳循环发展经济体系，为经济社会可持续发展提供资源保障。到 2025 年，建筑垃圾综合利用率达到 60%，建设 50 个建筑垃圾资源化利用示范城市。推行建筑垃圾源头减量，建立建筑垃圾分类管理制度，规范建筑垃圾堆放、中转和资源化利用场所建设和运营管理。完善建筑垃圾回收利用政策和再生产品认证标准体系，推进工程渣土、工程泥浆、拆除垃圾、工程垃圾、装修垃圾等资源化利用，提升再生产品的市场使用规模。培育建筑垃圾资源化利用行业骨干企业，加快对建筑垃圾资源化利用新技术、新工艺、新装备的开发、应用与集成。加强财税金融政策支持。统筹现有资金渠道，加强对循环经济重大工程、重点项目和能力建设的支持。提升政府绿色采购力度，积极采购再生资源产品。落实资源综合利用税收优惠政策，扩大环境保护、节能节水等企业所得税优惠目录范围。鼓励金融机构提升对循环经济领域重大工程的投融资力度。加强绿色金融产品创新，提升绿色信贷、绿色债券、绿色基金、绿色保险对循环经济有关企业和项目的支持力度。

针对上述规划中提出的要求和措施，韶关也要结合本地实际，为促进建筑垃圾的综合利用，创新体制机制，创新、发展、扩大绿色信贷、绿色债券、绿色基金、绿色保险对本地开展循环经济企业和项目的支持，力争走在广东全省前列。其实，早在 2006 年，韶关市人民政府就发布了《韶关市人民政府关于建设节约型社会发展循环经济的意见》,[1]对发展循环经济、建设节约型社会提出了五个方面的工作安排。虽然时间较早，但该项文件确立的指导思想、目标要求和多项推进措施，至今仍具有指导意义和应用价值。该意见指出，随着工业化、城市化进程的不断加快，韶关市的经济规模将进一步扩大，原材料、能源、水、土地等资源和环境问题已成为建设粤北经济强市的最大制约。正确处理好经济建设、资源利用、环境保护的关系，在节约资源、保护环境的前提下加快经济社会发展，促进人与自然的和谐相处，显得尤为重要。发展循环经济、建设节约型社会，事关经济社会的长远发展，事关维护韶关中国优秀旅游城市形象和创建森林生态市战略决策的实施，事关全市人民群众的根本利益和生活质量提高。因此，必须从全局和战略的高度，充分认识建设发展循环经济、建设节约型社会的重要性和紧迫性，以高度的历史责任感和使命感，深入、持久地开展资源节约活动，把加快建设节约型社会、大力发展循环经济作为经济发展的重要保障和战略举措。为此，应当重点做好以下三个方面的工作：一是突出四个重点。第一是大力推进节能降耗，提高资源利用效率，减少自然资源的消耗，实现以最少的资源消耗创造最大的经济效益。第二是全面推行清洁生产，从生产和服务的源头控制污染物的产生，减少污染物的排放。第三是开展资源综合利用，最大限度地利用各种废弃物，回收利用再生资源，减少废弃物的最终处置量。第四是大力发展环保型产业，更加注重开发减量化、再利用和资源化技术与装备，加快再生资源产业的发展。二是加大政策扶持力度。第一，把资源节约、循环经济列入政府基本建设和技术改造投资的重点领域，政府通过直接投资或予以资金补助、贷款贴息等方式，积极引导

---

〔1〕　韶府〔2006〕78 号。

银行信贷、民间资本进入资源节约和循环经济发展领域。第二，对重点资源节约、循环经济发展的建设项目可优先考虑纳入市政府与国家开发银行融资贷款项目范围。第三，对资源节约、循环经济发展的项目在用地、用电等方面给予支持。第四，确保资源节约、发展循环经济项目应缴纳的土地出让金及城市、镇村基础设施配套费等，按规定给予优惠。三是加大财政支持力度。第一，市政府可利用现有的挖潜改造资金、中小企业发展专项资金、环境资金、林业生态效益专项资金，按照适当比例优先安排市政府确定的重点资源节约项目、循环经济的政策研究、技术推广和提高节能服务能力等项目建设以及循环经济产业发展。第二，市政府支持循环经济产业发展，主要通过补助和贷款贴息方式进行。财政、审计等相关部门要加强资金管理和监督，确保市政府安排用于建设节约型社会发展循环经济的资金专款专用和提高资金使用效果。第四，各有关部门密切配合，充分利用省建设节约型社会发展循环经济有关政策，积极争取省财政专项资金对重大循环经济建设项目的支持。认真落实国家资源综合利用的税收优惠政策，鼓励对再生资源的回收利用，研究建立废旧资源回收处理收费或押金制，等等。

二、鼓励和引导社会资本参与建筑垃圾综合利用项目建设，支持建筑垃圾再生产品研发和生产企业发展

这是本条的第2款，是对第1款确立的规则的延续和深化。该款包含两层意思：一是鼓励和引导社会资本参与建筑垃圾综合利用项目建设，即强调的是"社会资本"的作用，不再单纯突出政府自身，而是强调公众参与的意义，体现了环境保护法"公众参与"的原则。[1]二是支持建筑垃圾再生产品研发和生产企业发展，即对实现建筑垃圾资源化利用的企业，政府要支持他们多开展再生产品研发，使建筑垃圾再生

---

〔1〕《环境保护法》（2014年修订）第5条规定："环境保护坚持保护优先、预防为主、综合治理、公众参与、损害担责的原则。"

产品有更多的用途、更高的价值；还要支持建筑垃圾资源化利用生产企业的发展，包括用地、财政、金融、政务服务、人力资源帮助、知识产权保护等。

鼓励和引导社会资本参与建筑垃圾综合利用项目建设的精神，体现在多部法律法规和规范性文件之中。除了上述有关规定外，《固体废物污染环境防治法》（2020 年修订）第 3 条第 2 款规定："国家倡导简约适度、绿色低碳的生活方式，引导公众积极参与固体废物污染环境防治。"《广东省固体废物污染环境防治条例》（2018 年修订）第 20 条规定："鼓励社会力量依法投资、建设和运营固体废物处置设施。鼓励和支持固体废物污染防治科学技术研究开发，推广应用先进适用的技术、工艺、设备和材料，促进固体废物综合利用和无害化处置，提高固体废物利用处置能力。"《广东省环境保护条例》（2019 年修正）第 57 条规定："各级人民政府应当加大环境保护财政投入，建立政府、企业、社会多元化的环境保护投融资机制，鼓励、引导社会资金投入环境保护及相关产业。"国家发改委发布的《"十四五"循环经济发展规划》中也有这样的精神体现。

从近年来社会资本参与建筑垃圾综合利用项目建设运营的情况来看，特许经营、PPP 模式以及政府购买服务三种模式是目前各地建筑垃圾处理项目采用的主要模式。特许经营、PPP、政府购买服务，作为当下建筑垃圾处置利用市场上的主流模式，在促进建筑垃圾处置利用产业良性发展的同时，也不断在项目实践中形成了各自的模式特点和内涵。[1]

首先是特许经营模式。在特许经营模式下，政府和企业基于建筑垃圾项目处置利用存在着双重关系，即授权与被授权关系和监督与被监督关系。政府将由建筑垃圾处置利用项目的组织方或实施方转变为授权方和监管方，重点负责项目的前期论证、企业采购以及项目的监督检查等

---

〔1〕 万文清、王耀："城市建筑垃圾处理项目投融资模式解析"，载北极星固废网：https://huanbao.bjx.com.cn/news/20210722/1165464.shtml，2021 年 8 月 8 日访问。

工作。通过特许经营权的授予，中标企业将获得特定时间和范围内的建筑垃圾处置利用经营权限，在开展建筑垃圾处置利用的同时获取相应的政府资金和其他使用者给付的费用，并接受相关部门的监督考核。特许经营型的建筑垃圾处置利用项目主要有如下特点：①项目总投资规模较大。和生活垃圾处置利用等项目相比，此类项目常常伴随着较大规模的前期投资建设，如建筑垃圾处置利用场所或再生产品生产线等。②项目现时性较强。近几年来新开展的特许经营类建筑垃圾处置及资源化利用项目在此方面的例子不胜枚举。③建筑垃圾处置利用价格缺乏统一标准。由于各地建筑垃圾市场的处置利用需求、技术工艺要求以及产出情况等均不一致，建筑垃圾处置利用的处置利用服务单价不易统一。④特许经营期限一般较长。考虑到特许经营类项目一般需要较大的前期建设投入，同时考虑到此类项目的公益性，特许经营期限一般在 15 年至 30 年。

其次是 PPP 模式。[1] 在 PPP 模式下，政府和企业作为建筑垃圾处置利用 PPP 项目的合作双方共同推进项目的建设运营。政府主要负责做好项目的前期论证、社会资本采购以及项目执行期的监督考核等工作，同时根据考核结果对项目经营公司给予必要的建筑垃圾处置利用缺口补助。而社会资本在此类项目中则承担主要的投资、建设与运营等任务，并获取相应的使用者付费及政府付费。PPP 模式下的建筑垃圾处置利用项目主要有如下特点：①项目数量较少。相比于生活垃圾、餐厨垃圾等项目，国内严格意义上的建筑垃圾处置利用 PPP 项目数量较少，且主要集中在 2016 年、2017 年。②项目投资规模较大。建筑垃圾处置利用 PPP 项目常常涉及垃圾处置利用厂房、生产线等建设内容，与特许经营项目相似。③项目回报机制以使用者付费为主，以可行性缺口补助为辅。此类 PPP

---

[1] PPP，即"Public-Private-Partnership"，意为公私合伙、公私合营或公私协力。广义的 PPP 泛指公共部门与私人之间为提供公共产品或服务而建立的各种合作关系，可以理解为一系列项目融资模式的总称，包含 BOT、TOT、DBFO 等多种模式；狭义的 PPP 更强调合作过程中的风险分担机制和项目的"物有所值"（Value For Money）原则。

项目意在充分挖掘建筑垃圾的资源化利用效益，因此单纯的政府付费项目较少。④建筑垃圾处置利用价格缺乏统一标准。

最后是政府购买服务模式。在政府购买服务模式下，政府和建筑垃圾处理企业的合作关系相对比较简单，双方的合作属于建筑垃圾处置市场上的服务买卖。政府作为当地建筑垃圾处置服务的采购方，担负着项目前期论证、服务企业的选择以及对中标社会资本处置利用服务的成果考核及付费职责。作为政府购买服务的服务商，相关的企业则有义务完成约定范围的建筑垃圾处置利用服务，并有权利获取相应的报酬。政府购买服务模式下的建筑垃圾处置利用项目主要有如下特点：①项目服务内容较为简单。此类项目的内容不同于特许经营类项目或 PPP 项目，一般仅包括约定范围内的建筑垃圾的收运、处置等服务，对建筑垃圾的资源化利用要求不高。②此类项目的投资规模较小。主要涉及建筑垃圾收运车辆、设备的购置等费用。③此类项目的服务年限一般较短。一般为 3 年以下，相比于特许经营类项目及 PPP 项目，具有"短平快"的特点。

总之，上述几种模式各有特色，也各有利弊，没有一种模式是有利无弊的，需要结合实际情况加以选择适用。推动建筑垃圾处理及资源化利用产业发展，广泛吸收社会资本参与进来，对于发展循环经济、推进节能减排、促进经济社会与环境的可持续发展具有重要意义。坚持统筹规划，加强政府引导，推进社会资本参与实施是建立健全建筑垃圾处置和资源化利用体系，深入推进建筑垃圾减量化、无害化、资源化的必由之路。如何利用好特许经营、PPP、政府购买服务等合作投融资模式，以及如何有效推进建筑垃圾处置利用产业的市场化进程，进而实施好每一个建筑垃圾处置利用项目，是政府、社会以及公众都应进一步思考的问题。

三、鼓励新建、改建、扩建房屋建筑及道路工程建设项目，在满足建设单位使用标准的前提下，优先选用建筑垃圾综合利用再生产品

本款是第 3 款，是对第 1 款、第 2 款的进一步深化和落实。新建、改建、扩建房屋建筑及道路工程建设项目是最经常性的建设项目，产生的建筑垃圾的量也最大。如果能将建筑垃圾加工处理后变成可以利用的再生资源产品，直接再用于对房屋、道路建设，则不但能变废为宝、避免资源浪费，而且还能节约土地、山林、水塘等建筑垃圾填埋的场地，有利于保护环境。当然，并非所有建筑垃圾综合利用再生产品都能被直接用于各项建设项目，而是要在"满足建设单位使用标准的前提下"。即如果不符合相关的使用标准，则可能存在牢固程度、是否环保等方面的问题，所以必须慎重选择。

关于优先选用建筑垃圾综合利用再生产品的规定，体现在多部法律法规和规章之中。《循环经济促进法》（2018 年修正）第 47 条规定："国家实行有利于循环经济发展的政府采购政策。使用财政性资金进行采购的，应当优先采购节能、节水、节材和有利于保护环境的产品及再生产品。"《固体废物污染环境防治法》（2020 年修订）第 100 条规定："国家鼓励单位和个人购买、使用综合利用产品和可重复使用产品。县级以上人民政府及其有关部门在政府采购过程中，应当优先采购综合利用产品和可重复使用产品。"《环境保护法》（2014 年修订）第 21 条规定："国家采取财政、税收、价格、政府采购等方面的政策和措施，鼓励和支持环境保护技术装备、资源综合利用和环境服务等环境保护产业的发展。"《城市建筑垃圾管理规定》（2005 年）第 4 条第 2 款规定："国家鼓励建筑垃圾综合利用，鼓励建设单位、施工单位优先采用建筑垃圾综合利用产品。"《"十四五"循环经济发展规划》规定："统筹现有资金渠道，加强对循环经济重大工程、重点项目和能力建设的支持。加大政府绿色采购力度，积极采购再生资源产品。"

　　通过立法和制定专门政策的方式，推进、落实并逐步提高政府采购中再生资源产品的采购幅度和采购数量，是发展循环经济、采用建筑垃圾综合利用产品的必由之路。还可以通过增加考核权重和项目的方式，对有关政府、政府部门和建设单位使用再生资源产品的情况进行考核评价，使再生资源产品和生产企业有更好的发展前景。

第二十三条 【资源化利用措施】

城市环境卫生、市政工程、园林绿化等公共设施市政工程，满足建设标准的应当优先采用建筑垃圾综合利用再生产品。

【导读与释义】

本条是关于城市环境卫生、市政工程、园林绿化等公共设施市政工程应当优先采用建筑垃圾综合利用再生产品的规定。针对本条规定的内容，除了《循环经济促进法》（2018 年修正）第 47 条、《固体废物污染环境防治法》（2020 年修订）第 100 条的规定外，《清洁生产促进法》（2012 年修正）第 16 条规定："各级人民政府应当优先采购节能、节水、废物再生利用等有利于环境与资源保护的产品。各级人民政府应当通过宣传、教育等措施，鼓励公众购买和使用节能、节水、废物再生利用等有利于环境与资源保护的产品。"上述规定都是有关政府采购、政府资金使用的。在这些项目中，市政工程和财政资金具有公共性和普惠性，政府负有率先垂范的责任，应带头使用建筑垃圾再生资源产品。另外，无论是城市环境卫生工程、市政工程，还是园林绿化工程，都是住房与城乡建设行政主管部门管理的事项，作为《管理条例》的主要执法部门，更应当在自己主管事务的领域内，优先采用建筑垃圾综合利用再生产品。

第二十四条　【处置要求】

经资源化综合利用后的建筑垃圾，应当按照环境保护规定的要求进行处理。

【导读与释义】

本条是关于剩余建筑垃圾处理的规定。虽然规定内容简单，文字也不长，但却弥补了上述立法内容的空白，避免出现法律真空。这体现了立法者的良苦用心。所谓"剩余建筑垃圾"或称"建筑废渣"，是指被资源化利用后的残余物，不便于继续大规模再生使用，一般的做法是将其通过填埋等方式处理。建筑废渣也可以应用在铁路的路基、软土路基、粉土路基、黏土路基、淤泥路基和过水路基等方面，可以被用作改善路基加固土。

【典型案例三】西安建筑垃圾再利用填筑路基案[1]

在城市改造过程中，建筑垃圾处理填埋成难题。而在公路建设中，路基材料往往又较为短缺。将建筑垃圾"变废为宝"，用于填筑路基，这是正在建设中的西安外环高速公路南段项目探索出的建筑垃圾再利用的新模式。记者了解到，目前在我国，建筑垃圾普遍采取堆放和掩埋方式处理，既破坏生态平衡，又造成资源浪费。而西安外环高速公路北段在建设时，项目处通过课题研究，总结出了一整套建筑垃圾生产、施工、试验、检测、评定标准等操作工序和技术指南，实现了建筑垃圾从生活系统"固体废弃物"到生产系统"建筑材料"的转变。经鉴定专家组认

---

〔1〕 李琳："变废为宝！600多万吨建筑垃圾铺筑西安外环高速公路"，载《华商报》2021年4月13日。

定，相关技术达到了国际先进水平。

记者在 4 月 12 日从西安外环高速公路南段项目处了解到，在西安外环高速南段建设项目中，经过专门处理后的建筑垃圾变为了合格建筑材料，用于该项目地基处理、路基填筑、路面基层、构件预制、边坡防护以及临建工程等施工项目，实现了建筑垃圾处理利用的最大化，有效解决了西安周边建筑垃圾处理难题。这一做法既节省了建筑垃圾处置费，减少占用土地，又大幅降低了工程建设造价，更是推进了资源全面节约和循环利用。

据测算，西安外环高速公路南段全方位推进建筑垃圾资源化利用，全线可消纳 600 多万吨建筑垃圾，有效解决了西安市周边建筑垃圾处理的难题，同时还带动了大量企业进入建筑垃圾资源化利用行业。此外，该方式将粗放式简单填埋变为资源化利用，减少占用大量耕地，对当地环境起到了积极的保护作用。据测算，该项目减少建筑垃圾占地约 3000 亩，减少土地开挖面积 1500 多亩，减少二氧化碳排放约 3500 万立方米。此外，西安外环高速项目消耗的建筑垃圾再生材料代替了传统的沙砾、石渣等材料。据估算，可节约工程造价约 1.7 亿元，可减少建筑垃圾清运消纳费用约 2.5 亿元。

【点评】

本案是一起典型的对建筑垃圾进行资源化利用的鲜活案例。该案有这么几个特点：一是不再简单地将建筑垃圾填埋处理，而是将建筑垃圾处理后作为建筑材料用作路基垫层，既节约了资源，又保护了环境。二是公路建设项目方成立专门的课题组，对建筑垃圾用作路基材料问题进行专门研究，总结出一整套建筑垃圾生产、施工、试验、检测、评定标准等操作工序和技术指南，摸索出一套行之有效的方法，不但实现了对建筑垃圾处理利用的最大化，而且还带动了大量企业进入建筑垃圾资源化利用行业。

第四章　监督管理

第二十五条　【监督检查】

环境卫生行政主管部门负责工程建设施工现场建筑垃圾及粉尘排放、道路运输途中渣土清理、消纳场环境卫生、建筑垃圾综合利用效果等日常监督检查。

公安、交通运输、生态环境、自然资源、安全生产、水务、林业等行政主管部门应当按各自职责对建筑垃圾处置活动开展日常执法检查。

【导读与释义】

本条是关于环境卫生行政主管部门和其他相关部门对建筑垃圾进行监督管理职责划分的规定。本条的规定与本条例第 5 条的规定是一个整体，也是对第 5 条内容的深化和发展。本条的上位法依据主要有：一是《固体废物污染环境防治法》（2020 年修订）。该法第 62 条规定："县级以上地方人民政府环境卫生主管部门负责建筑垃圾污染环境防治工作，建立建筑垃圾全过程管理制度，规范建筑垃圾产生、收集、贮存、运输、利用、处置行为，推进综合利用，加强建筑垃圾处置设施、场所建设，保障处置安全，防止污染环境。"二是《大气污染防治法》（2018 年修正）。该法第 68 条第 2 款规定："住房城乡建设、市容环境卫生、交通运输、国土资源等有关部门，应当根据本级人民政府确定的职责，做好扬尘污染防治工作。"三是《城市市容和环境卫生管理条例》（2017 年修订）。该条例第 4 条规定："国务院城市建设行政主管部门主管全国城市市容和环境卫生工作。省、自治区人民政府城市建设行政主管部门负责本行政区域的城市市容和环境卫生管理工作。城市人民政府市容环境卫生行政主管部门负责本行政区域的城市市容和环境卫生管理工作。"四是《广东省大气污染防治条例》（2018 年）。该条例第 4 条第 2 款第 3 项规定："……住房城乡建设主管部门负责房屋和市政工程施工活动、预拌混凝土和预拌砂浆生产活动扬尘污染防治的监督管理工作；城市管理、市政环卫、园林绿化等主管部门在各自职责范围内负责市政公用设施、城市道路清扫保洁扬尘污染防治的监督管理工作；……"此外，《广东省建设工程施工扬尘污染防治管理办法（试行）》《广东省住房和城乡建设厅关于采取切实措施坚决遏制施工扬尘污染的紧急通知》等文件中也有若干具体的规定，在此不再赘述。

本条共分 2 款，第 1 款专门规定了环境卫生行政主管部门的职责，第 2 款规定了其他行政部门的职责。

一、环境卫生行政主管部门的职责

本条第 1 款规定，环境卫生行政主管部门负责工程建设施工现场建筑垃圾及粉尘排放、道路运输途中渣土清理、消纳场环境卫生、建筑垃圾综合利用效果等日常监督检查工作。根据该款规定，环境卫生行政主管部门几乎承担了对建筑垃圾"排放—运输—消纳—利用"的全过程管理，这也完全体现了《固体废物污染环境防治法》[1] 和《城市市容和环境卫生管理条例》[2] 所确立的环境卫生行政主管部门的主体责任。确立一个部门主管，并负责到底，既便于作为行政主体的主管部门认真履职、直面责任，也便于行政相对人在需要时第一时间联系确定的行政主体，而不至于无所适从。

从该款的规定来看，环境卫生行政主管部门的职责主要有四项：一

---

〔1〕 该法第 62 条规定："县级以上地方人民政府环境卫生主管部门负责建筑垃圾污染环境防治工作，建立建筑垃圾全过程管理制度，规范建筑垃圾产生、收集、贮存、运输、利用、处置行为，推进综合利用，加强建筑垃圾处置设施、场所建设，保障处置安全，防止污染环境。"

〔2〕 该条例第 4 条第 3 款规定："城市人民政府市容环境卫生行政主管部门负责本行政区域的城市市容和环境卫生管理工作。"

是负责工程建设施工现场建筑垃圾及粉尘排放，包括建筑垃圾的排放和粉尘排放。前者是固体废物，容易形成固体废物污染环境；后者是大气污染物，容易污染空气。二是道路运输途中渣土清理。建筑垃圾在道路运输途中，若运输车辆封闭不严，很容易遗撒、掉落，如果不及时清理，不但污染环境，而且容易引发交通事故。三是消纳场环境卫生，即建筑垃圾消纳场的污水、污泥、废气、粉尘、恶臭等问题。四是建筑垃圾综合利用效果，包括监督建筑垃圾资源化利用的水平、程度、进展、方法和成效等方面的内容。应当注意的是，环境卫生行政主管部门的职责是监督检查，而非具体实施，具体实施者是施工单位、建设单位。二者的身份不同、角色不同，职责上是不能混同的，只有当事人不在场或者在场不能及时清理的，环境卫生主管部门可以实施代履行。[1]

二、其他行政部门的职责

将环境卫生行政主管部门确立为建筑垃圾全过程管理的主管部门，并不意味着其他部门不承担任何责任。由于行政机关分工不同、职能不同，社会管理事项本身也错综复杂，任何看似单一的社会事务往往都关联着众多的行业、领域、地域和部门。任何行政机关的能力和职责边界都是有限的，当超出自己的能力范围和职责边界时，必然需要其他部门介入并提供专业化的帮助或指导。其他方方面面的社会事务是如此，对建筑垃圾的管理也是如此，都需要一种"主—从"或"主—副"的主导性和辅助性相结合的行政管理体制，才能妥善周密地解决各类社会问题。基于此，本条第2款规定："公安、交通运输、生态环境、自然资源、安全生产、水务、林业等行政主管部门应当按各自职责对建筑垃圾处置活动开展日常执法检查。"实际上，该款的规定与本条例第5条第2款的规

---

[1]《管理条例》第30条规定："运输车辆带泥上路、沿途泄露、撒漏、随意倾倒建筑垃圾造成环境污染的，市、县（市）人民政府环境卫生主管部门应当责令其立即清理；当事人不在场或者在场不能及时清理的，环境卫生主管部门可以实施代履行，代履行的费用按照成本合理确定，由当事人承担，但法律另有规定的除外。不得以暴力、胁迫以及其他非法方式代履行。"

定是一个整体。[1]只不过,该款规定强调的是"执法检查",是对第 5 条第 2 款所确定规则的细化和落实。

公安、交通运输、生态环境、自然资源、安全生产、水务、林业等行政主管部门具体应当履行哪些职责呢?对此,本导读与释义第一章第 5 条已作了详细解释,在此处不再重复。

---

[1]《管理条例》第 5 条第 2 款规定:"发展改革、住房和城乡建设、公安、交通运输、水务、自然资源、生态环境、市场监管、农业农村、林业等行政主管部门按照各自职责,协同做好建筑垃圾的监督管理工作。"

第二十六条　【城市规划区域外建筑垃圾管理】

镇、民族乡人民政府负责本辖区内管线铺设、道路开挖、管道清污、建筑物、构筑物拆除等建筑垃圾处理的监督管理工作。

【导读与释义】

本条是关于镇、民族乡人民政府负责本辖区内建筑垃圾监督管理职责的规定。该规定是对本《管理条例》第 5 条第 4 款所定规则的细化和深化。[1]但与第 5 条规定不同的是，本条规定了"镇、民族乡人民政府"，而没有像第 5 条那样还规定了"街道办事处"。其原因，一是在于街道办事处属于城市规划区内人民政府的派出机关，其行政职权范围内的建筑垃圾管理工作，一般由城市环境卫生行政主管部门负责，自然不需要也不可能由镇、民族乡人民政府管理。二是在于韶关市目前已经没有"乡"这种基层人民政府组织，除了镇，还有一个"民族乡"，即始兴县深渡水瑶族乡。故本条的立法语言采用"镇、民族乡人民政府"的表述，是切合韶关市的行政体制实际的。

本条规定的镇、民族乡人民政府的具体职责是：负责本辖区内管线铺设、道路开挖、管道清污、建筑物、构筑物拆除等建筑垃圾处理的监督管理工作。即在本辖区内管线铺设、道路开挖、管道清污、建筑物、构筑物拆除等情形下，镇、民族乡人民政府应当做好上述工程施工过程中产生的建筑垃圾的监督管理工作。之所以规定镇、民族乡人民政府的具体职责，一方面在于属地管理的需要。相比于城市环境卫生行政主管

---

〔1〕《管理条例》第 5 条第 4 款规定："镇、民族乡人民政府、街道办事处在环境卫生行政主管部门的指导下，做好本辖区内建筑垃圾的监督管理工作。"

部门，镇、民族乡等基层人民政府距离各种建设工程现场最近，甚至单位就在现场附近，由镇、民族乡人民政府进行监督管理，既方便，也高效。另一方面，可以弥补环境卫生行政主管部门执法力量的不足，能节约大量的行政开支和管理成本。环境卫生行政主管部门基本上都在市区，距离乡镇建设工地较远，如果由它们负责所有地方的建筑垃圾管理，是很不现实的。

第二十七条　【农村建筑垃圾管理】

镇、民族乡人民政府和街道办事处应当督促辖区内建设农村住房的居民及时清理建筑垃圾。

【导读与释义】

本条是关于镇、民族乡人民政府和街道办事处督促清理建设农村住房产生的建筑垃圾问题的规定。本条的规定应当和第15条农村居民建设房屋的规定作为一个整体来看待。[1]本条与第26条规定的行政主体不同的是，增加了一个"街道办事处"。之所以如此规定，原因在于街道办事处辖区内也有不少农村居民，有的是"城中村"的村民。虽然他们生活在城市中，但在周边土地被征收征用之前，他们的居住地属于农村，土地的性质仍然是集体土地，所建房屋普遍是以个人宅基地使用权为前提的，没有被纳入国有土地规划、开发、投资、建设范围，住房一般不高，建房所产生的建筑垃圾也没有被纳入城市化管理的体制。但是，街道办事处辖区内的农民住房毕竟也会产生不少建筑垃圾，如果缺乏监督管理，或者监督管理不到位，就会产生随意堆积、露天存放、私拉乱倒等问题，既影响市容环境卫生，还可能诱发邻里之间的各种矛盾。所以，镇、民族乡人民政府和街道办事处应当督促清理建设农村住房产生的建筑垃圾。

---

〔1〕《管理条例》第15条规定："农村居民建设房屋应当做好建筑工地现场管理，科学合理处理建筑垃圾，不得随意倾倒，防止污染环境。"

【典型案例一】 和庆镇人民政府关于清理建筑垃圾的公告〔1〕

赵某甲等违建户:

你（单位）在和庆镇罗便村委会抱南村、美迎村、敦灵村、美灵村、美好村等地搭建的违法建筑已于 2019 年 1 月、2019 年 11 月、2020 年 7 月、2020 年 8 月被依法拆除。因拆除产生的建筑垃圾一直堆放原地，你（单位）至今未清理，一定程度上破坏生态环境，也存在一定的安全隐患。为尽快对上述建筑垃圾进行清理，请你（单位）于 2020 年 9 月 11 日前自行完成垃圾清理工作，逾期不完成清理的，本府将委托第三方代为清理。清理产生的费用，我镇政府保留向你（单位）追偿的权利。

儋州市和庆镇人民政府

2020 年 9 月 4 日

【点评】

该案是一起镇人民政府对违法建筑拆除后产生的建筑垃圾进行管理的案例。该案中，镇人民政府以"公告"的方式通知赵某甲等违建户，履行了告知义务。如果违建户不按照公告限定的时间自行清理建筑垃圾，镇人民政府可以依照《行政强制法》的规定委托第三方代为清理。在行政法上，这种现象被称为代履行，代履行产生的费用可向义务人进行追偿。

---

〔1〕《和庆镇人民政府关于清理建筑垃圾的公告》（儋和府〔2020〕108 号）。

第二十八条　【建设共享信息平台】

市、县（市）人民政府环境卫生主管部门应当会同有关部门建建筑垃圾监督管理信息共享平台，实现建筑垃圾处理全过程监控和信息化溯源。

【导读与释义】

本条是关于建立建筑垃圾监督管理信息共享平台，实现建筑垃圾处理全过程监控和信息化溯源问题的规定。关于建立建筑垃圾监督管理信息共享平台的内容，《管理条例》第4条已有类似规定，[1]本条规定是对第4条规定的细化、具体化。

本条规定的内容有三个方面：一是平台建设主体是市、县（市）人民政府环境卫生主管部门；二是建立建筑垃圾监督管理信息共享平台；三是平台建立目的是实现建筑垃圾处理全过程监控和信息化溯源。

一、平台建设主体是市、县（市）人民政府环境卫生主管部门

此处规定的是市、县（市）人民政府环境卫生主管部门，而没有区环境卫生行政主管部门，原因是韶关市下辖的武江区、浈江区、曲江区三个区的环境卫生工作均由韶关市住房和城乡建设管理局统一管理，其余的乐昌市、南雄市两个县级市和始兴县、仁化县、翁源县、新丰县和

---

[1] 《管理条例》第4条规定："市、县（市、区）人民政府应当将建筑垃圾管理纳入国民经济和社会发展规划，建立联席会议制度，协调处理建筑垃圾管理中的重大事项，制定建筑垃圾分类处理制度，建立建筑垃圾监督管理信息共享平台，加强建筑垃圾处置设施、消纳场所建设，保障处置安全，防止污染环境。"

乳源瑶族自治县五个县的环境卫生工作均由各自的环境卫生行政主管部门负责管理，故本条规定了市、县（市）人民政府环境卫生主管部门，而没规定区环境卫生行政主管部门。

这里包括两种情况：第一种是市人民政府环境卫生行政主管部门。在韶关，由于原环境卫生行政主管部门（即韶关市城管局）已经和韶关市住房和城乡建设局合并，成立了韶关市住房和城乡建设管理局，韶关市下辖的武江区、浈江区、曲江区三个区的环境卫生工作，均由韶关市住房和城乡建设管理局负责，这三个区的建筑垃圾监督管理信息共享平台自然就由韶关市住房和城乡建设管理局负责建立。第二种是县（市）人民政府环境卫生主管部门。其中包括乐昌市、南雄市两个县级市和始兴县、仁化县、翁源县、新丰县和乳源瑶族自治县五个县。

二、建立建筑垃圾监督管理信息共享平台

关于监督管理信息共享平台建设，《固体废物污染环境防治法》（2020年修订）第16条规定："国务院生态环境主管部门应当会同国务院有关部门建立全国危险废物等固体废物污染环境防治信息平台，推进固体废物收集、转移、处置等全过程监控和信息化追溯。"《广东省环境保护条例》（2019年修订）第7条第2款规定："实施联合防治的人民政府应当协商建立环境信息共享机制，制定共同实施的环境保护计划，共同处理重大环境问题，开展联合执法、预警应急工作；协商不成的，由共同的上一级人民政府协调解决。"第14条规定："县级以上生态环境主管部门应当建立环境信息管理系统，及时收集、处理并依法公开环境信息。生态环境主管部门和有关主管部门之间应当实施信息共享。"

从《固体废物污染环境防治法》和《广东省环境保护条例》的规定看，虽然都提出建立信息共享机制，但建立的主体和内容是不一样的，前者规定国务院生态环境主管部门会同国务院有关部门建立，建立的是"危险废物等固体废物污染环境防治信息平台"；后者既规定由人民政府建立，也规定由县级以上生态环境主管部门建立，建立的分别是环境信息共享机制和环境信息管理系统。虽然名称为"机制""系统"，但与"平台"没有本质区别。[1]与上述立法不同的是，本条规定要建立的是建筑垃圾监督管理信息共享平台，而非环境污染防治信息共享平台，且主体是环境卫生行政主管部门而非生态环境部门。就此可以认为，《管理条例》关于建立建筑垃圾监督管理信息共享平台的规定，并没有明确具体的上位法依据，但却与《固体废物污染环境防治法》（2020 年修订）、《广东省环境保护条例》（2019 年修修订）的立法精神相一致，更说不上相抵触，因而是合法的，也是具有创新性的。

实际上，加强信息化、数字化建设，是近年来党中央、国务院不断推进的法治政府建设的重要内容。2021 年 8 月 11 日，党中央、国务院发布了《法治政府建设实施纲要（2021-2025 年）》，提出要健全法治政府建设科技保障体系，全面建设数字法治政府；加快推进信息化平台建设，分级分类推进新型智慧城市建设，促进城市治理转型升级；坚持运用互联网、大数据、人工智能等技术手段促进依法行政，着力实现政府治理信息化与法治化深度融合，优化革新政府治理流程和方式，大力提升法治政府建设数字化水平。这对建筑垃圾监督管理信息共享平台建设将是一个有力的促进。

三、平台建设目的是实现建筑垃圾处理全过程监控和信息化溯源

在对建筑垃圾监督管理信息共享平台实施全过程监管方面，一些国家的经验值得我们借鉴。如日本在《废弃物处理法》中规定，国家必须采取正确的措施，以期收集、整理、应用建筑垃圾的相关信息，并推动建筑垃圾处理技术开发活动，确保能够顺利、妥善地处理建筑垃圾。日

---

〔1〕 建筑垃圾监督管理信息共享平台实质上是一套操作系统，里面包括多种功能模块，个人、企业、政府等不同的用户均可注册后登录操作。根据监管平台后台管理系统配置的数据，点击名称数据即可查看建筑垃圾处置利用各个环节的详细信息。

本法律中明确规定建立建筑垃圾资源化利用信息交互平台，明确规定了建筑垃圾产生前、拆除中、产生后各环节工程建设单位、总承包单位、分承包单位在建筑垃圾产生量、回收量、处置量等信息登记制度中的责任和义务，对建筑垃圾资源化利用信息实施动态监控。韩国在《建筑垃圾再生促进法》中明确规定，环境部部长与国土海洋部部长协商后，可以授权构建建筑垃圾信息管理体系，对建筑垃圾的产生、收集、运输和再生、流通等有关资料及信息进行监控。韩国经过多年的实践，逐步构建起了领先世界的综合废弃物信息管理体系，建立了完备的建筑垃圾再生及供应系统，实现了对建筑垃圾处理利用的全过程监管。[1]

溯源一词，在汉语中是指"往上游寻找发源的地方，比喻向上寻求历史根源"，[2]意思是要探寻事物的根本、源头。建筑垃圾信息化溯源，是一种借助电子系统进行的信息化管理手段，通过利用电子标签进行溯源的电子溯源系统，可以实现所有建筑垃圾从排放到运输、从处置到资源化利用的双向追溯功能。系统最大的特色功能就是数据的安全性、可靠性，每个人工输入的环节均被软件实时备份。该系统建立后，一旦发生相关质量问题或责任事故，监管人员便能够通过该系统判断建设单位、施工单位、运输单位、处置单位或资源化利用单位企业是否存在过失行为，上述单位内部也可借助该系统查找是哪个环节、哪个方面出现了问题、责任人是谁，进而避免因纸质资料不全、责任情况不明等给事故处理带来困难，使问题尽快得到解决。

电子溯源系统按照溯源技术原理大致分为三类：一种是 RFID 无线射频技术，在建筑垃圾及其资源化利用产品外包装上加贴一个带芯片的标识，如此，建筑垃圾及其资源化利用产品进出场地、仓库和运输就可以自动采集和读取相关的信息，建筑垃圾及其资源化利用产品的流向都可

---

〔1〕 孙金颖等编著：《建筑垃圾资源化利用城市管理政策研究》，中国建筑工业出版社 2016 年版，第 41~42 页。

〔2〕 中国社会科学院语言研究所词典编辑室编：《现代汉语词典》（第 6 版），商务印书馆 2012 年版，第 1243 页。

以被记录在芯片上。一种是二维码，运输者、处置者、利用者只需要通过带摄像头的手机拍摄二维码，就能查询到建筑垃圾及其资源化利用产品的相关信息，查询的记录都会被保留在系统内，一旦某个环节出现问题便可以直接将短信发送给相关主体，实现精准处理。还有一种是条码加上建筑垃圾及其资源化利用产品批次信息。

第二十九条 【企业信用评价制度】

市、县（市）人民政府环境卫生主管部门应当建立建筑垃圾处理企业信用评价制度，鼓励优先选择评价良好的企业处理建筑垃圾。

【导读与释义】

本条是关于市、县（市）人民政府环境卫生主管部门建立建筑垃圾处理企业信用评价制度的规定。根据该条规定，建筑垃圾处理企业信用评价制度的建立主体是"市、县（市）人民政府环境卫生主管部门"，所建立的制度是"建筑垃圾处理企业信用评价制度"。

企业信用评价是指由独立、中立的专业机构，接受评价对象的委托，按照"客观、公正、科学"的原则，以标准化的评价事项和内容为依据，用规范的程序和科学的方法，对受评对象履行经济承诺的行为、能力和可信任度进行调查、审核和综合评价，并以直观的符号表示其评价结果的行为。由此建立的制度就是企业信用评价制度。企业信用评价是以企业为被评对象开展的信用评价活动，在进行企业信用评价的过程中，评价主体应遵照下列原则：①客观性。即应对采集到的被评对象信用信息进行尽职调查，并采取相应方法核实比对，务求真实、客观地反映其信用状况。②独立性。评价时应不带有任何偏见、不受任何外来因素影响，独立、公正地反映被评对象的信用状况。③审慎性。即在对被评对象进行信用分析和评价的过程中，尤其是在被评对象提供的信用信息不完备或不能核实的情况下，应持审慎态度。④前瞻性。在客观反映被评对象过去与当前信用状况的基础上，应侧重对被评对象未来一段时间内的履约能力与履约意愿进行分析与判断。信用是市场经济运行的前提与基础，市场经济主要通过市场机制实现资源配置，而作为市场机制核心内容的商品交换，实质上是建立在信用基础上的等价交换。随着交换关系的复杂化，整个经济活动被彼此相连、互为制约的信用关系所联结。这种信用关系作为一种独立的经济关系，维系、支持、形成了市场秩序。没有信用，就没有交换与市场，就没有经济活动存在与扩大的基础，就没有人类赖以生存与发展的社会秩序。信用的发展，是根植于现代市场经济发展规律的。市场经济愈发达就愈要求诚实守信、愈要求有序的信用交易。

建筑垃圾处理企业信用评价制度的建立，目的在于建立一种信用管理。信用管理的作用在于：①对政府部门的作用。政府部门通过信用管理，可以建立完善的社会信用体系，成为建筑垃圾处理数据开放的推行者、契约履行的监督者、行业监管的实施者、不良信用行为的惩罚者等。②对建筑垃圾处理企业的作用。建筑垃圾处理企业通过建立完善的信用制度可以有效减免信用风险，提高信用活动的效率，保障信用交易的顺利进行。信用管理活动可大大降低信息不对称的程度，使企业对授信对象有一个比较全面、准确的判断和分析。③对金融业的作用。信用管理为金融契约的管理和服务创新提供了新思路、新方法，对建筑垃圾处理企业来说也是一种有益的监督评价体系。④对消费者的作用。即通过维护良好的信用记录，给消费者的投资、信贷和消费活动带来各种便利。

为做好企业信用评价工作，国务院近年来相继出台《征信业管理条例》《优化营商环境条例》《社会信用体系建设规划纲要（2014-2020年）》和《广东省社会信用体系建设规划（2014-2020年）的通知》等法规文件，为环境卫生行政主管部门开展企业信用等级评价提供了法律和政策依据。2020年12月7日，中共中央印发了《法治社会建设实施纲要（2020-2025年）》，提出要加快推进社会信用体系建设，提高全社会的诚信意识和信用水平。内容主要包括：完善企业社会责任法律制度，增强企业社会责任意识，促进企业诚实守信、合法经营；健全公民和组织守法信用记录，建立以公民身份证号码和组织机构代码为基础的统一社会信用代码制度；完善诚信建设长效机制，健全覆盖全社会的征信体系，建立完善失信惩戒制度；结合实际建立信用修复机制和异议制度，鼓励和引导失信主体主动纠正违法失信行为；完善全国信用信息共享平台和国家企业信用信息公示系统，进一步强化和规范信用信息归集共享。这个重要文件的发布，必将进一步促进建筑垃圾处理企业信用评价制度的健全和完善。

第三十条　【代履行】

运输车辆带泥上路、沿途泄露、撒漏、随意倾倒建筑垃圾造成环境污染的，市、县（市）人民政府环境卫生主管部门应当责令其立即清理；当事人不在场或者在场不能及时清理的，环境卫生主管部门可以实施代履行，代履行的费用按照成本合理确定，由当事人承担，但法律另有规定的除外。不得以暴力、胁迫以及其他非法方式代履行。

【导读与释义】

本条是关于建筑垃圾造成环境污染代履行的规定。在本条例起草过程中，关于代履行的规定曾引起激烈争议。部分学者认为，地方性法规无权设置代履行规定，依据是《行政强制法》（2011年）第13条第1款规定："行政强制执行由法律设定。"大部分学者认为地方性法规有权设置，原因之一是《管理条例》的规定只是对《行政强制法》所定规则的重述，并没有增加新内容，不是创制性立法，作为下位法是可以设定的；原因之二是《管理条例》所规定的对建筑垃圾污染环境代履行的行为，正是《行政强制法》第52条规定的代履行的事项范围之一，[1]并没有超越上位法限定的范围；原因之三是从实际情况看，如果不允许规定代履行的条款，显然不利于环境卫生行政主管部门开展工作，不利于及时解决道路环境污染问题。基于上述多数人的理解，《管理条例》作出了本条规定。本条规定的内容大致分为三个方面：一是实施代履行的条件；二

---

〔1〕《行政强制法》第52条："需要立即清除道路、河道、航道或者公共场所的遗洒物、障碍物或者污染物，当事人不能清除的，行政机关可以决定立即实施代履行；当事人不在场的，行政机关应当在事后立即通知当事人，并依法作出处理。"

是代履行的费用承担；三是不得代履行的情形。以下分述之。

一、实施代履行的条件

根据本条规定，市、县（市）人民政府环境卫生主管部门针对建筑垃圾泄露等违法行为实施代履行，需要符合以下三个条件：一是运输车辆带泥上路、沿途泄露、撒漏、随意倾倒建筑垃圾造成环境污染；二是应当责令其立即清理；三是当事人不在场或者在场不能及时清理。以上三个条件，缺一不可。

（一）运输车辆带泥上路、沿途泄露、撒漏、随意倾倒建筑垃圾造成
　　　环境污染

该项条件是一项基础性、事实性规定，该规定实际上包括三种情况：运输车辆带泥上路造成环境污染；运输车辆沿途泄露、撒漏造成环境污染；运输车辆随意倾倒建筑垃圾造成环境污染。如果运输车辆虽然带泥上路但是没有造成环境污染，也不符合代履行的基础事实要求；如果运输车辆虽然泄露、撒漏了建筑垃圾但是及时采取措施进行了清理，不构成环境污染，也不需要代履行；如果运输车辆随意倾倒建筑垃圾但及时采取了清理措施，没有造成环境污染，那么也就不需要环境卫生行政主管部门代履行。由此可见，运输车辆带泥上路、沿途泄露、撒漏、随意倾倒建筑垃圾并不一定造成代履行的后果，还需要污染环境这个结果出现。

（二）应当责令其立即清理

环境卫生行政主管部门如果发现运输车辆带泥上路、沿途泄露、撒漏、随意倾倒建筑垃圾造成环境污染的情况，是否应立即实施代履行的行为呢？答案是否定的。根据本条规定，还需要满足"责令其立即清理"这个条件。在行政法上，"责令其立即清理"或"责令清理"并不是一种行政处罚行为，[1]因为并没有减损行政相对人的权益或增加其义务，

---

〔1〕《行政处罚法》（2021年修订）第2条规定："行政处罚是指行政机关依法对违反行政管理秩序的公民、法人或者其他组织，以减损权益或者增加义务的方式予以惩戒的行为。"

并不是一种惩戒，而只是对其违法行为造成后果的"复原"，从性质上看，应是一种行政命令。责令其立即清理的命令下达后，如果行政相对人不能及时清理，则可采取代履行行为。不过，根据《行政强制法》第35条的规定，行政机关作出强制执行决定前，应当事先催告当事人履行义务。催告应当以书面形式作出，并载明下列事项：①履行义务的期限；②履行义务的方式；③涉及金钱给付的，应当有明确的金额和给付方式；④当事人依法享有的陈述权和申辩权。

（三）当事人不在场或者在场不能及时清理

责令立即清理的命令下达后，当事人未必能自行清理。这存在两种情况：第一种情况是当事人可能已不在现场，若一直等待其返回现场让其清理，则沿途泄露、撒漏或随意倾倒的建筑垃圾长时间无人过问、无人打扫，不但影响市容环境卫生、污染环境，而且容易造成交通事故。此时，环境卫生行政主管部门可采取代履行行为。第二种情况是当事人虽然在现场，但不能及时清理。原因可能是当事人沿途泄露、撒漏或随意倾倒的建筑垃圾数量过多、面积过大或者需要特殊的清理设备，但当事人没有清理能力、没有设备条件，致使建筑垃圾造成环境污染的后果持续发生，甚至扩大蔓延。此时，如果环境卫生行政主管部门不及时采取措施代履行，则同样会出现上述问题。所以，本条规定了"当事人不在场或者在场不能及时清理"这个前置条件。

二、代履行的费用承担

根据本条规定，代履行的费用按照成本合理确定，由当事人承担，但法律另有规定的除外。

从《行政强制法》的立法精神来看，行政机关实施行政强制执行不得向当事人征收执行费用。理由是，行政强制执行属于国家公务行为，国家公务行为的费用是被纳入国家预算的，而国家财政收入的其中一部分来源于纳税人的纳税，所以，不得向当事人收取该费用。唯独代履行不同，因为代履行是由于当事人拒绝履行有关行政义务，并且形成了新的履行费用，而且这些代履行费用是不该由第三人承担的。所以，《行政强制法》规定了由当事人承担代履行费用的原则。[1]

代履行会产生哪些费用呢？该条规定的是"按照成本合理确定"，根据民事生活经验法则，这里的"成本"应当包括用工成本、租赁机械设备的成本、水电费成本、运输成本、建筑垃圾处置成本等，费用应当按照当地劳动用工市场的一般价格确定。不过，针对随意倾倒建筑垃圾造成严重污染的情况，还应该考虑增加生态修复的费用。因为违反环境义务的行为人不论是主观上不愿履行义务，还是客观上履行不能，环境义务人的履行责任都并不因他人的替代履行而消灭，环境行政代履行产生的履行费用应由义务人承担，包括生态环境修复的费用以及因完全丧失生态功能而进行的替代性修复的费用。[2]另外，"履行费用按照成本合理确定"，这个"合理"的标准是什么？是否允许有盈利空间？这对需要进行长期复杂的生态环境修复的环境行政代履行，也显得尤为重要。[3]笔者认为，应当给予合理的盈利空间，当然，这个"盈利"应当公平、合理，最好以公告方式加以明示。

最后，"法律另有规定的除外"。即如果法律上另有规定，代履行的费用也可以不由当事人承担。此处所言的"法律另有规定"主要是指查找不到当事人或者沿途泄露、撒漏或随意倾倒的建筑垃圾造成环境污染的行为人是政府机关本身，在以上两种情况下，代履行所产生的费用应当由环境卫生行政主管部门垫付或永久支付。

三、不得代履行的情形

本条最后规定，"不得以暴力、胁迫以及其他非法方式代履行"。代

---

〔1〕 胡建淼：《行政强制法论》，法律出版社 2014 年版，第 354 页。

〔2〕 李义松、周雪莹："我国环境行政代履行制度检视"，载《学海》2021 年第 1 期。

〔3〕 李义松、周雪莹："我国环境行政代履行制度检视"，载《学海》2021 年第 1 期。

履行在《行政强制法》中被定位为一项"轻微""和缓"的行政执行措施，强制性较弱并以"做好事"为基本特征，基本不涉及当事人的财产或者不减损当事人的财产，[1]故以暴力、胁迫以及其他非法方式代履行，既无必要，也不合法。再则，采用暴力、胁迫以及其他非法方式代履行，还有强迫交易的嫌疑，严重者构成犯罪。所以，本条规定不得以暴力、胁迫以及其他非法方式代履行。

【典型案例二】　渣土车擅自倾倒建筑垃圾被处罚案[2]

2018 年 1 月 10 日凌晨，成都市青白江区城乡环境综合管理局执法人员将一辆刚刚倒完建筑垃圾、准备逃跑的渣土车逮了个现行。"当天晚上我们在进行夜间巡查的时候，专门留意了区域内一些空地，在白马村的一处空地上，正好看到一辆渣土车，车身后有一大堆泥土。"执法人员介绍。执法人员发现，这堆建筑垃圾共计 20 方左右。勘测取证完成后，执法人员当即对当事人发了《调查通知书》，通知其及时到青白江区城乡环境综合管理局接受调查。

经调查，该渣土车在青白江区白马村的空地上擅自倾倒建筑垃圾的违法事实清楚、证据确凿。依据《四川省城乡环境综合治理条例》《成都市建筑垃圾处置管理条例》等规定，如果车辆未采取覆盖或者密闭措施，造成泄漏、遗撒或者违规倾倒的，执法机构将责令其清除、改正；代为清除的，费用由违法行为人承担。最后，城乡环境综合管理局对该运渣车所属运输公司作出罚款人民币 4000 元的行政处罚，代履行清理费由当事人承担。

【点评】

本案是一起典型的违法倾倒建筑垃圾被行政处罚，且同时被代履行

---

〔1〕　胡建淼：《行政强制法论》，法律出版社 2014 年版，第 866 页。
〔2〕　董兴生："成都'车身不洁带泥行驶'、'擅自倾倒建筑垃圾'等被严查并曝光"，载封面新闻：https://baijiahao.baidu.com/s? id=15903984470113378158，2021 年 8 月 11 日访问。

清除建筑垃圾的案例。虽然该案中代履行的费用并不清楚,但由违法行为人承担却是确凿无疑的。代履行是一种行政强制执行措施,以当事人违法为前提,行政强制措施不能等同于行政处罚,当事人的违法行为造成的后果被代履行后,其行政违法责任还应当受到行政处罚。[1]环境卫生行政主管部门代履行清理建筑垃圾,在法律性质上还是一种事实行为,事实行为也会带来某种法律后果。

---

[1]《行政处罚法》(2021 年修订)第 33 条规定:"**违法行为轻微并及时改正,没有造成危害后果的,不予行政处罚。初次违法且危害后果轻微并及时改正的,可以不予行政处罚。当事人有证据足以证明没有主观过错的,不予行政处罚。法律、行政法规另有规定的,从其规定。对当事人的违法行为依法不予行政处罚的,行政机关应当对当事人进行教育。**"

第三十一条　【建筑垃圾禁止规定】

排放、运输、消纳、利用建筑垃圾的单位和其他生产经营者，应当采取防扬散、防流失、防渗漏或者其他防止污染环境的措施，不得擅自倾倒、堆放、丢弃、遗撒建筑垃圾，工程施工单位不得擅自倾倒、抛撒或者堆放工程施工过程中产生的建筑垃圾。

禁止任何单位或者个人向江河、湖泊、渠道、水库及其最高水位线以下的滩地和岸坡以及法律法规规定的其他地点倾倒、堆放、贮存建筑垃圾。

任何单位和个人不得将危险废物、工业固体废物、农业固体废物、生活垃圾混入建筑垃圾进行处置。

【导读与释义】

本条是关于排放、运输、消纳、利用建筑垃圾的单位和其他生产经营者在建筑垃圾处理过程中的禁止性义务的规定。本条的规定不少是对本条例前述内容的强调或重述，如第 13 条、第 15 条、第 16 条等。之所以在此又作规定，主要在于从监管的角度加以深化和彰显，部分内容是新增的。

从上位法依据的角度看，本条的规定有着大量的上位法依据和行政规章作为参照。如《固体废物污染环境防治法》（2020 年修订）第 20 条规定："产生、收集、贮存、运输、利用、处置固体废物的单位和其他生产经营者，应当采取防扬散、防流失、防渗漏或者其他防止污染环境的措施，不得擅自倾倒、堆放、丢弃、遗撒固体废物。禁止任何单位或者个人向江河、湖泊、运河、渠道、水库及其最高水位线以下的滩地和岸坡以及法律法规规定的其他地点倾倒、堆放、贮存固体废物。"《大气污染防治法》（2018 年修正）第 69 条第 3、4、5 款规定："施工单位应当在施工工地设置硬质围挡，并采取覆盖、分段作业、择时施工、洒水抑尘、冲洗地面和车辆等有效防尘降尘措施。建筑土方、工程渣土、建筑垃圾应当及时清运；在场地内堆存的，应当采用密闭式防尘网遮盖。工程渣土、建筑垃圾应当进行资源化处理。施工单位应当在施工工地公示扬尘污染防治措施、负责人、扬尘监督管理主管部门等信息。暂时不能开工的建设用地，建设单位应当对裸露地面进行覆盖；超过三个月的，应当进行绿化、铺装或者遮盖。"第 70 条规定："运输煤炭、垃圾、渣土、砂石、土方、灰浆等散装、流体物料的车辆应当采取密闭或者其他措施防止物料遗撒造成扬尘污染，并按照规定路线行驶。装卸物料应当采取密闭或者喷淋等方式防治扬尘污染。城市人民政府应当加强道路、广场、停车场和其他公共场所的清扫保洁管理，推行清洁动力机械化清扫等低尘作业方式，防治扬尘污染。"住建部《城市建筑垃圾管理规定》（2005年）第 14 条规定："处置建筑垃圾的单位在运输建筑垃圾时，应当随车携带建筑垃圾处置核准文件，按照城市人民政府有关部门规定的运输路线、时间运行，不得丢弃、遗撒建筑垃圾，不得超出核准范围承运建筑垃圾。"第 15 条规定："任何单位和个人不得随意倾倒、抛撒或者堆放建筑垃圾。"此外，广东省人大常委会制定的《固体废物污染防治条例》《大气污染防治条例》等地方性法规和有关的规范性文件等，也有不少类似的规定，此处不再一一罗列。

本条共分 3 款，其中第 1 款、第 3 款的规定在本书前面相应地方已做了导读与释义，此处不再重复。下面，笔者将主要分析第 2 款，该款的内容是禁止任何单位和个人违法倾倒、堆放、贮存建筑垃圾。根据该款规定，禁止任何单位或者个人向江河、湖泊、沟渠、水库及其最高水位线以下的滩地和岸坡以及法律法规规定的其他地点倾倒、堆放、贮存建筑垃圾。不言而喻，向江河、湖泊、沟渠、水库及其最高水位线以下的滩地和岸坡等地方倾倒、堆放、贮存建筑垃圾，不但会污染堤岸和水环境，而且还会阻碍航运和行洪，构成潜在的洪涝灾害威胁。所以，本条作此规定。关于这方面的立法，除了《固体废物污染环境防治法》（2020年修订）第20条第2款的规定外，《河道管理条例》（2017年修订）也有十分明确的规定。其第24条规定："在河道管理范围内，禁止修建围堤、阻水渠道、阻水道路；种植高秆农作物、芦苇、杞柳、荻柴和树木（堤防防护林除外）；设置拦河渔具；弃置矿渣、石渣、煤灰、泥土、垃圾等。在堤防和护堤地，禁止建房、放牧、开渠、打井、挖窖、葬坟、晒粮、存放物料、开采地下资源、进行考古发掘以及开展集市贸易活动。"第35条规定："在河道管理范围内，禁止堆放、倾倒、掩埋、排放污染水体的物体。禁止在河道内清洗装贮过油类或者有毒污染物的车辆、容器。"

需要说明的是，本款规定的"最高水位线"是什么意思呢？研究认为，所谓最高水位，是指在江河、湖泊的某一地点，经过长时间对水位进行观测后，得出的最高水位值。最高水位具有时间性，如年最高水位、月最高水位、若干年最高水位及历史最高水位等。最高水位在桥梁工程和防洪工程设计上具有重要意义。为了防止水患，在河流的堤坝上一般都有一个警戒水位，如果水的高度超过了警戒水位，就应提防小心，需采取加固、防险措施。历史上达到的最高水位，往往比警戒水位要高。最高水位是制定行蓄洪和防险措施所必须掌握的基础性资料。1998年9月9日，原国家环保总局在针对福建省环境保护局《关于如何界定最高水位线以下岸坡与滩地的请示》作出的《关于最高水位线的认定及法律适用问题的复函》中指出：[1]①《河道管理条例》第17条和第20条分别规定，河道岸线的界限，由河道主管机关会同有关部门报县级以上地方人民政府划定；河道的最高水位等具体管理范围，由县级以上地方人民政府负责划定。据此，江河、湖泊、运河、渠道、水库的"最高水位

---

[1] 环发〔1998〕282号。

线"，依法应由县级以上地方人民政府划定。对于未明确划定具体管理范围的河道，其"最高水位线"可根据历史最高洪水位或者设计洪水位确定。②在最高水位线以上倾倒、堆放固体废弃物和垃圾，不应适用《水污染防治法》第 33 条的规定。对该类行为，可根据具体情况，依照《固体废物污染环境防治法》等法规执行。之所以对最高水位线以下作出如此要求，主要原因和上述向江河、湖泊、沟渠、水库等地点倾倒、堆放、贮存建筑垃圾一样，即倾倒、堆放固体废弃物和垃圾不但会污染河湖堤岸和水环境，而且还会阻碍航运和行洪，构成潜在的洪涝灾害威胁，所以必须禁止。

【典型案例三】 长江口垃圾倾倒案[1]

2018 年 11 月 19 日，引发全国关注的"长江口垃圾倾倒案"在常熟市人民法院公开开庭审理。本案由长江航运公安局苏州分局根据苏州地区环境资源案件审判集中管辖的规定，于 2017 年 3 月 23 日移送常熟市人民检察院审查起诉。常熟市人民检察院经依法审查，于 2017 年 9 月 15 日向常熟市人民法院提起公诉。

2016 年 12 月中旬，长江太仓段水域出现大量漂浮垃圾和固体废物，污染面积达数十平方公里，严重威胁长江口周边城市饮水安全。2016 年 12 月 19 日，太仓市启动供水突发重大事故应急处置预案，该市两个集中式饮用水水源分别被迫中断取水超过 48 小时 45 分钟和 55 小时。太仓市政府、上海崇明区政府相关部门为控制消除污染源，投入大量人力物力，共产生费用计人民币 600 余万元。

据查，2016 年 4 月下旬，浙江省桐乡市天顺垃圾清运服务有限公司（以下简称"天顺公司"）通过招投标获得为期 1 年的浙江省海盐县生活

---

[1] 胡永春、陈雅："非法倾倒垃圾 4 万余吨，长江口垃圾倾倒案开庭"，载中国青年网：https://author.baidu.com/home? from=bjh_ article&app_ id=1549761396709004，2021 年 8 月 12 日访问。

垃圾、固体废物外运处置业务。当年 8 月至 12 月间，天顺公司负责人、股东倪某松，股东周某松伙同公司其他人员，为共同牟取非法利益，在明知被告人张某、洪某等人（另案处理）无生活垃圾、固体废物处置资质的情况下，以明显低于合法处置成本的价格，将垃圾交由张某、洪某等人处置，其中 2 万余吨废物被直接抛入长江南通段、太仓段，2 万余吨废物被运至浙江湖州、安徽等地非法填埋，严重污染环境。经鉴定，天顺公司非法处置的废物为含有有毒有害物质的固体废物，其中挥发酚超标 80 倍至 32 200 倍不等。经测算，抛入长江的 2 万余吨废物和填埋的 2 万余吨垃圾共造成生态环境损害合计人民币 2000 余万元。

常熟市人民检察院认为，被告人倪某松、周某松等 9 人违反国家规定，非法处置、倾倒含有有毒有害物质的固体废物，严重污染环境，后果特别严重，犯罪事实清楚，证据确实、充分，应当以污染环境罪追究其刑事责任。

【点评】

本案是一起影响较大的由向长江里倾倒生活垃圾、固体废物引起的重大环境污染事故，当事人被追究了污染环境罪的刑事责任。此外，当事人还要支付生态环境损害赔偿费用。向江河、湖泊、沟渠、水库及其最高水位线以下的滩地和岸坡等地方倾倒、堆放、贮存建筑垃圾，不但会污染堤岸和水环境，而且还会阻碍航运和行洪，构成潜在的洪涝灾害威胁，所以法律规定了严格的处罚责任。

第五章 法律责任

第三十二条 【未报备责任】

违反本条例第十一条第一款、第二款的规定，由环境卫生行政主管部门责令改正，没收违法所得，并处单位十万元以上一百万以下的罚款。

【导读与释义】

本条是关于违反本条例第 11 条第 1 款、第 2 款的法律责任的规定，责任方式主要是行政处罚。本条例第 11 条第 1 款规定："施工单位应当编制建筑垃圾处理方案，采取污染防治措施，报环境卫生行政主管部门备案。"第 2 款规定："施工单位应当及时清运工程施工过程中产生的建筑垃圾，并按照环境卫生主管部门的规定进行利用或者处置。"

一、违反第 11 条第 1 款的法律责任

根据第 1 款的规定，施工单位似乎只有在既没有编制建筑垃圾处理方案，也没有采取污染防治措施，同时还没有报环境卫生行政主管部门备案的情况下，才会承担本条所规定的法律责任。其实不然，因为本款的上位法依据来自于《固体废物污染环境防治法》（2020 年修订）第 111 条的规定。该条规定："违反本法规定，有下列行为之一，由县级以上地方人民政府环境卫生主管部门责令改正，处以罚款，没收违法所得：（一）随意倾倒、抛撒、堆放或者焚烧生活垃圾的；（二）擅自关闭、闲置或者拆除生活垃圾处理设施、场所的；（三）工程施工单位未编制建筑垃圾处理方案报备案，或者未及时清运施工过程中产生的固体废物的；（四）工程施工单位擅自倾倒、抛撒或者堆放工程施工过程中产生的建筑

垃圾，或者未按照规定对施工过程中产生的固体废物进行利用或者处置的；（五）产生、收集厨余垃圾的单位和其他生产经营者未将厨余垃圾交由具备相应资质条件的单位进行无害化处理的；（六）畜禽养殖场、养殖小区利用未经无害化处理的厨余垃圾饲喂畜禽的；（七）在运输过程中沿途丢弃、遗撒生活垃圾的。单位有前款第一项、第七项行为之一，处五万元以上五十万元以下的罚款；单位有前款第二项、第三项、第四项、第五项、第六项行为之一，处十万元以上一百万元以下的罚款；个人有前款第一项、第五项、第七项行为之一，处一百元以上五百元以下的罚款。违反本法规定，未在指定的地点分类投放生活垃圾的，由县级以上地方人民政府环境卫生主管部门责令改正；情节严重的，对单位处五万元以上五十万元以下的罚款，对个人依法处以罚款。"

从《固体废物污染环境防治法》第 111 条第 1 款第 3 项的规定来看，工程施工单位未编制建筑垃圾处理方案报备案就是一种单独的违法行为，其结果就是承担处 10 万元以上 100 万元以下罚款。即施工单位只要没有编制建筑垃圾处理方案并报备，就要承担相应的责任，是否采取污染防治措施并不影响该责任的承担。本条例作为《固体废物污染环境防治法》的下位法，在设定行政处罚时，应当不超出上位法设定行政处罚的行为、种类和幅度的范围。至于本条例第 11 条第 1 款规定施工单位应"采取污染防治措施"，该措施只是施工单位编制建筑垃圾处理方案的一部分，不具有独立性，不因此再单独承担行政处罚责任，或者作为承担行政处罚责任的一个前置条件。

二、违反第 11 条第 2 款的法律责任

该款规定，施工单位应当及时清运建筑垃圾，"并"按照环境卫生主管部门的规定进行利用或者处置。从语义上来看，该款的含义似乎是施工单位只有在没有及时清运建筑垃圾，"并"没有按照环境卫生主管部门的规定进行利用或者处置的情况下，才会承担本条例第 32 条设定的

责任。[1]不过，《固体废物污染环境防治法》（2020年修订）第111条第1款第3项、第4项的规定却不是这样。第3项规定的是"工程施工单位未编制建筑垃圾处理方案报备案，或者未及时清运施工过程中产生的固体废物的"；第4项规定的是"工程施工单位擅自倾倒、抛撒或者堆放工程施工过程中产生的建筑垃圾，或者未按照规定对施工过程中产生的固体废物进行利用或者处置的"。结合两项的规定来看，"未及时清运施工过程中产生的固体废物的"和"未按照规定对施工过程中产生的固体废物进行利用或者处置的"，是两个独立的违法行为，只要出现任何一种，就要承担《固体废物污染环境防治法》第111条所确定的责任，即责令改正、没收违法所得、处10万元以上100万元以下的罚款，而不是要求施工单位只有在没有及时清运建筑垃圾，"并"没有按照环境卫生主管部门的规定进行利用或者处置的情况下，才会承担设定的责任。

由此来看，本条例第11条第2款的"并"字，是不够恰当的，改用"或者"，就能保证与《固体废物污染环境防治法》第111条的规定相一致了。《行政处罚法》（2021年修订）第12条第2款规定："法律、行政法规对违法行为已经作出行政处罚规定，地方性法规需要作出具体规定的，必须在法律、行政法规规定的给予行政处罚的行为、种类和幅度的范围内规定。"由于《固体废物污染环境防治法》将"未及时清运施工过程中产生的固体废物的"和"未按照规定对施工过程中产生的固体废物进行利用或者处置的"作为两个独立的违法行为种类分别规定，本条例作为《固体废物污染环境防治法》的下位法，就不能将二者合并作为一类违法行为种类加以规定，否则便是违反《行政处罚法》的规定的。

三、关于本条设定的责任方式

根据本条规定，违反以上两款的法律责任方式似乎有以下三种：①责令改正；②没收违法所得；③并处单位10万元以上100万元以下的罚款。

---

[1] 本条例第32条设定的责任与《固体废物污染环境防治法》第111条设定的责任方式相同。

　　首先是责令改正。责令改正是本条例第五章法律责任设定中普遍使用的一种行政行为方式，从第 32 条到第 38 条，均有设置。从其语境、作用和逻辑性来看，责令改正基本上是行政处罚的一个前置程序，和行政处罚（如罚款、责令停产停业、没收违法所得行为等）同步进行。从行政处罚的概念来看，行政处罚是指行政机关依法对违反行政管理秩序的公民、法人或者其他组织，以减损权益或者增加义务的方式予以惩戒的行为。[1]而本条例规定的责令改正却不具有这样的惩戒性，因为当事人并没有因责令改正而减损权益或增加义务，仅是对自身的违法行为造成的后果加以消除而已，充其量是恢复到违法行为没有发生之前的状态。概言之，责令改正并没有使当事人付出什么代价，因而不是行政处罚，而只是行政命令。有人认为责令改正是一种行政指导行为，这其实是一种误解。因为行政指导是指行政机关在其职责范围内为实现一定行政目的而采取的符合法律精神、原则、规则或政策的指导、劝告、建议等不具有国家强制力的行为。[2]但责令改正却具有明显的强制性，因为如果当事人不改正，行政机关可以依法采取强制措施使其改正，或者使当事人承担更为严重的法律后果。责令改正也不是行政强制措施，因为行政强制措施是指行政机关在行政管理过程中，为制止违法行为、防止证据损毁、避免危害发生、控制危险扩大等情形，依法对公民的人身自由实施暂时性限制，或者对公民、法人或者其他组织的财物实施暂时性控制的行为。[3]责令改正并不具有对公民的人身自由实施暂时性限制，或者对公民、法人或者其他组织的财物实施暂时性控制的功能，故责令改正也不是行政强制措施。

　　其次是没收违法所得。没收违法所得，是指行政机关或司法机关依法运用国家法律赋予的强制手段，将当事人通过违法行为取得的财物的

---

〔1〕　参见《行政处罚法》（2021 年修订）第 2 条。
〔2〕　应松年主编：《行政法与行政诉讼法学》（第 2 版），高等教育出版社 2018 年版，第 182 页。
〔3〕　参见《行政强制法》（2011 年）第 2 条。

所有权予以强制性剥夺的行政处罚方式。没收违法所得是我国《行政处罚法》设定的一个行政处罚种类。[1]违法所得是行为人通过法律禁止的手段或途径获取的，如果是行为人通过合法的手段或途径获取的财产则不在违法所得的范围之内。违法所得的这个根本特性将违法所得与行为人的个人财产区分开来。所谓个人财产是行为人合法所有的财产，可以作为罚金、没收财产等刑罚措施的对象，如无证运输建筑垃圾中的运输车辆就不能被认定为违法所得。违法所得的这个特征也将其与一般意义上的"物"区别开来，一般意义上的物只有在被违法行为人通过非法手段或途径获取之后才能成为违法所得。在建筑垃圾处置利用环节中，施工单位擅自将建筑垃圾委托给没有运输资格的人运输或者擅自处理的、运输者在运输建筑垃圾过程中随意倾倒的、不具有消纳建筑垃圾资格的人擅自接纳建筑垃圾的等，都可能产生违法所得，都有被没收的可能。

最后是并处单位 10 万元以上 100 万元以下的罚款。"并处"的意思是一并执行，即与其他行政处罚方式一起执行，如没收违法所得后，仍然需要罚款。此处的罚款 10 万元以上 100 万元以下，针对的是单位，而非个人。因为个人不是"施工单位"，不具有编制建筑垃圾处理方案并报备的条件。"十万元以上一百万元以下"这个数，也是来自于《固体废物污染环境防治法》（2020 年修订）第 111 条的规定。

---

〔1〕《行政处罚法》（2021 年修订）第 9 条规定："行政处罚的种类：（一）警告、通报批评；（二）罚款、没收违法所得、没收非法财物；（三）暂扣许可证件、降低资质等级、吊销许可证件；（四）限制开展生产经营活动、责令停产停业、责令关闭、限制从业；（五）行政拘留；（六）法律、行政法规规定的其他行政处罚。"

第三十三条　【建设工地管理责任】

违反本条例第十二条第（一）、（三）、（四）、（五）、（七）、（八）项行为之一的，由住房城乡建设行政主管部门按照职责责令改正，处一万元以上十万元以下的罚款；拒不改正的，责令停工整治。

违反本条例第十二条第（六）项规定的，由住房城乡建设行政主管部门按照职责责令改正，处五万元以上十万元以下的罚款，拒不改正的，责令停工整治。

【导读与释义】

本条是关于城镇集中建设区域内建设工程施工单位没有按照要求加强施工工地管理，造成建筑垃圾污染环境责任的规定。本条例第12条共有9项规定，分别是："（一）在工程建设施工现场设置硬质、连续的封闭围挡，其强度、构造应当符合相关技术规定；（二）公示建设、施工、运输单位名称和投诉举报电话；（三）在工地现场安装必要喷淋降尘设备；（四）在工地出入口设置洗车槽、沉淀池等车辆冲洗设施并有效使用，确保车辆不带泥驶出工地，并做好洗车槽、沉淀池的泥浆污水处理工作。不具备设置条件的，应当配置冲洗车辆、洒水、喷淋等设备；（五）及时清运建筑垃圾，做好信息登记，不能及时清运的，应当采取密闭式防尘网遮盖、洒水、防渗、防滑坡等措施；（六）在施工现场出入口安装在线视频监控设备，确保清晰监控车辆出场冲洗效果及车辆车牌号码，建筑面积在五万平方米以上的，还应当安装颗粒物在线监测系统，视频监控录像存储时间不少于三十日；（七）拆除工程施工应当采取湿法作业；（八）对房屋建筑工地车行道路和出入口道路进行硬化；（九）法律、法规规定的其他要求。"

本条只就第 12 条的第 1、3、4、5、6、7、8 项规定了法律责任，其中第 6 项的责任是被单独规定的，而就第 2、9 项没有直接规定法律责任。第 9 项是个概括性规定，要具体参照其他法律法规的要求，没有必要在本条中一一列明。同时，与本条例第 11 条规定的主体不同的是，本条设定的行政主管部门不再是环境卫生行政主管部门，而是住房和城乡建设行政主管部门。实际上，由于韶关市环境卫生行政主管部门已与住房和城乡建设行政主管部门合并，行政执法主体问题已不存在争议。不过需要说明的是，住房和城乡建设行政主管部门作为本条规定的行政执法部门，根源于《大气污染防治法》（2018 年修正）第 115 条的规定，在此不再赘述。

本条规定的内容，可从《大气污染防治法》和《广东省大气污染防治条例》中找到上位法依据。《大气污染防治法》（2018 年修正）第 115 条规定："违反本法规定，施工单位有下列行为之一的，由县级以上人民政府住房城乡建设等主管部门按照职责责令改正，处一万元以上十万元以下的罚款；拒不改正的，责令停工整治：（一）施工工地未设置硬质围挡，或者未采取覆盖、分段作业、择时施工、洒水抑尘、冲洗地面和车辆等有效防尘降尘措施的；（二）建筑土方、工程渣土、建筑垃圾未及时清运，或者未采用密闭式防尘网遮盖的。违反本法规定，建设单位未对暂时不能开工的建设用地的裸露地面进行覆盖，或者未对超过三个月不能开工的建设用地的裸露地面进行绿化、铺装或者遮盖的，由县级以上人民政府住房城乡建设等主管部门依照前款规定予以处罚。"《广东省大气污染防治条例》第 83 条规定："施工单位违反本条例第五十五条、第五十八条规定，未安装视频监控设备、颗粒物在线监测系统，在禁止搅拌混凝土、搅拌砂浆范围内现场搅拌混凝土、现场搅拌砂浆，在施工现场铺贴各类瓷砖、石板材等装饰块件采用干式方法进行切割，使用含石棉物质作为建筑材料，在建筑物拆除或者整修前未按照国家和省的有关规定拆除石棉及含石棉物质的，由县级以上人民政府住房城乡建设等主管部门按照职责责令改正，处五万元以上十万元以下的罚款；拒不改正的，责令停工整治。"

从以上《大气污染防治法》和《广东省大气污染防治条例》的规定来看，本条规定的法律责任，除了第7项"拆除工程施工应当采取湿法作业"和第8项"对房屋建筑工地车行道路和出入口道路进行硬化"外，几乎都可以在这两个立法中找到上位法依据。那么，在上位法没有规定行政处罚的情况下，本条第7项规定"拆除工程施工应当采取湿法作业"、第8项规定"对房屋建筑工地车行道路和出入口道路进行硬化"是否合法有效呢？《行政处罚法》（2021年修订）第11条第3款规定："法律对违法行为未作出行政处罚规定，行政法规为实施法律，可以补充设定行政处罚。拟补充设定行政处罚的，应当通过听证会、论证会等形式广泛听取意见，并向制定机关作出书面说明。行政法规报送备案时，应当说明补充设定行政处罚的情况。"由此可见，《管理条例》是可以作出行政处罚设定的。而且，在条例起草、论证、修改过程中，韶关市不只一次举行听证会、论证会，以广泛听取社会各界意见，在程序上也完全符合《行政处罚法》的规定。故给予违反本条第7项"拆除工程施工应当采取湿法作业"和第8项"对房屋建筑工地车行道路和出入口道路进行硬化"规定的行为"一万元以上十万元以下的罚款；拒不改正的，责令停工整治"的行政处罚是合法、有效的。

此外，本条两款中还规定了"拒不改正的，责令停工整治"。"责令停工整治"实际上就是"责令停产停业"，是《行政处罚法》规定的行政处罚种类之一。本条例之所以用"责令停工整治"而不用"责令停产停业"来表述，原因之一在于"责令停工整治"更能准确地表达建设工程施工工地的情况；原因之二在于《大气污染防治法》第115条和《广东省大气污染防治条例》第83条等条款用的也是"责令停工整治"一词，这样就可以使下位法与上位法保持一致。

第三十四条 【道路施工责任】

违反本条例第十三条规定，由环境卫生行政主管部门按照职责责令改正，处一万元以上十万元以下的罚款；拒不改正的，责令停工整治。

【导读与释义】

本条是关于违反本条例第 13 条的法律责任的规定。本条第 13 条规定："城镇集中建设区域内进行管线铺设、道路开挖、管道清污等作业的，施工单位应当按照市政工程围蔽标准作业，及时清运建筑垃圾。城镇集中建设区域外进行管线铺设、道路开挖、管道清污等作业的，施工单位应当加强施工现场管理，及时清运建筑垃圾。"

相比于第 12 条的规定及第 33 条规定的与之对应的法律责任，该条专门规定的是管线铺设、道路开挖、管道清污等作业产生的建筑垃圾及处罚责任，属于特别条款、特别责任。根据特别法优于一般法、特别条款优于一般条款的法律适用原则，若出现违反第 13 条规定的违法情形，只能适用第 34 条（即本条）设定的法律责任，而不能适用第 33 条设定的责任。第 34 条设定的法律责任来源是《大气污染防治法》（2018 年修正）第 115 条的规定，即"违反本法规定，施工单位有下列行为之一的，由县级以上人民政府住房城乡建设等主管部门按照职责责令改正，处一万元以上十万元以下的罚款；拒不改正的，责令停工整治：（一）施工工地未设置硬质围挡，或者未采取覆盖、分段作业、择时施工、洒水抑尘、冲洗地面和车辆等有效防尘降尘措施的；（二）建筑土方、工程渣土、建筑垃圾未及时清运，或者未采用密闭式防尘网遮盖的"。该条规定的罚款上下限是 1 万元以上 10 万元以下，本条例第 34 条的规定，保持了与《大气污染防治法》第 115 条的一致性，因而是合法、有效的。

　　还需要说明的是，根据本条规定，拒不改正的，责令停工整治。这里的"停工整治"是以当事人"拒不改正"为前提的，若当事人及时改正了，则无需停工整治。

第三十五条 【车辆运输责任】

违反本条例第十七条第（一）项规定的，由市、县（市、区）人民政府确定的监督管理部门责令改正，处五千元以上二万元以下罚款；拒不改正的，车辆不得上道路行驶。

违反本条例第十七条第（三）项规定的，由市、县（市、区）人民政府确定的监督管理部门责令改正，处二千元以上二万元以下罚款；拒不改正的，车辆不得上道路行驶。

【导读与释义】

本条是关于违反第 17 条规定的法律责任的规定。第 17 条规定的建筑垃圾运输车辆在运输过程中应当遵守的规定有四项，即"（一）配备卫星定位装置，保持在线，按照规定的时间、线路运输；（二）保持车身清洁，车辆标识、号牌清晰，车轮不得带泥行驶；（三）全程密闭运输，不得沿途泄漏、遗撒；（四）法律法规规定的其他义务"。但是，第 35 条只规定了违反第 17 条第（一）项、第（三）项的责任，没有规定违反第（二）项、第（四）项的责任。违反第（四）项的责任由其他法律法规规定，此不赘述；违反第（二）项的责任本条没有规定，其原因可能包括以下两点：一是车身是否清洁，车辆标识、号牌是否清晰，车轮是否带泥行驶等，只是不够美观，并没有造成污染事故，行为没有社会危害性或者危害性极低，所以不需要处罚；如果造成了污染事故，其他条款也已经有处罚规则了。二是立法起草者可能是受《行政处罚法》规定的影响。《行政处罚法》（2017 年修正）第 11 条第 2 款规定："法律、行政法规对违法行为已经作出行政处罚规定，地方性法规需要作出具体规定的，必须在法律、行政法规规定的给予行政处罚的行为、种类和幅度的范围内规定。"即该法一方面限制了地方性法规对行政处罚的设定权：如果作为上位法的法律、行政法规对某种违法行为没有规定行政处罚，那么作为下位法的地方性法规就无权规定。另一方面，如果作为上位法的法律、行政法规对某种行为是否违法根本没有作出规定，那么作为下位法的地方性法规就难以判断该不该规定，更不用说设定法律责任了，不妨说是一个立法缺陷。1996年《行政处罚法》的这种限制和缺陷，在确保上位法权威的前提下，也限制了地方性法规根据实际情况灵活应对各种违法行为的可能，所以是不合理的。基于这种认识，新修订的《行政处罚法》（2021年修订）第12条第3款增加规定："法律、行政法规对违法行为未作出行政处罚规定，地方性法规为实施法律、行政法规，可以补充设定行政处罚。拟补充设定行政处罚的，应当通过听证会、论证会等形式广泛听取意见，并向制定机关作出书面说明。地方性法规报送备案时，应当说明补充设定行政处罚的情况。"即修订后的《行政处罚法》扩大了地方性法规的行政处罚设定权：在法律、行政法规没有对某种行为的违法性及其责任作出规定的情况下，地方性法规是可以作出规定的，只是要履行严格的法定程序，并作出书面说明。

基于上述分析，第35条只规定了违反第17条第1项、第3项的责任，没有规定违反第2项的责任，实际上是不合理的，将导致第17条第2项的规定形同虚设，给执法部门的执法工作带来困惑。所以，本条例实际上应当根据新《行政处罚法》的规定设定违反第17条第2项的法律责任。不过，可以理解的是，《管理条例》通过的时间在前，[1]新《行政处罚法》修订的时间在后，[2]《管理条例》的起草者当时不可能了解新

---

〔1〕《管理条例》（2020年12月28日由韶关市第十四届人民代表大会常务委员会第四十一次会议通过，2021年3月18日广东省第十三届人民代表大会常务委员会第三十次会议批准，自2021年5月1日起施行）。

〔2〕《行政处罚法》（2021年1月22日由第十三届全国人民代表大会常务委员会第二十五次会议修订，自2021年7月15日起施行）。

《行政处罚法》的这种修改，故不能冒着违反旧《行政处罚法》这个上位法的风险来规定第 17 条第 2 项的法律责任。这样看来，有必要在《管理条例》修改时补充规定或者以立法解释的方式解决此问题。

还需要说明的是，本条两款规定的法律责任，主要来源于《广东省大气污染防治条例》（2018 年）和《大气污染防治法》（2018 年修正）。前者第 84 条规定："违反本条例第五十七条第一款规定，运输煤炭、垃圾、渣土、土方、砂石和灰浆等散装、流体物料的车辆未采取密闭运输、未配备卫星定位装置、或者未按照规定的时间、路线要求行驶的，由县级以上人民政府确定的监督管理部门责令改正，处五千元以上二万元以下的罚款；拒不改正的，车辆不得上道路行驶。"后者第 116 条规定："违反本法规定，运输煤炭、垃圾、渣土、砂石、土方、灰浆等散装、流体物料的车辆，未采取密闭或者其他措施防止物料遗撒的，由县级以上地方人民政府确定的监督管理部门责令改正，处二千元以上二万元以下的罚款；拒不改正的，车辆不得上道路行驶。"上述两条规定，为本条两款的责任设定直接提供了上位法依据。

【典型案例一】 车轮带泥行驶致使城市道路被污染案[1]

2019 年 4 月 18 日 16 时，温州市洞头区综合执法局执法人员在日常巡查中发现：一辆牌照为浙 CA8×××的运输车辆在霞光大道行驶时存在车轮带泥运行现象，致使该路段被污染。执法人员出示证件、表明身份后对现场进行调查询问。经查，该车驾驶员为张某，受雇于温州市天一环卫运输有限公司，该车运输工程建筑垃圾从施工工地驶出时，因轮胎带泥行驶造成长 25 米、宽 2 米、面积为 50 平方米的路面污染。

因张某受雇于温州市天一环卫运输有限公司，因此，综合行政执法局遂认定该公司为本案违法主体。张某在运输建筑垃圾过程中，违反法

---

[1] "以案释法：洞头一运输车因车轮带泥被罚"，载网易：https://3g.163.com/local/article/F10DHNSS04099CJO.html，2021 年 8 月 15 日访问。

律规定车轮带泥行驶致使城市道路被污染，不仅影响市容环境，而且可能造成交通安全隐患，或形成扬尘污染大气环境等后果，依法应予处罚。4月23日，洞头区行政综合执法局对该行为予以立案调查。经对现场进行勘查取证后，5月9日，执法人员向其邮寄送达《行政处罚事先告知书》，当事人未提出陈述申辩意见。5月20日，综合行政执法局作出决定：给予当事人罚款人民币1000元的行政处罚。

本案当事人温州市天一环卫运输有限公司车轮带泥运行的行为违反了《温州市市容和环境卫生管理条例》第23条第1款之规定："城市道路上运输砂石、水泥等散装货物和液体、垃圾、粪便等车辆，应当采取密闭、全覆盖、清洗等措施，不得泄漏、散落或者带泥运行。"依据该条例第51条"违反本条例第二十三条第一款规定，车辆运输出现泄漏、散落的，责令立即清除，处一千元以上三千元以下罚款；车轮带泥运行的，责令改正，处二百元以上一千元以下罚款"。据此，依法可对当事人处以200元以上1000元以下的罚款。再依据《温州市综合执法常见违法行为行政处罚自由裁量权行使标准》第25项的规定："在主要街道、重点区域污染路面长度5米以内罚款500元，每增加1米增加罚款100元；在其他街道或区域污染路面长度5米以内罚款200元，每增加1米增加罚款50元。"由于当事人造成的路面污染长度为25米，且洞头区霞光大道小朴路段不属于主要街道，故依法决定对该单位给予罚款人民币1000元的行政处罚。

本案依据的《温州市市容和环境卫生管理条例》，是温州市第一部地方性法规，于2016年3月1日起施行，并于2018年进行了修订。该条例主要根据国务院《城市市容和环境卫生管理条例》和《浙江省城市市容和环境卫生管理条例》的规定，并结合温州市实际，细化和明确了之前实际管理中存在的管理边界不清、法律概念模糊、法律责任空缺等一系列问题，进一步适应了温州市经济社会发展和城市管理的需求，对实际执法管理有很大帮助。

　　《温州市市容和环境卫生管理条例》出台前，国务院《城市市容和环境卫生管理条例》第15条规定："在市区运行的交通运输工具，应当保持外型完好、整洁，货运车辆运输的液体、散装货物，应当密封、包扎、覆盖，避免泄漏、遗撒。"该条款并没有对车轮带泥行驶这一具体行为进行规定。《浙江省城市市容和环境卫生管理条例》第22条规定："城市道路上运输砂石、水泥等散装货物、液体、垃圾、粪便等车辆，应当采取密闭、全覆盖、清洗等措施，不得泄漏、散落和带泥运行。"此条款对车轮带泥运行这一行为采取了禁止性规定，虽然明确了车轮不得带泥运行这一违则，但却没有明确相对应的罚则。因此，在实际管理过程中对"车轮带泥运行"这一行为的性质认定以及到底是否应该处罚还存在争议。《温州市市容和环境卫生管理条例》出台后，对该行为在违法行为认定和处罚规则上都进行了明确的界定，同时也对行为要件进行了简化，规定只要出现"泄漏、散落或者带泥运行"的，无须以限期整改到位为前置条件，就可以对该违法行为进行处罚。

【点评】

　　本案是一起有关"车轮带泥行驶"行为的违法性认定和可罚性标准的典型案例，与《管理条例》规定的内容有着高度的相似性。《温州市市容和环境卫生管理条例》对此问题的明确非常值得《管理条例》借鉴。作为一部立法，必须注意法律规则中"行为模式"后"法律责任"的设定，要不然，行为模式的设定就失去了意义；立法就不再是立法，而成了空洞的口号。《温州市市容和环境卫生管理条例》对"车轮带泥行驶"的违法性及其处罚规则的明确，在方便执法队员调查取证、提升行政执法效率的同时，也提高了地方性法规的权威，取得了更好的社会效果。

第三十六条　【擅自设立消纳场责任】

违反本条例第十九条规定未经核准擅自设立建筑垃圾消纳场的，由环境卫生行政主管部门责令改正，没收违法所得，并处十万元以上一百万元以下的罚款。

【导读与释义】

本条是关于从事建筑垃圾消纳场经营的单位，未向市、县（市）人民政府环境卫生主管部门申请办理建筑垃圾处置核准，擅自处置建筑垃圾的法律责任的规定。本条例第 19 条规定："从事建筑垃圾消纳场经营的单位应当向市、县（市）人民政府环境卫生主管部门申请办理建筑垃圾处置核准，并按照国家有关规定提交相关材料。"违反第 19 条规定的法律责任有三种：①责令改正；②没收违法所得；③并处 10 万元以上 100 万元以下的罚款。责令改正、没收违法所得两种处罚形式在前面已有所探讨，此处不再重复，现重点阐释"并处十万元以上一百万元以下的罚款"的法源及其适用。

对未经核准擅自设立建筑垃圾消纳场的行为，在其违法性被确定后，到底该设定多大的责任？其法律渊源何在？

首先，规定未经核准擅自设立建筑垃圾消纳场的行为属于违法行为的，目前主要有《固体废物污染环境防治法》（2020 年修订）和《城市建筑垃圾管理条例》（2005 年）。前者第 62 条规定："县级以上地方人民政府环境卫生主管部门负责建筑垃圾污染环境防治工作，建立建筑垃圾全过程管理制度，规范建筑垃圾产生、收集、贮存、运输、利用、处置行为，推进综合利用，加强建筑垃圾处置设施、场所建设，保障处置安全，防止污染环境。"该条规定了"加强建筑垃圾处置设施、场所建设"的内容。同时联系《国务院关于修改〈国务院对确需保留的行政审批项目设定行政许可的决定〉的决定》（2016年修订）附件目录第101项"审批项目名称：城市建筑垃圾处置核准；实施机关：城市人民政府市容环境卫生行政主管部门"和《国家发展改革委商务部关于印发〈市场准入负面清单（2019年）〉》第90项"保留城市建筑垃圾处置核准许可；实施部门：住房与城乡建设部"之规定可知，建筑垃圾处置、消纳是要经过核准的，否则就是非法行为。《城市建筑垃圾管理规定》第20条第1款规定："任何单位和个人有下列情形之一的，由城市人民政府市容环境卫生主管部门责令限期改正，给予警告，处以罚款：（一）将建筑垃圾混入生活垃圾的；（二）将危险废物混入建筑垃圾的；（三）擅自设立弃置场受纳建筑垃圾的。"该规定第（三）项也明确将擅自设立弃置场受纳建筑垃圾的行为视为违法行为。可见，未经核准擅自设立建筑垃圾消纳场的行为属于违法行为的认定，是有充分的法律和政策依据的。

其次，在将未经核准擅自设立建筑垃圾消纳场的行为视为违法行为后，其法律责任该如何设定呢？本条规定的"并处十万元以上一百万元以下的罚款"的责任，是否合法呢？笔者遍查当前立法，一直没有发现一个明确的法律、行政法规或广东省人大常委会制定的地方性法规的规定，仅有《城市建筑垃圾管理规定》第20条第2款明确作出了规定："单位有前款第一项、第二项行为之一的，处3000元以下罚款；有前款第三项行为的，处5000元以上1万元以下罚款。个人有前款第一项、第二项行为之一的，处200元以下罚款；有前款第三项行为的，处3000元以下罚款。"根据该规定，作为单位，未经核准擅自设立建筑垃圾消纳场行为的法律责任是"处5000元以上1万元以下罚款"。由于本条例第36条规定的也是单位的责任，两相比较而言，本条例第36本规定的"并处十万元以上一百万元以下的罚款"，与《城市建筑垃圾管理规定》第20条第2款规定的"处5000元以上1万元以下罚款"存在明显差异。从法律位阶的关系上看，原建设部制定的《城市建筑垃圾管理规定》作为部委规章，并不是韶关市人大常委会制定的地方性法规《管理条例》的上位法，后者对前者设定的法律责任方式及其幅度，几乎可以视而不见，但是这么大的差别也是令人匪夷所思的。据了解，《城市建筑垃圾管理规定》目前已经被纳入修改计划，相信罚款的幅度会有所增加。不过，这依然无法解决本条例设定"并处十万元以上一百万元以下的罚款"的合法性问题。当然，2021年《行政处罚法》第12条第3款已规定："法律、行政法规对违法行为未作出行政处罚规定，地方性法规为实施法律、行政法规，可以补充设定行政处罚。……"这看似能解决本条例作为地方性法规能设定"并处十万元以上一百万元以下的罚款"的问题。但是，如前所述，新《行政处罚法》的修订和实施时间晚于《管理条例》的制定和实施时间，作为下位法的本条例，提前作了超越上位法规定的法律责任设定，应当是非法无效的。不过，现在来看，这个问题几乎已经不存在了，因为新《行政处罚法》和《管理条例》都已经生效；本条例充其量只是略显"早了点"。

【典型案例二】长沙天心区某医院擅自收纳建筑垃圾案[1]

　　将单位空地填平不仅不花钱还能挣钱，长沙市天心区南托街道某医院算盘打得精。可真有这样无本万利的好事吗？2018年11月13日，长沙市天心区城管执法大队南托中队对这样一起擅自设立消纳场收纳建筑垃圾的违法行为进行了处罚，涉事单位某医院最终因触犯了相关法规，被罚款10 000元。

　　11月6日10时，南托中队执法人员在巡查中发现，有一辆渣土车拉着满满一车的建筑垃圾开进了南托街道某医院住院楼西侧空地。满载车辆为何不是往外拉而是往里进呢？经验丰富的执法人员顿时起了疑心，

---

　　[1]　董劲、任金海："私设建筑垃圾消纳场，涉事单位被罚万元"，载《湖南日报》2018年11月14日。

于是立即进入现场进行检查。进入后发现，医院住院楼西侧有一块将近1000平方米的空地，几乎被建筑垃圾完全填平，填高了约2米。经调查得知，该医院住院楼西侧空地为医院所有，医院准备规划成单位的花园。为将这块空地填平，医院未办理建筑垃圾消纳许可证就擅自设立消纳场，受纳了约1500立方米的建筑垃圾。"这样不仅可以少花钱买土，反过来单位还能赚一笔钱，可谓一举两得"，医院负责人涂某表示。11月13日上午，南托中队依法约谈该医院负责人涂某，对其做了笔录，进行了教育，并根据住建部《城市建筑垃圾管理规定》第20条的规定，依法处该医院10 000元的罚款。

根据《城市建筑垃圾管理规定》的规定，任何单位和个人均不得擅自设立消纳场受纳建筑垃圾。处置建筑垃圾的单位，应当向天心区城管局提出申请，获得城市建筑垃圾处置核准后，方有资格处置。

【点评】

本案是一起单位未经核准，擅自设立消纳场收纳建筑垃圾的典型案例。只不过，这个单位有点特殊，它不是一般的单位，而是一家医院。这家医院想将本院里的一块空地填平，既不愿花钱买土，还想通过帮助别人消纳建筑垃圾赚钱，不曾想这种"一举两得"的做法是一种严重的违法行为，最终受到了罚款10 000元的处罚。从国家对建筑垃圾的管理法规和制度来看，这家医院还要花费巨资清理这些建筑垃圾，这个代价无疑也是巨大的。从本案处罚的依据来看，城管局适用的是《城市建筑垃圾管理规定》第20条的规定，罚款10 000元也可谓顶格处罚了。不过，从本案消纳建筑垃圾的数量和违法性情节来看，10 000元的罚款似乎尚不足以达到惩戒的目的，有违行政处罚应遵守的"过罚相当原则"。下一步，长沙市或湖南省人大常委会制定的有关建筑垃圾管理的地方性法规可以改变这一点。

第三十七条　【消纳场管理责任】

违反本条例第二十条第（一）、（二）项行为之一的，由住房城乡建设行政主管部门按照职责责令改正，处一万元以上十万元以下的罚款；拒不改正的，责令停工整治。

违反本条例第二十条第（三）项规定的，由住房城乡建设行政主管部门按照职责责令改正，处五万元以上十万元以下的罚款；拒不改正的，责令停工整治。

【导读与释义】

本条是关于违反建筑垃圾消纳场管理的法律责任的规定。本条例第20条规定："建筑垃圾消纳场的管理应当符合下列规定：（一）按标准砌筑围挡，对出入口道路进行硬化或铺装，并安装洒水、喷淋等设备设施；（二）设置洗车槽、沉淀池、排水和消防等设施，配备车辆冲洗设备，确保驶离消纳场的车辆不带泥上路；（三）出入口安装监控车辆出场冲洗效果及车辆车牌号码的视频设备；（四）配置必要的铺展、碾压、除尘等建筑垃圾消纳机械设备并有效使用；（五）制定消纳场应急管理方案，建立环境卫生、生态环境评估、安全评估等管理制度；（六）设置明显的安全警示标志和管理制度公示牌；（七）对建筑垃圾进行无害化处理，防治消纳过程中的污染；（八）不得接纳工业垃圾、生活垃圾和危险废物。"由以上规定可见，第20条设置了8项法律规则，但本条只规定了违反前三项的法律责任，对后面五项的违反责任只字未提。这里需要探讨违反本条例第20条第1、2、3项行为法律责任的设定来源，也需要探讨为何本条例第20条第4、5、6、7项未设定法律责任的原因，以及应对之道。

一、关于违反本条例第 20 条第 1、2、3 项行为法律责任的设定来源

哪些法律法规是本条例第 37 条的上位法依据？从现行立法来看，其主要体现在《大气污染防治法》（2018 年修正）、《广东省大气污染防治条例》（2018 年）、《广东省环境保护条例》（2019 年修正）和《城市建筑垃圾管理规定》（2005 年）之中。

《大气污染防治法》（2018 年修正）第 115 条规定："违反本法规定，施工单位有下列行为之一的，由县级以上人民政府住房城乡建设等主管部门按照职责责令改正，处一万元以上十万元以下的罚款；拒不改正的，责令停工整治：（一）施工工地未设置硬质围挡，或者未采取覆盖、分段作业、择时施工、洒水抑尘、冲洗地面和车辆等有效防尘降尘措施的；（二）建筑土方、工程渣土、建筑垃圾未及时清运，或者未采用密闭式防尘网遮盖的。违反本法规定，建设单位未对暂时不能开工的建设用地的裸露地面进行覆盖，或者未对超过三个月不能开工的建设用地的裸露地面进行绿化、铺装或者遮盖的，由县级以上人民政府住房城乡建设等主管部门依照前款规定予以处罚。"从该条规定可见，关于设置硬质围挡、冲洗地面车辆、遮盖铺装、采取防尘降尘措施等，《大气污染防治法》作出了不少明确规定，这与本条例第 20 条第 1、2 项的规定高度契合，完全可以成为本条例的上位法条款。正是基于这样的考虑，本条例第 37 条第 1、2 项才依照《大气污染防治法》第 115 条的规定，作出了"处一万元以上十万元以下的罚款"的规定。

《广东省大气污染防治条例》（2018 年）第 83 条规定："施工单位违反本条例第五十五条、第五十八条规定，未安装视频监控设备、颗粒物在线监测系统，在禁止搅拌混凝土、搅拌砂浆范围内现场搅拌混凝土、现场搅拌砂浆，在施工现场铺贴各类瓷砖、石板材等装饰块件采用干式方法进行切割，使用含石棉物质作为建筑材料，在建筑物拆除或者整修前未按照国家和省的有关规定拆除石棉及含石棉物质的，由县级以上人民政府住房城乡建设等主管部门按照职责责令改正，处五万元以上十万元以下的罚款；拒不改正的，责令停工整治。"该条中"未安装视频监控设备"及应"处五万元以上十万元以下的罚款"的规定，与本条例第20条第3项的规定高度契合，也是本条例的上位法条款，故本条例第37条第3项也作出了"处五万元以上十万元以下的罚款"的规定。《广东省环境保护条例》（2019年修订）第74条规定："违反本条例第四十条第二款规定，建筑施工企业有下列行为之一，由县级以上人民政府住房城乡建设等主管部门责令限期改正，处五万元以上十万元以下罚款；拒不改正的，责令其停工整顿：（一）施工工地未设置硬质密闭围挡，或者未采取覆盖、分段作业、择时施工、洒水抑尘、冲洗地面和车辆等有效防尘措施的；……"该规定与本条例第20条第3项的规定高度契合，也是本条例的上位法条款之一。

《城市建筑垃圾管理规定》（2005年）第21条规定："建筑垃圾储运消纳场受纳工业垃圾、生活垃圾和有毒有害垃圾的，由城市人民政府市容环境卫生主管部门责令限期改正，给予警告，处5000元以上1万元以下罚款。"该条规定了建筑垃圾储运消纳场不得受纳工业垃圾、生活垃圾和有毒有害垃圾的内容，与本条例第20条第8项的规定内容基本一致。然而，按照《立法法》的规定，《城市建筑垃圾管理规定》只是一个部委规章，不是《管理条例》这个地方性法规的上位法，后者不必根据前者的规定进行立法。但是，在后者没有对建筑垃圾储运消纳场受纳工业垃圾、生活垃圾和有毒有害垃圾的违法行为规定法律责任的情况下，并不影响环境卫生行政主管部门依照《城市建筑垃圾管理规定》的规定对建筑垃圾储运消纳场的违法行为进行处罚。因为住建部（包括原建设部）作为全国各地环境卫生行政主管部门的上级部门，其制定的《城市建筑垃圾管理规定》等行政规章和其他规范性文件，在全国各地都有适用性，韶关市、区（县、县级市）的环境卫生行政主管部门完全可以依照《城市建筑垃圾管理规定》第 21 条的规定，对建筑垃圾储运消纳场受纳工业垃圾、生活垃圾和有毒有害垃圾的违法行为作出处 5000 元以上 1 万元以下罚款的行政处罚决定。

二、本条例第 20 条第 4、5、6、7 项未设定法律责任的原因

本条例第 37 条并没有就第 20 条第 4、5、6、7 项的规定设置法律责任，其他条款中也未见说明。是不是出现这些行为不需要承担法律责任呢？如果不需要，那么第 20 条第 4、5、6、7 项为何还作规定呢？按照法律规则及其设定原理，法律规则是规定法律上的权利、义务、责任的准则、标准，或是赋予某种事实状态以法律意义的指示、规定。法律规则通常有严密的逻辑结构。不管是包含假定、处理和制裁的"三要素说"还是包含行为模式和法律后果的"两要素说"，一个完整的法律规则总是少不了"法律后果"这个要素。[1]否则，法律规则就会因缺乏确定性而难以被重复适用，也就难以保障法的稳定性与安定性。[2]

这样一分析，本条例第 37 条没有对第 20 条第 4、5、6、7 项的规定设置法律责任，显然不够妥当，因为不符合法律规则的逻辑结构，会因缺乏法律规则的确定性而难以被重复适用。那么，出现这种情况，是立法者的疏忽还是有意为之呢？其实，如前所述，针对工地遮盖铺装、采取防尘降尘措施，《大气污染防治法》（2018 年修正）第 115 条已作了规定，即违反本条例第 20 条第 4 项的责任，就是"处一万元以上十万元以下的罚款"，环境卫生行政主管部门完全可以按照这一规定实施处罚。剩下的是违反第 20 条第 5、6、7 项的法律责任问题。

根据本条例第 20 条的规定，第 5、6、7 项的内容分别是："（五）制定消纳场应急管理方案，建立环境卫生、生态环境评估、安全评估等管理制度；（六）设置明显的安全警示标志和管理制度公示牌；（七）对建

---

〔1〕 张文显主编：《法理学》（第 5 版），高等教育出版社 2018 年版，第 116 页。
〔2〕 张文显主编：《法理学》（第 5 版），高等教育出版社 2018 年版，第 117 页。

筑垃圾进行无害化处理，防治消纳过程中的污染。"我们可以从《安全生产法》（2014 年修正）、《环境保护法》（2014 年修订）、《固体废物污染环境防治法》（2020 年修订）、《广东省环境保护条例》（2019 年修订）中找到与之相应的条款。其中，生态环境评估可以被视为一种环境影响评价，将《环境保护法》中的环境影响评价制度移用于生态环境评估，追究相应的法律责任，不失为一种有效方案。而防治建筑垃圾消纳过程中的污染，则可以从有一定危险性的固体废物污染环境的法律责任规定中找到相对应的罚则。这样说来，违反本条例第 20 条第 5、6 项规定的法律责任为《安全生产法》（2014 年修正）第 96 条、第 98 条的规定，《环境保护法》（2014 年修订）第 61 条的规定和《广东省环境保护条例》（2019 年修订）第 72 条的规定。《安全生产法》（2014 年修正）第 96 条规定："生产经营单位有下列行为之一的，责令限期改正，可以处五万元以下的罚款；逾期未改正的，处五万元以上二十万元以下的罚款，对其直接负责的主管人员和其他直接责任人员处一万元以上二万元以下的罚款；情节严重的，责令停产停业整顿；构成犯罪的，依照刑法有关规定追究刑事责任：（一）未在有较大危险因素的生产经营场所和有关设施、设备上设置明显的安全警示标志的……"第 98 条规定："生产经营单位有下列行为之一的，责令限期改正，可以处十万元以下的罚款；逾期未改正的，责令停产停业整顿，并处十万元以上二十万元以下的罚款，对其直接负责的主管人员和其他直接责任人员处二万元以上五万元以下的罚款；构成犯罪的，依照刑法有关规定追究刑事责任：（一）生产、经营、运输、储存、使用危险物品或者处置废弃危险物品，未建立专门安全管理制度、未采取可靠的安全措施的；（二）对重大危险源未登记建档，或者未进行评估、监控，或者未制定应急预案的……"《环境保护法》（2014 年修订）第 61 条规定："建设单位未依法提交建设项目环境影响评价文件或者环境影响评价文件未经批准，擅自开工建设的，由负有环境保护监督管理职责的部门责令停止建设，处以罚款，并可以责令恢复原状。"《广东省环境保护条例》（2019年修订）第72条规定："违反本条例第二十九条第三款规定，建设单位未依法报批建设项目环境影响报告书、报告表，擅自开工建设的，由县级以上生态环境主管部门责令停止建设，根据违法情节和危害后果，处建设项目总投资额百分之一以上百分之五以下罚款，并可以责令恢复原状；对建设单位直接负责的主管人员和其他直接责任人员，依法给予处分。建设项目环境影响报告书、报告表未经批准，建设单位擅自开工建设的，依照前款的规定处罚、处分。建设单位未依法备案建设项目环境影响登记表的，由县级以上生态环境主管部门责令备案，处五万元以下的罚款。"

上述规定相比于本条例第20条第5、6、7项的规定无论是在规则指向的明确性上还是在法律责任的清晰程度上都稍有欠缺。不过，这些规定毕竟提供了基本的、内容和性质基本一致的法律规则，给环境卫生行政主管部门的执法提供了相对明确的执法与处罚依据。

违反本条例第20条第7项规定的法律责任为《固体废物污染环境防治法》（2020年修订）第102条第11项的规定，即"违反本法规定，有下列行为之一，由生态环境主管部门责令改正，处以罚款，没收违法所得；情节严重的，报经有批准权的人民政府批准，可以责令停业或者关闭：……（十一）单位和其他生产经营者违反固体废物管理其他要求，污染环境、破坏生态的。有前款第一项、第八项行为之一，处五万元以上二十万元以下的罚款；有前款第二项、第三项、第四项、第五项、第六项、第九项、第十项、第十一项行为之一，处十万元以上一百万元以下的罚款；有前款第七项行为，处所需处置费用一倍以上三倍以下的罚款，所需处置费用不足十万元的，按十万元计算。对前款第十一项行为的处罚，有关法律、行政法规另有规定的，适用其规定"。该条规定，对违反者可处10万元以上100万元以下的罚款；若法律、行政法规另有规定，则适用其规定。

总体而言，对违反本条例第20条第5、6、7项规定的法律责任，本条例没有作出明确规定；若依照其他相似的上位法条款进行处罚，则显得不够清晰、准确，具有"类推"适用的特点。这与本条例作为公法的性质、作用和效力是不够吻合的。鉴于此，建议在今后修订本条例时加以明确，或者通过立法解释的方法加以完善。

第三十八条 【擅自倾倒、填埋和垃圾混同责任】

违反本条例第三十一条第一款、第二款规定，工程施工单位擅自倾倒、抛撒或者堆放建筑垃圾的，由环境卫生行政主管部门责令改正，没收违法所得，并对单位处十万元以上一百万元以下的罚款，对个人处一百元以上五百元以下的罚款。

违反本条例第三十一条第三款规定，将危险废物混入建筑垃圾进行处置的，由生态环境行政主管部门责令改正，没收违法所得，并对单位处十万元以上一百万元以下的罚款，情节严重的，报经有批准权的人民政府批准，可以责令停业或者关闭；将生活垃圾混入建筑垃圾进行处置的，由环境卫生行政主管部门责令改正，情节严重的，对单位处五万元以上五十万元以下的罚款，对个人处一百元以上五百以下罚款。

【导读与释义】

本条是关于违反本条例第 31 条第 1 款至第 3 款法律责任的规定。相对第 37 条的规定而言，本条规定的法律责任十分明确。第 31 条第 1 款规定："排放、运输、消纳、利用建筑垃圾的单位和其他生产经营者，应当采取防扬散、防流失、防渗漏或者其他防止污染环境的措施，不得擅自倾倒、堆放、丢弃、遗撒建筑垃圾，工程施工单位不得擅自倾倒、抛撒或者堆放工程施工过程中产生的建筑垃圾。"第 31 条第 2 款规定："禁止任何单位或者个人向江河、湖泊、渠道、水库及其最高水位线以下的滩地和岸坡以及法律法规规定的其他地点倾倒、堆放、贮存建筑垃圾。"第 31 条第 3 款规定："任何单位和个人不得将危险废物、工业固体废物、农业固体废物、生活垃圾混入建筑垃圾进行处置。"

以上三款中，第1款和第2款的内容、性质基本相同，主要是要求不得擅自倾倒、堆放、丢弃、遗撒建筑垃圾，故第38条规定了相同的法律责任，即"由环境卫生行政主管部门责令改正，没收违法所得，并对单位处十万元以上一百万元以下的罚款，对个人处一百元以上五百元以下的罚款"。违反第3款规定的责任，本条将危险废物混入建筑垃圾和将生活垃圾混入建筑垃圾的处罚责任进行了区分，且将后者区分为单位和个人两种不同的责任，更显其合理性。不过，第3款增加了一个"情节严重"的处罚前置条件，意味着如果情节不严重将不予处罚。那么，何为"情节严重"呢？一般认为，像主观恶意、后果严重、多次违法或擅自倾倒、堆放、丢弃、遗撒建筑垃圾的区域是饮用水水源保护区、自然保护区、风景名胜区、居住功能区、基本农田保护区等环境敏感区、脆弱区的，都会被认为是情节严重，此时要给予本款规定的处罚。

从该条设定的上位法依据来看，第38条设定的法律责任，主要来源于《固体废物污染环境防治法》（2020年修订）第111条的规定，即"违反本法规定，有下列行为之一，由县级以上地方人民政府环境卫生主管部门责令改正，处以罚款，没收违法所得：……（四）工程施工单位擅自倾倒、抛撒或者堆放工程施工过程中产生的建筑垃圾，或者未按照规定对施工过程中产生的固体废物进行利用或者处置的……。单位有前款第二项、第三项、第四项、第五项、第六项行为之一，处十万元以上一百万元以下的罚款；个人有前款第一项、第五项、第七项行为之一，处一百元以上五百元以下的罚款。违反本法规定，未在指定的地点分类投放生活垃圾的，由县级以上地方人民政府环境卫生主管部门责令改正；情节严重的，对单位处五万元以上五十万元以下的罚款，对个人依法处以罚款"。

第三十九条 【生态损害责任】

违反本条例规定，造成生态环境损害的，由生态环境、自然资源、水务、农业农村、林业等行政主管部门依照有关法律法规的规定追究责任。

【导读与释义】

本条是关于生态环境、自然资源、水务、农业农村、林业等行政主管部门，对建筑垃圾处置造成生态环境损害时依法追究法律责任的规定。本条规定主要涉及四个方面的内容：一是"违反本条例规定"；二是"造成生态环境损害"；三是"等行政主管部门"；四是"依照有关法律法规"。以下分述之。

一、关于"违反本条例规定"

首先需要说明的是，我国法律法规对造成生态环境损害的法律责任的规定，可谓不胜枚举，如《环境保护法》《固体废物污染环境防治法》《大气污染防治法》《水污染防治法》和国务院《城市市容和环境卫生管理条例》，以及广东省人大常委会制定的《环境保护条例》《固体废物污染环境防治条例》等。这些法律法规对相关的违法行为都规定了具体的法律责任，本条例无需作出重复性规定，更不能作出与之相抵触的规定。本条例限于"建筑垃圾管理"这个有限的调整范畴，只规定了若干主要条款，包括但不限于第 5 条、第 6 条、第 7 条、第 25 条、第 26 条、第 27 条等。[1]

---

〔1〕 具体条款内容不再重复，请查看本条例的上述有关条文。

其次，"违反本条例规定"的含义，是指违反本条例上述有关条款中设定的行为规范和法律义务。如"城镇集中建设区域外工程施工应当参照城镇集中建设区域内的建设工程管理建筑垃圾，科学合理处理建筑垃圾，防止污染环境"；"城镇集中建设区域外进行管线铺设、道路开挖、管道清污等作业的，施工单位应当加强施工现场管理，及时清运建筑垃圾"；"农村居民建设房屋应当做好建筑工地现场管理，科学合理处理建筑垃圾，不得随意倾倒，防止污染环境"；等等。

二、关于"造成生态环境损害"

何为"生态环境损害"？根据官方的权威定义，所谓生态环境损害，是指因污染环境、破坏生态造成大气、地表水、地下水、土壤、森林等环境要素和植物、动物、微生物等生物要素的不利改变，以及上述要素构成的生态系统功能退化。[1]所有违法行为都会有损害，但生态环境损害不同于一般的损害，而是对生态环境功能、质量、效益等方面的降低或弱化，甚至消失。有损害就有赔偿，有违法就要追责，这是法律的基本原则和精神。关于生态损害赔偿，中共中央办公厅、国务院办公厅印发的《生态环境损害赔偿制度改革方案》规定："（一）有下列情形之一的，按本方案要求依法追究生态环境损害赔偿责任：1. 发生较大及以上突发环境事件的；2. 在国家和省级主体功能区规划中划定的重点生态功能区、禁止开发区发生环境污染、生态破坏事件的；3. 发生其他严重影响生态环境后果的。（二）以下情形不适用本方案：1. 涉及人身伤害、个人和集体财产损失要求赔偿的，适用侵权责任法等法律规定；2. 涉及海洋生态环境损害赔偿的，适用海洋环境保护法等法律及相关规定。"从赔偿范围来看，生态环境损害赔偿范围包括清除污染费用、生态环境修复费用、生态环境修复期间服务功能的损失、生态环境功能永久性损害

---

〔1〕 参见 2017 年 12 月 17 日中共中央办公厅、国务院办公厅《生态环境损害赔偿制度改革方案》。

造成的损失以及生态环境损害赔偿调查、鉴定评估等合理费用。从赔偿
义务人来看，违反法律法规，造成生态环境损害的单位或个人，应当承
担生态环境损害赔偿责任，做到应赔尽赔。从赔偿权利人来看，国务院
授权省级、地市级政府（包括直辖市所辖的区县级政府）作为本行政区
域内生态环境损害赔偿权利人。省域内跨地市的生态环境损害，由省级
政府管辖；其他工作范围划分由省级政府根据本地区实际情况确定。省
级、地市级政府可指定相关部门或机构负责生态环境损害赔偿具体工作。
省级、地市级政府及其指定的部门或机构均有权提起诉讼。跨省域的生
态环境损害，由生态环境损害地的相关省级政府协商开展生态环境损害
赔偿工作。各省（自治区、直辖市）政府应当制定生态环境损害索赔启
动条件、鉴定评估机构选定程序、信息公开等工作规定，明确国土资源、
环境保护、住房城乡建设、水利、农业、林业等相关部门开展索赔工作
的职责分工。方案还规定，赔偿义务人因同一生态环境损害行为需承担
行政责任或刑事责任的，不影响其依法承担生态环境损害赔偿责任。

除了《生态环境损害赔偿制度改革方案》作出的上述原则性、指导
性的规定外，《固体废物污染环境防治法》《环境保护法》等也有具体的
法律责任规定，具有直接适用性。《固体废物污染环境防治法》（2020 年
修订）第 118 条规定："违反本法规定，造成固体废物污染环境事故的，
除依法承担赔偿责任外，由生态环境主管部门依照本条第二款的规定处
以罚款，责令限期采取治理措施；造成重大或者特大固体废物污染环境
事故的，还可以报经有批准权的人民政府批准，责令关闭。造成一般或
者较大固体废物污染环境事故的，按照事故造成的直接经济损失的一倍
以上三倍以下计算罚款；造成重大或者特大固体废物污染环境事故的，
按照事故造成的直接经济损失的三倍以上五倍以下计算罚款，并对法定
代表人、主要负责人、直接负责的主管人员和其他责任人员处上一年度
从本单位取得的收入百分之五十以下的罚款。"第 122 条规定："固体废
物污染环境、破坏生态给国家造成重大损失的，由设区的市级以上地方

人民政府或者其指定的部门、机构组织与造成环境污染和生态破坏的单位和其他生产经营者进行磋商，要求其承担损害赔偿责任；磋商未达成一致的，可以向人民法院提起诉讼。对于执法过程中查获的无法确定责任人或者无法退运的固体废物，由所在地县级以上地方人民政府组织处理。"《环境保护法》（2014 年修订）第 64 条规定："因污染环境和破坏生态造成损害的，应当依照《中华人民共和国侵权责任法》的有关规定承担侵权责任。"此外，中共广东省委办公厅、广东省人民政府办公厅印发有《广东省生态环境损害赔偿制度改革实施方案的通知》。该通知明确了赔偿权利人、赔偿义务人、赔偿磋商工作，规定广东省政府、各地级以上市政府作为本行政区域生态环境损害赔偿权利人。赔偿权利人可以指定相关部门或机构负责承担环境损害赔偿的具体工作，可以根据生态环境损害的实际情况，按照职责分工，指定国土资源、环境保护、住房和城乡建设、水利、农业、林业、渔业等相关部门或机构具体实施上述赔偿磋商工作。广东省政策的出台，有利于本省生态环境损害赔偿机制、制度的建立与完善，以及具体赔偿工作的落实。

三、关于"等行政主管部门"

根据第 39 条的规定，违反本条例规定，造成生态环境损害的，由生态环境、自然资源、水务、农业农村、林业等行政主管部门依照有关法律法规的规定追究责任。实际上，这里的"等"字的外延是不确定的，它意味着不仅仅包括本条提到的生态环境、自然资源、水务、农业农村、林业等行政主管部门，还应包括本条例第 25 条规定的公安、交通运输、安全生产部门，第 27 条规定的镇、民族乡人民政府和街道办事处，甚至还包括第 4 条规定的市、县（市、区）人民政府。虽然各级人民政府不能叫"行政主管部门"，但在环境法律中，在建筑垃圾管理中，也负有重要的规划、决策、协调、督促等职能，也是本条例规定的一个行政主体。

四、关于"依照有关法律法规"

根据本条规定，生态环境、自然资源、水务、农业农村、林业等行政主管部门依照"有关法律法规"的规定追究责任。这里的"有关法律法规"具体是指哪些法律法规呢？前文述及，除了本条例的规定外，主要还包括全国人大及其常委会制定的《环境保护法》《固体废物污染环境防治法》《水污染防治法》《大气污染防治法》《土壤污染防治法》《噪声污染防治法》《清洁生产促进法》《循环经济促进法》《安全生产法》《行政许可法》《行政强制法》《行政处罚法》《治安管理处罚法》《道路交通安全法》等法律，国务院制定的《城市市容和环境卫生管理条例》《河道管理条例》等行政法规，广东省人大常委会制定的《环境保护条例》《固体废物污染环境防治条例》《大气污染防治条例》《城乡生活垃圾处理条例》等地方性法规。它们都是本条例的上位法，有关行政主管部门都应当贯彻执行。如果发现它们之间有抵触的情形，就按照上位法优于下位法、新法优于旧法、特别法优于一般法的原则选择适用。

实际上，"有关法律法规"中的"法律法规"不全是指法律、行政法规和地方性法规，因为执法实践中还存在国务院部委和省级人民政府、设区的市人民政府制定的部委规章和地方政府规章，它们也是行政执法的依据。如原建设部于2005年制定的《城市建筑垃圾管理规定》，广东省人民政府于2012年通过的《广东省突发事件应急补偿管理暂行办法》，韶关市人民政府于2020年通过的《韶关市城乡生活垃圾分类管理办法》《韶关市城市市容和环境卫生管理办法》等，也应当包括在此条所言的"有关法律法规"之中。

第四十条　【主管部门及工作人员责任】

市、县（市、区）人民政府和负有建筑垃圾处置监管职责的行政主管部门及其工作人员，违反本条例规定，不履行相应职责或者徇私舞弊、滥用职权的，由有关机关依法处理；构成犯罪的，依法追究刑事责任。

【导读与释义】

本条是关于人民政府和负有建筑垃圾处置监管职责的行政主管部门及其工作人员，违反本条例行为的法律责任的规定。如25条规定："环境卫生行政主管部门负责工程建设施工现场建筑垃圾及粉尘排放、道路运输途中渣土清理、消纳场环境卫生、建筑垃圾综合利用效果等日常监督检查。公安、交通运输、生态环境、自然资源、安全生产、水务、林业等行政主管部门应当按各自职责对建筑垃圾处置活动开展日常执法检查。"第26条规定："镇、民族乡人民政府负责本辖区内管线铺设、道路开挖、管道清污、建筑物、构筑物拆除等建筑垃圾处理的监督管理工作。"违反这些职责规定，行政主体及其公务人员或者滥用职权，或者玩忽职守，或者徇私枉法，或者徇私舞弊，情节一般或轻微的，可以依照《监察法》（2018年）、《公职人员政务处分法》（2020年）追究行政责任；情节严重的，可以依照《刑法》《刑事诉讼法》的有关规定，移送司法机关追究其刑事责任。如《监察法》第11条规定："监察委员会依照本法和有关法律规定履行监督、调查、处置职责：（一）对公职人员开展廉政教育，对其依法履职、秉公用权、廉洁从政从业以及道德操守情况进行监督检查；（二）对涉嫌贪污贿赂、滥用职权、玩忽职守、权力寻租、利益输送、徇私舞弊以及浪费国家资财等职务违法和职务犯罪进行调查；（三）对违法的公职人员依法作出政务处分决定；对履行职责不力、失职失责的领导人员进行问责；对涉嫌职务犯罪的，将调查结果移送人民检察院依法审查、提起公诉；向监察对象所在单位提出监察建议。"第45条规定："监察机关根据监督、调查结果，依法作出如下处置：（一）对有职务违法行为但情节较轻的公职人员，按照管理权限，直接或者委托有关机关、人员，进行谈话提醒、批评教育、责令检查，或者予以诫勉；（二）对违法的公职人员依照法定程序作出警告、记过、记大过、降级、撤职、开除等政务处分决定；（三）对不履行或者不正确履行职责负有责任的领导人员，按照管理权限对其直接作出问责决定，或者向有权作出问责决定的机关提出问责建议；（四）对涉嫌职务犯罪的，监察机关经调查认为犯罪事实清楚，证据确实、充分的，制作起诉意见书，连同案卷材料、证据一并移送人民检察院依法审查、提起公诉；（五）对监察对象所在单位廉政建设和履行职责存在的问题等提出监察建议。监察机关经调查，对没有证据证明被调查人存在违法犯罪行为的，应当撤销案件，并通知被调查人所在单位。"

第六章　附　则

第四十一条　【实施日期】

本条例自 2021 年 5 月 1 日起施行。

【导读与释义】

本条是关于本条例实施日期的规定。本条例于 2020 年 12 月 28 日由韶关市第十四届人民代表大会常务委员会第四十一次会议通过，2021 年 3 月 18 日由广东省第十三届人民代表大会常务委员会第三十次会议批准并公布，自 2021 年 5 月 1 日起施行。

关于设区的市制定的地方性法规何时生效问题，《立法法》（2015 年修正）第 72 条第 2 款规定："设区的市的人民代表大会及其常务委员会根据本市的具体情况和实际需要，在不同宪法、法律、行政法规和本省、自治区的地方性法规相抵触的前提下，可以对城乡建设与管理、环境保护、历史文化保护等方面的事项制定地方性法规，法律对设区的市制定地方性法规的事项另有规定的，从其规定。设区的市的地方性法规须报省、自治区的人民代表大会常务委员会批准后施行。省、自治区的人民代表大会常务委员会对报请批准的地方性法规，应当对其合法性进行审查，同宪法、法律、行政法规和本省、自治区的地方性法规不抵触的，应当在四个月内予以批准。"

从《立法法》的规定来看，设区的市制定的地方性法规，在本条例获得本市人大或其常委会通过后，还须报省、自治区人民代表大会常务委员会批准后，才算生效，才能施行。从《管理条例》报送省人大常委会，再到省人大常委会批准，只有 3 个多月，在《立法法》规定的时间范围之内，完全合乎法律的规定。

第二部分

附　录

韶关市建筑垃圾管理条例

（2020 年 12 月 28 日韶关市第十四届人民代表大会常务委员会第四十一次会议通过 2021 年 3 月 18 日广东省第十三届人民代表大会常务委员会第三十次会议批准 现予以公布 自 2021 年 5 月 1 日起施行）

目　录

第一章　总　则

第一条　为了规范建筑垃圾管理，促进建筑垃圾综合利用，保护生态环境，根据《中华人民共和国环境保护法》《中华人民共和国固体废物污染环境防治法》等有关法律法规，结合本市实际，制定本条例。

第二条　本市行政区域内建筑垃圾的排放、运输、消纳、利用等活动，适用本条例。

本条例所称建筑垃圾，是指建设单位、施工单位新建、改建、扩建和拆除各类建筑物、构筑物、管网等，以及居民装饰装修房屋过程中产生的弃土、弃料和其他固体废物。

　　第三条　建筑垃圾实行属地管理。坚持减量化、资源化、无害化和污染担责的原则。

　　第四条　市、县（市、区）人民政府应当将建筑垃圾管理纳入国民经济和社会发展规划，建立联席会议制度，协调处理建筑垃圾管理中的重大事项，制定建筑垃圾分类处理制度，建立建筑垃圾监督管理信息共享平台，加强建筑垃圾处置设施、消纳场所建设，保障处置安全，防止污染环境。

　　第五条　市人民政府环境卫生主管部门负责市辖区行政区域内的建筑垃圾污染防治工作、县（市）人民政府环境卫生主管部门负责本行政区域内的建筑垃圾污染防治工作，建立建筑垃圾全过程管理制度，规范建筑垃圾排放、运输、消纳、利用、处置等行为。

　　发展改革、住房和城乡建设、公安、交通运输、水务、自然资源、生态环境、市场监管、农业农村、林业等行政主管部门按照各自职责，协同做好建筑垃圾的监督管理工作。

　　镇、民族乡人民政府、街道办事处在环境卫生行政主管部门的指导下，做好本辖区内建筑垃圾的监督管理工作。

　　第六条　市人民政府可以依照省人民政府的决定，在执行综合执法的领域，将本条例规定的有县级行政执法部门行使的行政处罚权以及与之相关的行政检查权、行政强制措施权确定由符合条件的镇、民族乡人民政府和街道办事处行使。

　　第七条　国家机关、社会团体、企业事业单位、基层群众性自治组织和新闻媒体应当加强建筑垃圾污染防治宣传教育和科学普及，增强公众建筑垃圾污染防治意识。

　　第八条　市、县（市、区）人民政府对在建筑垃圾污染防治工作以及相关的综合利用活动中做出显著成绩的单位和个人，按照国家有关规定给予表彰、奖励。

第九条 任何单位和个人都有权对造成建筑垃圾污染环境的单位和个人进行举报。

环境卫生行政主管部门应当将建筑垃圾污染环境防治举报方式向社会公布，方便公众举报。

接到举报的部门应当及时处理并对举报人的相关信息予以保密；对实名举报并查证属实的，给予奖励。

第二章 排放与运输

第十条 建筑垃圾产生后应当采取措施，利用现代技术对混凝土、金属、木材、沥青、砖块等废弃材料实行资源化利用，提高建筑垃圾综合利用效率，减少建筑垃圾排放量，促进清洁生产和循环经济发展。

第十一条 施工单位应当编制建筑垃圾处理方案，采取污染防治措施，报环境卫生行政主管部门备案。

施工单位应当及时清运工程施工过程中产生的建筑垃圾，并按照环境卫生主管部门的规定进行利用或者处置。

建筑垃圾处理方案应当包括建筑垃圾类别、排放量及相关核算资料，并提交运输、利用、处置合同或相应的资料。

第十二条 城镇集中建设区域内建设工程施工单位应当按照下列要求加强施工工地管理，防止建筑垃圾污染环境：

（一）在工程建设施工现场设置硬质、连续的封闭围挡，其强度、构造应当符合相关技术规定；

（二）公示建设、施工、运输单位名称和投诉举报电话；

（三）在工地现场安装必要喷淋降尘设备；

（四）在工地出入口设置洗车槽、沉淀池等车辆冲洗设施并有效使用，确保车辆不带泥驶出工地，并做好洗车槽、沉淀池的泥浆污水处理工作。不具备设置条件的，应当配置冲洗车辆、洒水、喷淋等设备；

（五）及时清运建筑垃圾，做好信息登记，不能及时清运的，应当采取密闭式防尘网遮盖、洒水、防渗、防滑坡等措施；

（六）在施工现场出入口安装在线视频监控设备，确保清晰监控车辆出场冲洗效果及车辆车牌号码，建筑面积在五万平方米以上的，还应当安装颗粒物在线监测系统，视频监控录像存储时间不少于三十日；

（七）拆除工程施工应当采取湿法作业；

（八）对房屋建筑工地车行道路和出入口道路进行硬化；

（九）法律、法规规定的其他要求。

城镇集中建设区域外工程施工应当参照城镇集中建设区域内的建设工程管理建筑垃圾，科学合理处理建筑垃圾，防止污染环境。

第十三条 在城镇集中建设区域内进行管线铺设、道路开挖、管道清污等作业的，施工单位应当按照市政工程围蔽标准作业，及时清运建筑垃圾。

城镇集中建设区域外进行管线铺设、道路开挖、管道清污等作业的，施工单位应当加强施工现场管理，及时清运建筑垃圾。

第十四条 因抢险、救灾等特殊情况需要紧急施工排放建筑垃圾的，组织施工的单位在险情、灾情消除后及时清运建筑垃圾，并在险情、灾情消除后二十四小时内将建筑垃圾处理情况以书面或者电子数据报告县（市、区）环境卫生行政主管部门。

第十五条 农村居民建设房屋应当做好建筑工地现场管理，科学合理处理建筑垃圾，不得随意倾倒，防止污染环境。

第十六条 城市居民自建、装饰装修房屋产生的建筑垃圾，应当及时清运至社区建筑垃圾收集点或者交由建筑垃圾运输企业按规定处理。

第十七条 建筑垃圾运输车辆在运输过程中应当遵守下列规定：

（一）配备卫星定位装置，保持在线，按照规定的时间、线路运输；

（二）保持车身清洁，车辆标识、号牌清晰，车轮不得带泥行驶；

（三）全程密闭运输，不得沿途泄漏、遗撒；

（四）法律法规规定的其他义务。

第三章　消纳与利用

第十八条　市、县（市、区）人民政府应当组织相关职能部门根据国土空间规划编制建筑垃圾消纳专项规划，并根据专项规划建设建筑垃圾消纳场。

鼓励社会资本投资建设和经营建筑垃圾消纳场。

第十九条　从事建筑垃圾消纳场经营的单位应当向市、县（市）人民政府环境卫生主管部门申请办理建筑垃圾处置核准，并按照国家有关规定提交相关材料。

第二十条　建筑垃圾消纳场的管理应当符合下列规定：

（一）按标准砌筑围挡，对出入口道路进行硬化或铺装，并安装洒水、喷淋等设备设施；

（二）设置洗车槽、沉淀池、排水和消防等设施，配备车辆冲洗设备，确保驶离消纳场的车辆不带泥上路；

（三）出入口安装监控车辆出场冲洗效果及车辆车牌号码的视频设备；

（四）配置必要的铺展、碾压、除尘等建筑垃圾消纳机械设备并有效使用；

（五）制定消纳场应急管理方案，建立环境卫生、生态环境评估、安全评估等管理制度；

（六）设置明显的安全警示标志和管理制度公示牌；

（七）对建筑垃圾进行无害化处理，防治消纳过程中的污染；

（八）不得接纳工业垃圾、生活垃圾和危险废物。

第二十一条　建筑垃圾消纳场达到原设计容量或者因其他原因需关闭时，应当经市、县（市、区）人民政府环境卫生行政主管部门会同生态环境行政主管部门论证同意后核准，并采取防止污染环境的措施。

第二十二条　市、县（市、区）人民政府应当将符合条件的建筑垃圾综合利用项目列入循环经济发展规划，优先安排建设用地，并在产业、财政、金融等方面给予扶持。

鼓励和引导社会资本参与建筑垃圾综合利用项目建设，支持建筑垃圾再生产品研发和生产企业发展。

鼓励新建、改建、扩建房屋建筑及道路工程建设项目，在满足建设单位使用标准的前提下，优先选用建筑垃圾综合利用再生产品。

第二十三条 城市环境卫生、市政工程、园林绿化等公共设施市政工程，满足建设标准的应当优先采用建筑垃圾综合利用再生产品。

第二十四条 经资源化综合利用后的建筑垃圾，应当按照环境保护规定的要求进行处理。

第四章 监督管理

第二十五条 环境卫生行政主管部门负责工程建设施工现场建筑垃圾及粉尘排放、道路运输途中渣土清理、消纳场环境卫生、建筑垃圾综合利用效果等日常监督检查。

公安、交通运输、生态环境、自然资源、安全生产、水务、林业等行政主管部门应当按各自职责对建筑垃圾处置活动开展日常执法检查。

第二十六条 镇、民族乡人民政府负责本辖区内管线铺设、道路开挖、管道清污、建筑物、构筑物拆除等建筑垃圾处理的监督管理工作。

第二十七条 镇、民族乡人民政府和街道办事处应当督促辖区内建设农村住房的居民及时清理建筑垃圾。

第二十八条 市、县（市）人民政府环境卫生主管部门应当会同有关部门建立建筑垃圾监督管理信息共享平台，实现建筑垃圾处理全过程监控和信息化溯源。

第二十九条 市、县（市）人民政府环境卫生主管部门应当建立建筑垃圾处理企业信用评价制度，鼓励优先选择评价良好的企业处理建筑垃圾。

第三十条　运输车辆带泥上路、沿途泄露、撒漏、随意倾倒建筑垃圾造成环境污染的，市、县（市）人民政府环境卫生主管部门应当责令其立即清理；当事人不在场或者在场不能及时清理的，环境卫生主管部门可以实施代履行，代履行的费用按照成本合理确定，由当事人承担，但法律另有规定的除外。不得以暴力、胁迫以及其他非法方式代履行。

第三十一条　排放、运输、消纳、利用建筑垃圾的单位和其他生产经营者，应当采取防扬散、防流失、防渗漏或者其他防止污染环境的措施，不得擅自倾倒、堆放、丢弃、遗撒建筑垃圾，工程施工单位不得擅自倾倒、抛撒或者堆放工程施工过程中产生的建筑垃圾。

禁止任何单位或者个人向江河、湖泊、渠道、水库及其最高水位线以下的滩地和岸坡以及法律法规规定的其他地点倾倒、堆放、贮存建筑垃圾。

任何单位和个人不得将危险废物、工业固体废物、农业固体废物、生活垃圾混入建筑垃圾进行处置。

第五章　法律责任

第三十二条　违反本条例第十一条第一款、第二款的规定，由环境卫生行政主管部门责令改正，没收违法所得，并处单位十万元以上一百万以下的罚款。

第三十三条　违反本条例第十二条第（一）、（三）、（四）、（五）、（七）、（八）项行为之一的，由住房城乡建设行政主管部门按照职责责令改正，处一万元以上十万元以下的罚款；拒不改正的，责令停工整治。

违反本条例第十二条第（六）项规定的，由住房城乡建设行政主管部门按照职责责令改正，处五万元以上十万元以下的罚款，拒不改正的，责令停工整治。

第三十四条　违反本条例第十三条规定，由环境卫生行政主管部门按照职责责令改正，处一万元以上十万元以下的罚款；拒不改正的，责令停工整治。

第三十五条 违反本条例第十七条第（一）项规定的，由市、县（市、区）人民政府确定的监督管理部门责令改正，处五千元以上二万元以下罚款；拒不改正的，车辆不得上道路行驶。

违反本条例第十七条第（三）项规定的，由市、县（市、区）人民政府确定的监督管理部门责令改正，处二千元以上二万元以下罚款；拒不改正的，车辆不得上道路行驶。

第三十六条 违反本条例第十九条规定未经核准擅自设立建筑垃圾消纳场的，由环境卫生行政主管部门责令改正，没收违法所得，并处十万元以上一百万元以下的罚款。

第三十七条 违反本条例第二十条第（一）、（二）项行为之一的，由住房城乡建设行政主管部门按照职责责令改正，处一万元以上十万元以下的罚款；拒不改正的，责令停工整治。

违反本条例第二十条第（三）项规定的，由住房城乡建设行政主管部门按照职责责令改正，处五万元以上十万元以下的罚款；拒不改正的，责令停工整治。

第三十八条 违反本条例第三十一条第一款、第二款规定，工程施工单位擅自倾倒、抛撒或者堆放建筑垃圾的，由环境卫生行政主管部门责令改正，没收违法所得，并对单位处十万元以上一百万元以下的罚款，对个人处一百元以上五百元以下的罚款。

违反本条例第三十一条第三款规定，将危险废物混入建筑垃圾进行处置的，由生态环境行政主管部门责令改正，没收违法所得，并对单位处十万元以上一百万元以下的罚款，情节严重的，报经有批准权的人民政府批准，可以责令停业或者关闭；将生活垃圾混入建筑垃圾进行处置的，由环境卫生行政主管部门责令改正，情节严重的，对单位处五万元以上五十万元以下的罚款，对个人处一百元以上五百以下罚款。

第三十九条 违反本条例规定，造成生态环境损害的，由生态环境、自然资源、水务、农业农村、林业等行政主管部门依照有关法律法规的规定追究责任。

第四十条 市、县（市、区）人民政府和负有建筑垃圾处置监管职责的行政主管部门及其工作人员，违反本条例规定，不履行相应职责或者徇私舞弊、滥用职权的，由有关机关依法处理；构成犯罪的，依法追究刑事责任。

第六章 附 则

第四十一条 本条例自 2021 年 5 月 1 日起施行。

固体废物污染环境防治法

（2020 年修订，节选）

第一章　总　则

第四条　固体废物污染环境防治坚持减量化、资源化和无害化的原则。

任何单位和个人都应当采取措施，减少固体废物的产生量，促进固体废物的综合利用，降低固体废物的危害性。

第五条　固体废物污染环境防治坚持污染担责的原则。

产生、收集、贮存、运输、利用、处置固体废物的单位和个人，应当采取措施，防止或者减少固体废物对环境的污染，对所造成的环境污染依法承担责任。

第二章　监督管理

第十九条　收集、贮存、运输、利用、处置固体废物的单位和其他生产经营者，应当加强对相关设施、设备和场所的管理和维护，保证其正常运行和使用。

第二十条　产生、收集、贮存、运输、利用、处置固体废物的单位和其他生产经营者，应当采取防扬散、防流失、防渗漏或者其他防止污染环境的措施，不得擅自倾倒、堆放、丢弃、遗撒固体废物。

禁止任何单位或者个人向江河、湖泊、运河、渠道、水库及其最高水位线以下的滩地和岸坡以及法律法规规定的其他地点倾倒、堆放、贮存固体废物。

第三十一条 任何单位和个人都有权对造成固体废物污染环境的单位和个人进行举报。

生态环境主管部门和其他负有固体废物污染环境防治监督管理职责的部门应当将固体废物污染环境防治举报方式向社会公布，方便公众举报。

接到举报的部门应当及时处理并对举报人的相关信息予以保密；对实名举报并查证属实的，给予奖励。

举报人举报所在单位的，该单位不得以解除、变更劳动合同或者其他方式对举报人进行打击报复。

第五章　建筑垃圾、农业固体废物等

第六十条 县级以上地方人民政府应当加强建筑垃圾污染环境的防治，建立建筑垃圾分类处理制度。

县级以上地方人民政府应当制定包括源头减量、分类处理、消纳设施和场所布局及建设等在内的建筑垃圾污染环境防治工作规划。

第六十一条 国家鼓励采用先进技术、工艺、设备和管理措施，推进建筑垃圾源头减量，建立建筑垃圾回收利用体系。

县级以上地方人民政府应当推动建筑垃圾综合利用产品应用。

第六十二条 县级以上地方人民政府环境卫生主管部门负责建筑垃圾污染环境防治工作，建立建筑垃圾全过程管理制度，规范建筑垃圾产生、收集、贮存、运输、利用、处置行为，推进综合利用，加强建筑垃圾处置设施、场所建设，保障处置安全，防止污染环境。

第六十三条 工程施工单位应当编制建筑垃圾处理方案，采取污染防治措施，并报县级以上地方人民政府环境卫生主管部门备案。

工程施工单位应当及时清运工程施工过程中产生的建筑垃圾等固体废物，并按照环境卫生主管部门的规定进行利用或者处置。

工程施工单位不得擅自倾倒、抛撒或者堆放工程施工过程中产生的建筑垃圾。

城市建筑垃圾管理规定

（中华人民共和国建设部令
第 139 号）

《城市建筑垃圾管理规定》已于 2005 年 3 月 1 日经第 53 次部常务会议讨论通过，现予发布，自 2005 年 6 月 1 日起施行。

建设部部长　汪光焘

二〇〇五年三月二十三日

第一条　为了加强对城市建筑垃圾的管理，保障城市市容和环境卫生，根据《中华人民共和国固体废物污染环境防治法》、《城市市容和环境卫生管理条例》和《国务院对确需保留的行政审批项目设定行政许可的决定》，制定本规定。

第二条　本规定适用于城市规划区内建筑垃圾的倾倒、运输、中转、回填、消纳、利用等处置活动。

本规定所称建筑垃圾，是指建设单位、施工单位新建、改建、扩建和拆除各类建筑物、构筑物、管网等以及居民装饰装修房屋过程中所产生的弃土、弃料及其它废弃物。

第三条　国务院建设主管部门负责全国城市建筑垃圾的管理工作。

省、自治区建设主管部门负责本行政区域内城市建筑垃圾的管理工作。

城市人民政府市容环境卫生主管部门负责本行政区域内建筑垃圾的管理工作。

第四条　建筑垃圾处置实行减量化、资源化、无害化和谁产生、谁承担处置责任的原则。

国家鼓励建筑垃圾综合利用，鼓励建设单位、施工单位优先采用建筑垃圾综合利用产品。

第五条 建筑垃圾消纳、综合利用等设施的设置，应当纳入城市市容环境卫生专业规划。

第六条 城市人民政府市容环境卫生主管部门应当根据城市内的工程施工情况，制定建筑垃圾处置计划，合理安排各类建设工程需要回填的建筑垃圾。

第七条 处置建筑垃圾的单位，应当向城市人民政府市容环境卫生主管部门提出申请，获得城市建筑垃圾处置核准后，方可处置。

城市人民政府市容环境卫生主管部门应当在接到申请后的20日内作出是否核准的决定。予以核准的，颁发核准文件；不予核准的，应当告知申请人，并说明理由。

城市建筑垃圾处置核准的具体条件按照《建设部关于纳入国务院决定的十五项行政许可的条件的规定》执行。

第八条 禁止涂改、倒卖、出租、出借或者以其他形式非法转让城市建筑垃圾处置核准文件。

第九条 任何单位和个人不得将建筑垃圾混入生活垃圾，不得将危险废物混入建筑垃圾，不得擅自设立弃置场受纳建筑垃圾。

第十条 建筑垃圾储运消纳场不得受纳工业垃圾、生活垃圾和有毒有害垃圾。

第十一条 居民应当将装饰装修房屋过程中产生的建筑垃圾与生活垃圾分别收集，并堆放到指定地点。建筑垃圾中转站的设置应当方便居民。

装饰装修施工单位应当按照城市人民政府市容环境卫生主管部门的有关规定处置建筑垃圾。

第十二条 施工单位应当及时清运工程施工过程中产生的建筑垃圾，

并按照城市人民政府市容环境卫生主管部门的规定处置，防止污染环境。

第十三条　施工单位不得将建筑垃圾交给个人或者未经核准从事建筑垃圾运输的单位运输。

第十四条　处置建筑垃圾的单位在运输建筑垃圾时，应当随车携带建筑垃圾处置核准文件，按照城市人民政府有关部门规定的运输路线、时间运行，不得丢弃、遗撒建筑垃圾，不得超出核准范围承运建筑垃圾。

第十五条　任何单位和个人不得随意倾倒、抛撒或者堆放建筑垃圾。

第十六条　建筑垃圾处置实行收费制度，收费标准依据国家有关规定执行。

第十七条　任何单位和个人不得在街道两侧和公共场地堆放物料。因建设等特殊需要，确需临时占用街道两侧和公共场地堆放物料的，应当征得城市人民政府市容环境卫生主管部门同意后，按照有关规定办理审批手续。

第十八条　城市人民政府市容环境卫生主管部门核发城市建筑垃圾处置核准文件，有下列情形之一的，由其上级行政机关或者监察机关责令纠正，对直接负责的主管人员和其他直接责任人员依法给予行政处分；构成犯罪的，依法追究刑事责任：

（一）对不符合法定条件的申请人核发城市建筑垃圾处置核准文件或者超越法定职权核发城市建筑垃圾处置核准文件的；

（二）对符合条件的申请人不予核发城市建筑垃圾处置核准文件或者不在法定期限内核发城市建筑垃圾处置核准文件的。

第十九条　城市人民政府市容环境卫生主管部门的工作人员玩忽职守、滥用职权、徇私舞弊的，依法给予行政处分；构成犯罪的，依法追究刑事责任。

第二十条　任何单位和个人有下列情形之一的，由城市人民政府市容环境卫生主管部门责令限期改正，给予警告，处以罚款：

（一）将建筑垃圾混入生活垃圾的；

（二）将危险废物混入建筑垃圾的；

（三）擅自设立弃置场受纳建筑垃圾的；

单位有前款第一项、第二项行为之一的，处 3000 元以下罚款；有前款第三项行为的，处 5000 元以上 1 万元以下罚款。个人有前款第一项、第二项行为之一的，处 200 元以下罚款；有前款第三项行为的，处 3000 元以下罚款。

第二十一条 建筑垃圾储运消纳场受纳工业垃圾、生活垃圾和有毒有害垃圾的，由城市人民政府市容环境卫生主管部门责令限期改正，给予警告，处 5000 元以上 1 万元以下罚款。

第二十二条 施工单位未及时清运工程施工过程中产生的建筑垃圾，造成环境污染的，由城市人民政府市容环境卫生主管部门责令限期改正，给予警告，处 5000 元以上 5 万元以下罚款。

施工单位将建筑垃圾交给个人或者未经核准从事建筑垃圾运输的单位处置的，由城市人民政府市容环境卫生主管部门责令限期改正，给予警告，处 1 万元以上 10 万元以下罚款。

第二十三条 处置建筑垃圾的单位在运输建筑垃圾过程中沿途丢弃、遗撒建筑垃圾的，由城市人民政府市容环境卫生主管部门责令限期改正，给予警告，处 5000 元以上 5 万元以下罚款。

第二十四条 涂改、倒卖、出租、出借或者以其他形式非法转让城市建筑垃圾处置核准文件的，由城市人民政府市容环境卫生主管部门责令限期改正，给予警告，处 5000 元以上 2 万元以下罚款。

第二十五条 违反本规定，有下列情形之一的，由城市人民政府市容环境卫生主管部门责令限期改正，给予警告，对施工单位处 1 万元以上 10 万元以下罚款，对建设单位、运输建筑垃圾的单位处 5000 元以上 3 万元以下罚款：

（一）未经核准擅自处置建筑垃圾的；

（二）处置超出核准范围的建筑垃圾的。

第二十六条　任何单位和个人随意倾倒、抛撒或者堆放建筑垃圾的，由城市人民政府市容环境卫生主管部门责令限期改正，给予警告，并对单位处 5000 元以上 5 万元以下罚款，对个人处 200 元以下罚款。

第二十七条　本规定自 2005 年 6 月 1 日起施行。

参考文献

1. 中国社会科学院语言研究所词典编辑室编：《现代汉语词典》（第 6 版），商务印书馆 2012 年版。

2. 罗豪才、湛中乐主编：《行政法学》（第 2 版），北京大学出版社 2006 年版。

3. 应松年主编：《行政法与行政诉讼法学》（第 2 版），高等教育出版社 2018 年版。

4. 应松年主编：《行政法与行政诉讼法学》（第 2 版），法律出版社 2009 年版。

5. 应松年主编：《行政程序法》，法律出版社 2009 年版。

6. 张文显主编：《法理学》（第 5 版），高等教育出版社 2018 年版。

7. 周旺生：《立法学教程》，北京大学出版社 2006 年版。

8. 姜明安：《行政法》，北京大学出版社 2017 年版。

9. 胡建淼：《行政强制法论》，法律出版社 2014 年版。

10. 杨建顺主编：《行政法总论》（第 2 版），北京大学出版社 2016 年版。

11. 汪劲：《环境法学》（第 4 版），北京大学出版社 2018 年版。

12. 吕忠梅主编：《环境法导论》（第 3 版），北京大学出版社 2015 年版。

13. 周佑勇：《行政法原论》（第 2 版），中国方正出版社 2005 年版。

14. 孙金颖、陈家珑、周文娟编著：《建筑垃圾资源化利用城市管理政策研究》，中国建筑工业出版社 2016 年版。

15. 王罗春等编著：《建筑垃圾处理与资源化》（第 2 版），化学工业出版社 2018 年版。

16. ［日］南博方：《行政法》（第 6 版），杨建顺译，商务印书馆 2020 年版。

17. ［德］哈特穆特·毛雷尔：《德国行政法学总论》，高家伟译，法律出版社 2000 年版。

18. 宋涛："北京市建筑垃圾回收处理的现状及国内外经验借鉴"，载城市绿色发展科技战略研究北京市重点实验室：《2014-2015 城市绿色发展科技战略研究报告论文集》，北京师范大学出版社 2016 年版。

19. 王天吉："学习住建部《关于推进建筑垃圾减量化的指导意见》的几点思考"，载

《建设监理》2020 年第 8 期。

20. 刘建国："'减量化''资源化''无害化'科学内涵与相互关系解析"，载《环境与可持续发展》2020 年第 5 期。

21. 杨硕："充分发挥媒体在生态环境保护中的重要作用"，载《新闻传播》2016 年第 10 期。

22. 王阳："建筑垃圾资源化利用率不高，专家建议完善专项立法"，载《资源再生》2020 年第 9 期。

23. 张红："行政备案存在的问题与立法构想"，载《广东社会科学》2021 年第 4 期。

24. 姜雪："行政备案的概念及法律属性分析"，中国政法大学 2011 年硕士学位论文。

25. 华佳等："我国建制镇污水处理现状及其存在问题分析"，载《城镇供水》2021 年第 2 期。

26. 李义松、周雪莹："我国环境行政代履行制度检视"，载《学海》2021 年第 1 期。

后　记

　　《韶关市地方性法规导读与释义》丛书，是韶关市人大常委会会同市人大常委会立法工作者、法律实务工作者以及韶关学院的专家学者共同编纂的系列丛书。

　　自 2015 年 5 月韶关市获得设区市地方立法权以来，韶关市人大常委会根据韶关市地方经济与社会发展的需要，制定出一系列地方性法规，在地方立法方面取得了可喜的成就。随着经济与社会的发展，韶关市人大常委会根据韶关市发展的实际情况，将陆续出台新的地方性法规。大量地方性法规出台，虽然解决地方立法层面的问题，但是在这些地方性法规实施过程中，会遇到对法规内容的理解和把握问题。为了更好地促进执法者、司法者和守法者准确理解法规的具体内容，达到公正执法、正确运用和严格守法的目的，在韶关市人大常委会领导和组织下，将会同法律方面专家学着陆续撰写《韶关市地方性法规导读与释义》系列丛书，并将一一出版。

　　《〈韶关市建筑垃圾管理条例〉导读与释义》一书，即为该系列丛书中一本。由于时间紧迫、水平有限，书中难免有不足之处，敬请读者批评指正。

编　者

2021 年 8 月